假释案件
程序保障研究

孙海燕／著

JIASHI ANJIAN
CHENGXU BAOZHANG YANJIU

法律出版社
LAW PRESS · CHINA
北京

图书在版编目（CIP）数据

假释案件程序保障研究 / 孙海燕著. -- 北京：法律出版社，2024. -- ISBN 978 - 7 - 5197 - 9562 - 7

Ⅰ. D924.134

中国国家版本馆 CIP 数据核字第 20240YA335 号

假释案件程序保障研究
JIASHI ANJIAN CHENGXU BAOZHANG YANJIU

孙海燕 著

策划编辑 许 睿
责任编辑 许 睿
装帧设计 鲍龙卉

出版发行 法律出版社
编辑统筹 司法实务出版分社
责任校对 张翼羽
责任印制 胡晓雅
经　　销 新华书店

开本 710 毫米×1000 毫米 1/16
印张 18.75 **字数** 275 千
版本 2024 年 12 月第 1 版
印次 2024 年 12 月第 1 次印刷
印刷 北京建宏印刷有限公司

地址：北京市丰台区莲花池西里 7 号（100073）
网址：www.lawpress.com.cn
投稿邮箱：info@lawpress.com.cn
举报盗版邮箱：jbwq@lawpress.com.cn
销售电话：010 - 83938349
客服电话：010 - 83938350
咨询电话：010 - 63939796

书号：ISBN 978 - 7 - 5197 - 9562 - 7
定价：85.00 元

序　言

随着时代的变迁、理念的更新、实践的发展，任何制度或许都要经历被继承、发展、重新审视的过程。假释是一项老的制度，无论是在理论界还是司法实践部门都算不上是一个热点话题，但它涉及司法特别是行刑的公正，关乎众多服刑人员的命运，以及行刑机关对刑罚执行的风险管控，因此，在行刑领域甚至在社会一直有比较高的关注度。假释作为一种刑罚变更执行制度，其一端连接着生效裁判基于罪犯先前犯罪行为作出的确定刑罚，另一端则导向基于罪犯良好改造行为可能获得的制度红利，惩罚与教育、功利与实用等价值交织于此。假释的适用，需要在肯定罪犯改造效果的同时，逾越“生效裁判既定刑罚之否定”“罪犯没有人身危险性之确定”两座大山。对于裁判者来说，出于对自身风险的规避及对社会安全的考虑，最稳妥的做法无疑是做出保守的抉择，如是，假释难免如轿中新人般遮遮掩掩，即便适用，往往也是僵若裹足，无法真正迈开步伐。对于刑罚执行机关或执行工作人员来说，假释适用率不高，则通过不断提高减刑比例以激励罪犯的改造积极性，由此导致“矮子里面选将军”，减刑激励效应反而降低。而对于服刑人员来说，经过必要的惩罚和改造，附条件释放回到社会，如同大病初愈，接受社区矫正部门的监督管理，主观上虽有不情愿，但客观上有利于他们回归正常的社会生活。然而，即使曾有司法行政的推动，扩大假释适用的目标依然困难重重。

《假释案件程序保障研究》是孙海燕博士在博士论文基础上进一步完善形成的专著。鉴于假释、缓刑、暂予监外执行三项制度在扩大社区矫正过程中出现了比较多的问题，不仅弱化了这些制度的功能发挥，而且影响了社区矫正的发展，我将这三项制度的研究作为博士论文选题推荐给在读博士研究生。孙海燕同学一直在法院从事刑事审判工作，不仅有这方面丰富的审判经验，而且有条件获得假释翔实的审判数据，因此，她毅然选择了这一具有较高研究难度的论文选题。从综述既有研究成果，考察制度和立法变化，调研、分析数据掌握实践做法，到写出初稿和反复修改定稿，孙海燕同学首先要克服在职学习必然面临的工学矛盾。书中的大多内容是她在夜深人静时或休息天写出来的，对于上有老下有小的她来说，很不容易。然后，孙海燕同学还要面临知识结构补缺的挑战。她硕士读的是刑法，博士学的是刑事诉讼法，而论文写的是行刑制度，涉及犯罪学、实体法、程序法等不同学科知识，且在研究方法上需要大量采用数据，尽管能够找到数据，但如何运用数据仍存在方法的挑战。在研究和写作过程中，她不仅大量阅读文献，而且虚心向师弟师妹学习实证研究方法，所谓功夫不负有心人，当她收到博士论文外审反馈成绩都是优良时，她的脸上露出了更灿烂的笑容！最值得称道的是，在职同学攻读博士，大多要延迟毕业，但她不仅按时顺利毕业并获得博士学位，而且在攻读博士学位期间，因工作出色获得了“全国扫黑除恶专项斗争先进工作者”等荣誉。

《假释案件程序保障研究》作为孙海燕博士的第一本正式出版的专著，既是她博士研究生期间努力学习并大胆创新的成果，也是她长期理论联系实际，将理论学习用于解决实际问题的见证。该书具有以下鲜明的特点：一是资料翔实。梳理了新中国成立以后我国办理假释案件的法律规定、司法解释，呈现并分析了近30年假释案件的数据样本，客观而又全面地呈现了我国假释案件的演变和现实情况，具有极强的资料性。二是问题导向。2021年12月出台的最高人民法院、最高人民检察院、公安部、司法部《关于加强减刑、假释案件实质化审理的意见》明确提出了加强减刑、假释案件的实质化审理，但如何将这一要求落到实处仍面临诸多理论和实践问题。孙海燕博士直面问题，综合运用刑法和刑事诉讼法理论，通过规范分析、比较研究、统计分析等研究方法，深入分析程序运作机理，深刻反思制度设计和实践运行存在的问题，并在此基础上，建构设计出更为科学的制度体系和更具可操作性的实体标准和程序体系。三是大胆创新。老的制度要发挥应有的作用，必须进行适应性改革。为此，孙海燕博士提出了富有建设性的改革建言。例如，重新确立假释条件并进行分类分级设置，从诉讼模式的对抗式改造转向以协作为主的二元司法模式，建构假释案件办理效果评估机制等。这些在充分论证基础上的改革建言，既是本书实践品性的体现，也是作者创新思维的反映。

作为指导老师，我为学生的博士论文在正式出版之际作序，感到由衷高兴。本书的出版不仅满足了孙海燕博士出版专著的愿望，而且必将对假释制度的完善特别是假释案件实质审理的推进发挥作用。作为作者的第一部著作，正如作者自己所言，本书也存在一些不足之处，某些章节的结构安排有待调整和改进，部分章节的内容还显粗略，一些观点的论证分析也有待进一步增强。尝试就如同探索者的脚印，或重叠，或分岔，但只要脚尖向前，即便不能直达彼岸，也足以为同道标注所见和所察。在此，希望本书的出版能够为更多同仁所见并对诸君的思考有所裨益，也期待孙海燕博士能够紧密结合自身工作实际，不断深化理论研究，为我国法治进步做出更大贡献。

狄小华

2024 年 3 月 2 日于长阳

目 录

导　论

刑事司法的过程中总是充满着各种风险，避免假释风险最稳妥的方法无疑是将所有罪犯全部羁押在法定场所直至生效判决所确定的刑罚内容全部执行完毕为止。然而，现代刑事司法所坚持的刑罚目的正当性对该做法予以否定，因为现代刑事司法并不以使罪犯受到处罚为唯一目的。《公民权利和政治权利国际公约》第14条指出，“在判定对任何人提出的任何刑事指控或确定他在一件诉讼案中的权利和义务时，人人有资格由一个依法设立的合格的、独立的和无偏倚的法庭进行公正的和公开的审讯”。而公正审判的要义体现的正是实质化办理的要求。随着人民主权、保障人权等法治理念的兴起和国际人权运动的蓬勃发展，假释成为彰显刑罚人道主义的重要立法内容，深刻体现了矫正和重塑罪犯人格的重大意义。假释的制度设置与实践运行状况的好坏直接关系到罪犯能否有效地回归社会。与减刑和特赦制度相比，假释具有非常明显的制度优势。[①] 假释，是“假”的提前释放，是附条件、可逆转的刑罚变更执行方式。若一名罪犯获得假释，无论其考验期多长，其实际服刑时间仍与原判确定刑期相同，并无缩短。严格地说，这是对服刑期间表现良好罪犯的最为适宜的奖励方式。对绝大部分罪犯予以假释是世界大多数国家的通常做法，实行多年未见明显弊病。美国、英国、意大利、法国、俄罗斯等诸多国家均规定了假释制度而且假释适用率较高，有些国家还呈现不断增长的趋势。[②] 目前，世界其他法治国家多数实行单一假释制度或以假

---

① 参见王志祥：《我国减刑、假释制度改革路径前瞻》，载《法商研究》2009年第6期。

② 参见应培礼：《提高我国假释率的必然性分析》，载《社会科学家》2008年第12期。

释为主、减刑为辅的刑罚变更执行制度。我国 1979 年《刑法》正式设立假释制度，逐步提升假释适用率乃是我国假释制度的目标和未来走向，但是在减刑与假释的双轨制运行模式下，我国假释制度的实践状况并不理想，甚至大有搁置之势。我国司法实践中，罪犯减刑比例一般超过 20%，假释比例只有 1% 左右。其关键原因在于现行法律没有解决最为关键的环节——假释程序的实质化。选择假释案件程序保障作为研究项目，一方面有助于刑事诉讼法学的整体发展和刑事法律规范的制定及调整，另一方面有利于实现刑罚的目的，帮助罪犯顺利回归社会，具有重要的实践价值。

一、选题的背景和意义

假释作为一种刑罚变更执行制度，无论是在刑罚理论还是诉讼实践中都是非常重要而又复杂的问题。我国刑事立法和理论研究的重点一直是实体法和程序法的制定与修改，对于刑事执行阶段之假释的关注明显不足，假释的制度规范远不及诉讼阶段规范完备，《刑法》第四章（刑罚的具体运用）第七节通过 6 个条文（第 81 ~ 86 条）分别规定了假释的适用条件、假释的程序、假释的考验期限、假释犯应遵守的规定、假释考验及其积极后果、假释的撤销及其处理六个方面的内容，相关程序性规范散见于《刑事诉讼法》、《监狱法》以及相关司法解释、部门规章、刑事政策甚至各种地方性文件之中，立法意图在于建立以裁判权为核心的假释司法审查机制，但是程序运行存在诸多缺陷。在假释与减刑的双轨制模式下，假释适用率远低于减刑。一般认为，我国假释程序运行存在的主要问题是，刑罚执行机关权力过大，假释标准以分数论；假释条件难以把握，实际适用率过低；案件办理程序形式化，呈现严重的行政化倾向。造成这一问题的主要原因是立法层面的条件设置不合理，程序性规定尤其是证据规则阙如导致庭审变成“走过场”，司法实践背离立法初衷。①

《刑法》第81条规定："被判处有期徒刑的犯罪分子，执行原判刑期二分之一以上，被判处无期徒刑的犯罪分子，实际执行十三年以上，如果认真遵守监规，接受教育改造，确有悔改表现，没有再犯罪的危险的，可以假释。如果有特殊情况，经最高人民法院核准，可以不受上述执行刑期的限制。对累犯以及因故意杀人、强奸、抢劫、绑架、放火、爆炸、投放危险物质或者有组织的暴力性犯罪被判处十年以上有期徒刑、无期徒刑的犯罪分子，不得假释。对犯罪分子决定假释时，应当考虑其假释后对所居住社区的影响。"一般认为，假释的条件分为形式条件、实质条件和例外条件，上述三个条件是并列关系不分主次，同时具备上述三个条件方能对罪犯予以假释。②《刑法修正案（八）》将"不致再危害社会"修改为"没有再犯罪的危险"，刑法立场从更加侧重防卫社会转向关注"罪犯个体"，但仍遭到学者和实务工作者的口诛笔伐。假释的实质条件乃属于前瞻性条件，是基于既往状况对罪犯未来可能实施行为的预判，不仅涉及法律评判，而且涉及对罪犯的性格、心理以及生活环境等多方面因素的专业评估，办案人员对"没有再犯罪的危险"这一条件难于把握，该条件被认为是导致假释适用率过低的重要原因之一。"如果对预测准确性的要求过高，假释的适用就变得几乎是不可能的。"③ 但是，同样要求作出"没有再犯罪的危险"判断的缓刑适用率并不低，由此可见，实质条件对假释适用率的阻碍作用被过分夸大，难以把握的实质条件只是影响假释适用率的原因之一，假释适用率难以有效提升的根源有待进一步探究。

假释案件办理程序主要有书面审批、听证程序和开庭审理三种形式，形式的变化意味着司法审查正向实质化演进，但立法的简单化导致办案程序缺

---

① 参见茅仲华等：《减刑、假释案件审理程序规范化研究》，中国法制出版社2017年版，第161～205页。

② 参见田立文：《假释适用条件比较研究》，载《中州学刊》2008年第1期。

③ 屈学武主编：《刑法改革的进路》，中国政法大学出版社2012年版，第371页。

乏规范，只能依赖司法解释甚至地方性规定予以细化。司法机关忽略假释案件的特殊性，基本采用普通刑事案件办理程序进行办理。由于对假释条件难以进行规范判断，实践中普遍存在以刑罚执行机关评价性的计分考核结果直接作为罪犯改造表现和“没有再犯罪的危险”的考察依据，计分考核结果由此成为假释的首要标准，但是“百分考核”并非基于国家意志产生的法律，而是司法部的内部管理制度，而且各地的具体实施标准不一，假释标准的分数化虽然解决了裁判标准的可操作性问题，却也导致刑罚执行机关的监管标准与法院的裁判标准直接混同，假释适用率低与裁定准予率高的悖反现象同时并存。在案件办理过程中，法官主要核查刑罚执行机关的提请材料是否齐备、不同材料的内容之间有无冲突，因而无法有效防止不公正甚至是虚假的考核计分或立功情况，法庭审理沦为“司法确认”，法院事实上沦为刑罚执行机关的“橡皮图章”，实践运行与立法目的严重背离。

此外，在责任倒查追究的背景下（2004 年最高人民检察院会同公安部、司法部对假释中存在的问题进行专项检查，同年 6 月 24 日最高人民法院发布《关于在全国各高、中级人民法院开展减刑、假释工作专项大检查的通知》要求对全国高级人民法院和中级人民法院自 1998 年以来尤其是 2001 年以来办理假释案件的情况进行专项大检查；2021 年开展的全国政法队伍教育整顿将违规违法办理假释案件作为“顽瘴痼疾”予以集中整治，徇私舞弊假释犯罪成为检察机关查办职务犯罪案件的重点，最高人民法院亦要求对 1991 年以来审理的所有假释案件进行全面评查），办案人员一般不愿意做出罪犯“没有再犯罪的危险”的结论，以减刑替代假释的现象甚为普遍，背后不可回避的一个因素就是对司法风险的规避。

解决现有假释案件办理程序的弊端，构建假释案件实质化办理的程序保障机制，切实发挥制度效用，是非常值得研究的课题。总结回顾假释案件办理程序的历史沿革，认真梳理影响假释案件办理程序的各种理论基础，立足于微观层面，对我国现行法律制度体系进行考察评析，特别是检索梳理目前案件办理面临的困境，以问题为原点，对现状进行反思，才能有针对性地提出假释案件实质化办理的程序改革路径。对此，需要立足于诉讼基本理论，充分运用规范分析、比较分析、实证分析等研究方法，系统分析假释案件的程序运作机理，准确掌握我国假释案件的程序运作状况，深刻反思制度设计存在的问题，重新审视假释条件之间的位阶关系，科学设计实质化办理假释案件的程序保障机制，建构和完善符合假释案件特点的证明规则体系，通过多元诉讼程序的设置与分流，有效改变当前假释运行“重实体、轻程序”的现状，切实保障假释制度的目标实现。

二、研究综述

假释是刑事法学研究中一个历久弥新而又体系庞杂的课题。基础理论的研究和域内外考察的意义在于更加全面清晰地揭示和分析我国假释案件办理程序的运行现状，从而能够切实解决我国面临的现实困境。

假释制度“最早起源于18世纪80年代英国殖民地澳大利亚的‘释放许可证’制度”①。19世纪英国监狱改革家沃尔特·克罗夫顿创立的爱尔兰累进制，标志着现代累进处遇制度的诞生，也意味着现代假释制度的基本建立。② “1925年，在伦敦召开的国际刑法及监狱大会后，假释制度被世界各国普遍接受，假释制度走向了法律化、制度化”。③ 从世界范围来看，假释的类型主要有强制假释和裁量假释。④ 强制假释是指罪犯符合法定条件时即必须予以假释的制度。裁量假释是指对罪犯执行刑罚经过一段刑期后，根据罪犯的犯罪性质、情节、服刑期间的悔改表现以及罪犯的个人情况等因素将罪犯附条件予以释放的一种制度。“中国的假释是裁量假释，而不是必要假释，这也是世界上绝大部分国家所采用的假释类型。但也有一些国家采用必

---

① 陈光中、［加］丹尼尔·普瑞方廷主编：《联合国刑事司法准则与中国刑事法制》，法律出版社1998年版，第449页。

② 参见黄永维：《中国减刑、假释制度的改革与发展》，法律出版社2012年版，第14页。

③ 黄永维：《中国减刑、假释制度的改革与发展》，法律出版社2012年版，第14页。

④ 参见黄永维：《中国减刑、假释制度的改革与发展》，法律出版社2012年版，第56页。

要假释制度，认为假释是所有犯罪人复归社会的一个必要的过渡期间，假释不是或者不仅是鼓励犯罪人改过自新的优待措施，而是犯罪人的一项实体权利。例如，加拿大刑法规定，假释是受刑人的必要的权利，只要犯罪人不违反法定条件就应当获得假释，假释机关只能在证明犯罪人违反法定条件的情况下才能拒绝假释犯罪人。"①

罪犯是否符合假释的实质性要件是假释案件审查判断的核心内容，域外法律都对此作出了规定。《德国刑法典》第 57 条规定的“有期自由刑余刑的缓刑”类似于我国的假释制度，要求“特别注意被判刑人的人格、履历、犯罪情节、再犯罪时被威胁的法益的重要性、执行刑罚期间的态度、生活情况和缓刑可能对其产生的影响”②。《俄罗斯联邦刑法典》规定的是“如果法院认定罪犯不需要服满法院所处的刑罚即可以得到改造”③。《韩国刑法》规定的是“行为状况良好、悔改之心明显”④。《西班牙刑法典》规定的是“服刑期间表现良好，回归社会后不会造成危害者”⑤。关于证据规则和证明标准，出于保障罪犯权利的考虑，多数国家和地区对于证明罪犯是否符合假释的条件给予较为宽缓的规定。同样，在大多数采用司法模式的国家和地区，假释案件亦采用优势证明标准或合理证明标准即可。⑥

假释决定程序一般都规定得较为笼统和原则，与逻辑严谨、程序清晰的普通刑事案件诉讼程序相距甚远，“假释决定过程是刑事司法过程中最不严

---

① 陈光中、[加] 丹尼尔·普瑞方廷主编：《联合国刑事司法准则与中国刑事法制》，法律出版社 1998 年版，第 461 页。

② 《德国刑法典》，徐久生译，北京大学出版社 2019 年版，第 28 页。

③ 俄罗斯联邦总检察院编：《俄罗斯联邦刑法典释义》（上册），黄道秀译，中国政法大学出版社 2000 年版，第 199 页。

④ [韩] 金日秀、[韩] 徐辅鹤：《韩国刑法总论》，郑军男译，武汉大学出版社 2008 年版，第 770 页。

⑤ 《西班牙刑法典》，潘灯译，中国政法大学出版社 2004 年版，第 36～37 页。

⑥ 参见徐静村主编：《减刑、假释制度改革研究》，中国检察出版社 2011 年版，第 62 页。

谨且最少受到法律约束的程序之一”①。受法律传统和司法模式等因素的影响，大陆法系与英美法系在假释决定程序及其相关制度上存在很大差异。书面审批的行政性程序、委员会的听证程序和司法化的办理程序是各国、各地区办理假释案件较为普遍的模式，法国的假释决定程序则经历了由行政性程序向司法性程序的演变过程。书面审批的行政模式主要在由行政长官（如监狱长或者司法部部长等）直接决定的假释程序中适用。委员会模式多以听证程序办理案件。司法模式多由法院以审理程序办理案件，我国目前采用的就是此种模式。假释案件无论是审理还是听证，多数国家和地区采取言词对抗的方式进行，行使裁决权的机关会根据相关证据、材料，充分听取包括律师、辩护人在内的各方意见后，再作出是否准予假释的决定。②

在中国，1954 年《劳动改造条例》标志着中华人民共和国成立后假释制度的正式确立，随着 1979 年《刑法》的颁布实施，假释制度正式入法，但我国至今未能在法律层面建立起完善统一的程序法体系。假释的法律渊源不仅包括法律和司法解释，还包括部门规章（如司法部《关于计分考核奖罚罪犯的规定》）和党的政策（如中共中央政法委《关于严格规范减刑、假释、暂予监外执行切实防止司法腐败的意见》）等多种形式。基本法律过于原则，缺乏可操作性，制度体系呈现出“重权力约束、轻权利保障”的特点。虽然最高人民法院先后出台了一系列规范性文件，但是它们并未对假释案件的具体办案程序作出规定；部分实体性规定缺乏与之相应的程序性规

① ［美］杜菲：《美国矫正政策与实践》，吴宗宪等译，司法部预防犯罪与劳动改造研究所组织翻译，中国人民公安大学出版社 1992 年版，第 576 页。

② 参见黄永维：《中国减刑、假释制度的改革与发展》，法律出版社 2012 年版，第 61 页。

定，如“财产刑与假释的关联机制”①、“假释的实质审查制度”②，这些制度的适用需要证据予以支撑，而在罪犯自由受限、无法取证的情况下，法律规范对于举证责任如何分配、证据如何审查认定等程序性事项均无规定，刑罚执行机关、社区矫正机构等因法定职责不清而互相推诿、消极应付；部分程序性规定过于原则、难以操作，如假释建议的撤回和监督纠错程序，仅有原则性规定③或仅就程序的某个环节④作出规定。最高人民法院虽以司法解释的形式提出了假释案件一律开庭的原则性要求，但是案件办理究竟适用何种程序没有具体细化的规则可以参照，全国各地的普遍做法是参照普通刑事案件办理程序自行设计，导致不同地区、不同法院甚至不同法官之间的程序运作差别很大。

从理论层面来看，虽有不少甚至不乏较有分量的研究成果，但绝大部分研究止于宏观叙事，极少涉及办案程序的具体操作。以“假释”为关键词对中国知网（CNKI）检索可以发现，现有研究大多是针对司法实践中的突出问题，目的是回应现实需求，而且多将假释与减刑合而为一，针对假释的专门研究成果很少。现有文献主要包括三个方面的内容：一是假释制度的基础理论，包括基本概念的厘定、理论基础的梳理、价值功能的探究以及历史

---

① 《最高人民法院关于办理减刑、假释案件具体应用法律若干问题的规定》（已失效）第2条第3款规定：“罪犯积极执行财产刑和履行附带民事赔偿义务的，可视为有认罪悔罪表现，在减刑、假释时可以从宽掌握；确有执行、履行能力而不执行、不履行的，在减刑、假释时应当从严掌握。”

② 《最高人民法院关于办理减刑、假释案件具体应用法律若干问题的规定》（已失效）第15条规定：“办理假释案件，判断‘没有再犯罪的危险’，除符合刑法第八十一条规定的情形外，还应根据犯罪的具体情节、原判刑罚情况，在刑罚执行中的一贯表现，罪犯的年龄、身体状况、性格特征，假释后生活来源以及监管条件等因素综合考虑。”

③ 如关于假释建议的撤回，《最高人民法院关于办理减刑、假释案件具体应用法律若干问题的规定》（已失效）第27条规定，在人民法院作出假释裁定前，刑罚执行机关书面提请撤回假释建议的，是否准许，由人民法院决定。

④ 如对于假释的撤销程序，《监狱法》等法律法规仅就撤销建议的提请机关、审判期限、收监机关作出了规定，具体的审查程序未作任何规定。

沿革的考察、域外经验的借鉴；二是我国假释制度的运行现状，包括对我国假释制度体系的梳理、对制度运行实践状况的勾勒，并对其中存在的问题进行了一定的提炼和分析；三是完善我国假释制度的具体对策建议。现有研究对假释程序的基本原理、模式分析以及制度建构尤其是证据规则等方面进行的系统研讨非常薄弱，学术界虽然对于通过庭审方式审理假释案件的主张有所论证，但对庭审构造等关键问题缺乏深入探讨，存在视角固化和研究碎片化的弊端，对假释实际运作情况更是缺乏深入考察和系统分析，对于审查假释案件时存在的困惑和问题不能有效地予以回应，因而无法改变办案人员只能凭惯性机械办案的现状。

从研究内容来看，围绕假释制度，现有研究主要涉及以下几项内容：

一是立法与刑事政策研究。《刑法》《刑事诉讼法》《监狱法》等对假释的条件和适用程序、假释的决定主体、检察监督的方式等逐步予以完善和细化。围绕上述主题的立法变化以及相关司法政策，研究者进行了观点鲜明的探讨。如2009年聂立泽和徐留成的《我国假释制度立法完善构想》①、2015年刘政的《刑罚公平正义视域下的假释程序规范化探索》②、2020年王平的《减刑、假释适用比例失衡的成因与立法应对》③，普遍认为立法层面的法律规定存在缺陷，缺乏周全详尽的法律规范体系，假释的实质条件缺乏可操作性。

二是域外制度比较研究。对域外国家和地区假释案件办理程序的考察研究目前主要停留在立法规定的介绍，主要内容包括假释的适用对象、权力行使主体、案件办理程序和救济程序等，如2005年柳忠卫的《假释制度比较

---

① 参见聂立泽、徐留成：《我国假释制度立法完善构想》，载《郑州大学学报（哲学社会科学版）》2009年第42期。

② 参见刘政：《刑罚公平正义视域下的假释程序规范化探索》，载《法学杂志》2015年第36期。

③ 参见王平：《减刑、假释适用比例失衡的成因与立法应对》，载《北京联合大学学报（人文社会科学版）》2020年第18期。

研究》[1]、2014 年张亚平的《法国减刑、假释程序司法化之演进及其启示》[2]等，总体而言，缺少对假释制度产生背景、适用情况以及相关理论的深入研究。

三是司法对策研究。主要针对假释案件审查过程中的具体问题提出对策建议。第一类是决定主体和适用对象，如 2007 年陈永生的《论减刑、假释裁决权之归属》[3]、2008 年田立文的《假释适用条件比较研究》[4]、2019 年董邦俊和赵聪的《假释的实质条件及其评估保障机制研究》[5]。第二类是案件办理程序，如 2011 年刘天响的《减刑、假释开庭审理形式化之检讨》[6]、2014 年张传伟的《论减刑假释暂予监外执行备案审查程序的构建》[7]、2016 年程绍燕的《我国减刑、假释听证制度研究》[8]。第三类是一些实证类的调研分析，如 2014 年陈雷的《对浙江省 H 市三类罪犯减刑、假释问题的调查报告》[9]、2020 年熊焱主编的《减刑、假释制度改革实证研究》[10]。第四类是对程序运行中某一具体制度的研究，如 2017 年李勤的《减刑假释制度的适

---

① 参见柳忠卫：《假释制度比较研究》，山东大学出版社 2005 年版，第 123～211 页。

② 参见张亚平：《法国减刑、假释程序司法化之演进及其启示》，载《法商研究》2014 年第 31 期。

③ 参见陈永生：《论减刑、假释裁决权之归属》，载《中国刑事法杂志》2007 年第 4 期。

④ 参见田立文：《假释适用条件比较研究》，载《中州学刊》2008 年第 1 期。

⑤ 参见董邦俊、赵聪：《假释的实质条件及其评估保障机制研究》，载《政法论丛》2019 年第 5 期。

⑥ 参见刘天响：《减刑、假释开庭审理形式化之检讨》，载《中国刑事法杂志》2011 年第 11 期。

⑦ 参见张传伟：《论减刑假释暂予监外执行备案审查程序的构建》，载《政法论丛》2014 年第 6 期。

⑧ 参见程绍燕：《我国减刑、假释听证制度研究》，载《政法论坛》2016 年第 4 期。

⑨ 参见陈雷：《对浙江省 H 市三类罪犯减刑、假释问题的调查报告》，载《中国刑事法杂志》2014 年第 6 期。

⑩ 参见熊焱主编：《减刑、假释制度改革实证研究》，法律出版社 2020 年版，第 113～126 页。

用：积分制的缺陷及其完善》[①]、2018年劳佳琦的《财产性判项与减刑假释的联动机制》[②]。第五类是对上述突出问题的综合研究，如2012年朴永刚的《我国减刑假释制度改革创新之设想》[③]、2018年茅仲华等的《减刑、假释案件审理程序规范化研究》[④]。

四是检察监督。有学者提出，从立法上制定专门的假释法和司法上强调同步检察监督两个层面对假释制度中的检察权进行重构，并设置相应的配套制度，保障检察监督权的落实。[⑤] 有学者提出，应当大力加强派驻检察室及其队伍建设。[⑥] 还有学者提出，"强化假释的观护监督，建立假释保证金制度"[⑦]。

针对假释适用率过低、庭审流于形式的现实境况，学者进行了全方位、多角度、深层次的解析。从理念上看，有学者认为，对假释本质属性认识不足，固守假释奖励刑罚观。[⑧] 从制度上看，有学者指出，要求监所干警和法官对罪犯假释后的表现作出预测，并不合理。从技术上看，有学者指出，假释的再犯危险条件难以把握，而百分考核标准不尽合理。从程序上看，存在行政审批程序、准司法程序还是司法程序之争。普遍存在的问题是：其一，缺乏控辩对抗和权利救济途径，诉讼化程度严重不足。在假释案件办理程序中，控辩双方不存在对立，即便是开庭审理，庭审过程一般不存在举证、质证、辩论等环节。其二，法庭调查对象单一，主要关注罪犯的考核成绩，甚

---

① 参见李勤：《减刑假释制度的适用：积分制的缺陷及其完善》，载《政法论坛》2017年第2期。

② 参见劳佳琦：《财产性判项与减刑假释的联动机制》，载《中外法学》2018年第3期。

③ 参见朴永刚：《我国减刑假释制度改革创新之设想》，载《当代法学》2012年第1期。

④ 参见茅仲华等：《减刑、假释案件审理程序规范化研究》，中国法制出版社2017年版，第131～161页。

⑤ 参见吴月红：《减刑假释制度中的检察权重构》，载《江西社会科学》2014年第9期。

⑥ 参见杨国章：《论减刑假释监督》，载《中国刑事法杂志》2004年第5期。

⑦ 参见黄素萍：《司法现代化背景下的中国假释制度改革之路径》，载《社会科学辑刊》2009年第1期。

⑧ 参见徐静村主编：《减刑、假释制度改革研究》，中国检察出版社2011年版，第92页。

至对违法报请的假释案件也难以发现。批发式的审理模式呈现出假释不被重视以及受制于提请方的司法现实。[①] 法官裁量空间缺失、审查方式单一等因素导致假释在司法实践中难以推进，尤其是短刑犯假释机会少。[②] 实践层面不仅人为设定假释比例，且不少地方实行责任倒查制度，一旦罪犯在假释考验期内出现了问题，特别是出现了社会影响较大的事件，随即启动办理假释的审批机关和相关人员的问责程序。

学者提出的改革建议和路径大致有以下几种：

一是改变条件设置。针对假释的实质条件，有学者主张，细化假释的法定条件[③]；有学者主张，将假释的实质条件从“没有再犯罪的危险”的客观判断修改为“认为其没有再犯罪的危险”的主观判断[④]；有学者主张，增加法定假释[⑤]；也有学者主张，建立假释担保制度[⑥]。

二是变革运行程序。关于假释的提请权，有学者主张，假释权是司法权，提请假释的权力亦是司法权，应当由检察机关行使提请权[⑦]；也有学者认为，假释的提请权应当由刑罚执行机关行使，由检察机关行使假释提请权不利于构建正当的假释程序[⑧]。关于假释的裁决权，有学者提出，法院不应作为假释的裁定机关，应当由狱政部门或者狱政部门内设的假释委员会负责

---

① 参见徐静村主编：《减刑、假释制度改革研究》，中国检察出版社 2011 年版，第 90 ~ 91 页。

② 参见缪伟君等：《减刑、假释制度改革研究》，中国检察出版社 2017 年版，第 25 页。

③ 参见姜树政、刘建军：《假释的功能作用及有效发挥之路径》，载《山东审判》2005 年第 3 期。

④ 参见缪伟君等：《减刑、假释制度改革研究》，中国检察出版社 2017 年版，第 13 页。

⑤ 参见黄素萍：《司法现代化背景下的中国假释制度改革之路径》，载《社会科学辑刊》2009 年第 1 期。

⑥ 参见缪伟君等：《减刑、假释制度改革研究》，中国检察出版社 2017 年版，第 54 页。

⑦ 参见孙琳：《减刑假释程序研究》，中国人民公安大学出版社 2011 年版，第 184 页。

⑧ 参见黄永维：《中国减刑、假释制度的改革与发展》，法律出版社 2012 年版，第 142 页。

裁定[①]；也有学者认为，从我国目前国情和现行法律体系出发，我国在相当长的一段时间内，仍应由法院行使假释裁决权[②]。关于程序参与人，多数学者主张，假释程序的参与人应当包括拟假释犯、检察机关，至于被害人是否参与假释程序则观点不一[③]；有学者建议“在假释案件中加大听证力度，可邀请有关专家对拟假释罪犯‘没有再犯罪的危险’的判断作出专门解释，供司法机关参考，可邀请心理评估专家等作为听证员参与假释案件听证，提出专业建议”[④]。关于办案程序，有学者主张，建立假释听证制度[⑤]；也有学者主张，建立多元性的审判机制[⑥]；还有学者主张，构建假释证据规则，并提出了证明责任分配规则、质证规则、证明标准、认证及裁判规则[⑦]。

三是量化审查技术。有学者主张，通过建立假释前调查制度等措施建立科学的再犯预测机制[⑧]；有学者主张，改进百分考核制，增加人身危险性、罪犯人格等科学化评估机制，以科学量表、因子测评等评估手段为重要内容，连同百分考核结果，作为罪犯假释的基础[⑨]；还有学者主张，从重视人格调查、编制再犯预测量表、对考验期的假释犯开展动态预测等方面入手，

---

① 参见柳忠卫：《假释本质研究——兼论假释权的性质及归属》，载《中国法学》2004年第5期。

② 参见黄永维：《中国减刑、假释制度的改革与发展》，法律出版社2012年版，第139页。

③ 参见杨正万：《被害人参与减刑假释程序思考》，载《政治与法律》2002年第4期；刘天响：《减刑、假释开庭审理形式化之检讨》，载《中国刑事法杂志》2011年第11期。

④ 刘福谦、刘灿敏：《办理假释听证案件的法理依据和创新价值》，载《人民检察》2022年第20期。

⑤ 参见刘政：《刑罚公平正义视域下的假释程序规范化探索》，载《法学杂志》2015年第10期。

⑥ 参见缪伟君等：《减刑、假释制度改革研究》，中国检察出版社2017年版，第92页。

⑦ 参见何利：《减刑、假释证据规则研究——以审理所有减刑、假释案件为视角》，载徐静村主编：《减刑、假释制度改革研究》，中国检察出版社2011年版，第203~218页。

⑧ 参见田立文：《假释适用条件比较研究》，载《中州学刊》2008年第1期。

⑨ 参见徐静村主编：《减刑、假释制度改革研究》，中国检察出版社2011年版，第109页。

建立假释再犯预测机制①。

四是完善监督救济渠道。有学者提出，建立假释申诉制度②；也有学者主张，赋予检察机关、刑罚执行机关、罪犯以抗诉权或上诉权③；还有学者主张，摒弃责任倒查制④。

由以上关于假释条件的重置以及审理程序的改革探索可见：第一，重新审视假释的条件在假释裁决中的作用，包括如何调整假释的条件、重新设置假释各条件之间的关系；第二，还原假释审查的司法属性，包括如何设置庭审交互程序、规范法官的调查取证权等；第三，关注和思考权力的行使，包括如何解除百分考核制的钳制以及为办案人员的非理性责任松绑等。

学术界试图回答和解决如何优化我国假释的条件和办案程序设置，对假释的改革方向和路径进行了积极探索，也为后续研究提供了研究思路和分析视角。然而，由于侧重于从制度层面重构办案程序，强调如何重新配置司法权力结构体系，缺乏对假释条件、运行程序、配套机制的系统性研究，总体上仍旧处于各自为政的状态，更加缺乏从“实施效果与优化路径”这一视角进行制度研究，未能在我国司法框架下对假释条件的立法设置和审查现状进行深层次考察，对于司法实践面临的实际问题并未予以更多关注，特别是未能构建起符合假释案件特点的证据规则体系，导致很多解决方案之间相互矛盾，因而没有从根本上解决问题。

三、研究主题与架构

建构实质化的假释案件办理程序，通过程序保障本质的回归实现扩大假

---

① 参见刘志诚：《论新形势下我国减刑、假释制度的重构》，载徐静村主编：《减刑、假释制度改革研究》，中国检察出版社2011年版，第188～189页。

② 参见茅仲华等：《减刑、假释案件审理程序规范化研究》，中国法制出版社2017年版，第258～259页。

③ 参见刘天响：《减刑、假释开庭审理形式化之检讨》，载《中国刑事法杂志》2011年第11期。

④ 参见董文辉：《中国减刑、假释制度改革研究》，法律出版社2016年版，第201页。

释适用的制度目标，是我国假释制度改革的根本路径。那么，自新中国成立以后，假释的条件和程序设置发生了哪些变化？我国假释条件的司法适用是否以及能否实现立法改革的目标？假释案件办理程序存在哪些问题？在以审判为中心的诉讼制度改革背景下，如何改革与完善我国假释条件的审查标准和办案程序？这些问题是本书着重研究的问题，也是本书的基本研究框架。在辩证分析既往研究和合理借鉴域外经验的基础上，本书就假释案件程序保障提出了改革方案。

本书按照“立法回顾—实践考察—现状反思—制度重构”的总体思路进行结构设计。在梳理假释制度的发展历史和理论基础之后，立足于办案程序，对我国现行假释制度进行评析，并对假释条件设置和程序重构的具体路径进行了详细论述，围绕从总体到局部、从实体到程序的递进逻辑渐次展开。

第一章是假释案件办理程序的立法回顾、理论发展与司法变迁。第一节首先对新中国成立以后假释案件办理程序进行立法回顾，围绕假释条件和运行程序的立法沿革进行系统梳理，并对其中表现出的阶段性特点进行了总结。第二节论证了假释的理论基础。任何一项研究，支撑其立论的理论基础都极为重要且必需，因此有必要对假释的基础理论进行概括性研究。立足现代刑罚制度的一般价值原理，明晰假释制度的实体法理论基础和程序法理论基础，分析假释的性质与功能，对假释的正当性基础加以论证。同时，对假释与相关制度（包括减刑和特赦）的关系进行了梳理论证。特别需要指出的是，假释的实质条件一直被认为是导致假释适用率过低的重要原因之一，但是同样要求法官作出“没有再犯罪的危险”判断的缓刑适用率却并不低，由此可见，实质条件对假释适用的阻碍作用被过分夸大，假释适用率难以有效提升的根源有待进一步探究。第三节在前述分析的基础上，概括总结了假释案件办理程序从单纯追求惩罚犯罪逐步转变为兼顾社会防卫与人权保障、从假释条件的单一审查机制转向综合评估的全面审查机制、从行政性审批转向多元分流的运行模式的司法变迁过程。

第二章是假释案件办理程序的现状考察与评价反思。第一节从制度分析的角度出发，对假释案件办理程序的制度渊源和制度体系的主要特点进行分析，围绕假释的条件和运行程序对现行立法进行全面系统的考察和分析。假释案件办理程序的制度渊源主要包括基本法律、司法解释、部门规章、党的政策、领导讲话和地方性文件，假释制度体系呈现出司法解释挑大梁、部门规章开新篇，实践推动立法、假释适用政策性强，重控权防腐、轻权利保障的特点。第二节从实证分析的角度出发，结合Z省1990—2020年假释案件办理情况，对我国假释办案程序的运作过程和结果进行全方位、立体化的呈现，并对假释条件的实然审查模式进行多角度、多层次的剖析。第三节是制度反思，认为当前我国的司法实践背离了立法本意，假释案件办理程序已然运行失范，程序启动完全由刑罚执行机关掌控，诉讼主体的功能发挥出现失位与错位，形式化的案件办理程序难以防范司法不公，低假释适用率与假释条件审查存在强逻辑勾连。由于受到计分考核制的钳制，法官对假释条件进行审查判断的象征意义大于实质意义，假释的司法运行存在裁判程序功能弱化、检察监督力度疲软、关联配套机制缺失以及责任倒查成为现实掣肘等突出问题。第四节对我国假释案件办理程序运行失范的原因进行分析，认为主要源于制度因素、主观因素、规范因素和机制因素四个方面。

第三章是假释案件程序保障的总体思路与路径选择。在前述分析的基础上：第一节对重塑假释案件办理程序的必要性和可行性进行分析论证。第二节从基本理念、制度目标和基本原则三个层面明晰了假释案件程序保障的总体思路，主张秉承从“奖励说”向“权利说”转化的基本理念，确立规范程序运作、扩大假释适用的制度目标，坚持防止司法腐败、维护司法公正的基本原则。第三节是关于假释案件程序保障的路径选择，主张建构不同于普通刑事案件的办理程序，从对抗式诉讼模式改造转向以协作为主的二元司法模式，同时明确了假释案件程序保障应当遵循的原则。

第四章是从实体层面提出改革设想，主张重构假释的条件。首先，梳理域内外的主要理论，结合对域内外改革经验的展示，探究假释条件综合评估机制，将再犯罪危险、国家利益、社会安全、财产保护、人心安定作为假释条件的确立基础。其次，探寻出假释条件之间的博弈关系，重构对象条件、基础条件、实质条件以及参考条件之间的阶层化逻辑关系。最后，通过立法明确假释的类型和比例，构建裁量假释与强制假释的双轨制假释类型模式，综合考虑罪名和罪犯品格等因素实行假释分级，并对假释比例实行立法控制和实践动态调整。

第五章是从程序层面提出改革路径，主张建构以协作为主司法模式下的假释权能配置，并对假释案件实行多元诉讼程序的选择与分流。假释提请权由刑罚执行机关和罪犯本人共同享有，明确刑罚执行机关、检察机关、社区代表在假释程序中的权能设置，并将被害人作为“无独立请求权的第三人”引入假释案件办理程序。打造多元诉讼程序，建构符合假释案件特点的证据规则体系，采用要素审查与全面审查相结合的审查方式，完善诉讼救济机制，推动假释案件办理程序从形式化审查向实质化办理转型。规范法官的裁判逻辑，明确监管标准与裁判标准的关系，坚持主观标准客观化的裁判逻辑，构建科学合理的证据审查路径。

第六章是配套制度机制的重构。针对程序运行的现实困难，围绕假释案件办理程序的配套保障机制，重点阐述以下几方面内容：一是着力打造财产性判项履行与假释关联的机制新构造，明确对财产性判项的范围和内容进行审查确定以及财产性判项履行情况与罪犯履行能力的审查认定方式，同时厘清财产性判项履行与假释适用的关联；二是从规范社会调查评估的内容和方式、建立健全调查评估人员出庭说明情况的运行程序、完善假释犯的交付执行程序，以及强化假释犯的监督管理四个方面，构建假释案件办理程序与社区矫正的双向衔接机制；三是完善假释撤回与假释撤销的制度设计，围绕实体条件的重置和运行程序的设计展开论证；四是确立容错免责为主基调下的监督纠错机制，主张建构假释案件办理效果评估机制，坚持从“结果导向”到“程序控制”的监督纠错进路。

四、研究方法

本书采用实证分析与理论研究相结合的方法，通过实地调研、案例分析、法官访谈、调查问卷等方式开展实证分析和研究，通过对司法实践中具体案例和问卷调查中各种问题的梳理、归纳及原因分析，从宏观层面厘清假释适用的司法现状，同时尽可能详尽地阅读有关假释的著述观点以及文献资料，引证翔实的域内外研究资料，对比分析我国假释案件办理程序存在的主要问题及背后的原因，在吸收借鉴相关研究成果的基础上，作进一步的纵深研究并提出既切实可行又具有创新性的改革建议。

一是采用规范研究的方法。研究假释的条件设置和案件办理程序无法脱离既有的制度土壤，而只能立足于我国的立法和实践状况。因此，必须全面系统地梳理假释制度的立法脉络，对假释条件的正当性基础进行全面梳理阐释，围绕假释条件设置和办案程序的立法沿革、理论基础以及理念变化渐次展开探讨，并对假释适用的司法实践状况作出深度解读。

二是采用比较研究的方法。刑罚的趋同性在全球化时代日趋明显，而且假释本身是“舶来品”，考察域内外关于假释制度的立法和司法实践，借鉴成功的改革经验，是非常必要的。但受到制度背景、经济水平、地域文化等多方面因素的影响，完全的“拿来主义”并不可取。本书并非简单地对域外制度和经验进行介绍，而是采用审慎的目光，认真分析域外立法规定及其产生的制度背景与法治环境，通过参照比较，加深对相关问题和内容的思考，进一步探讨制度借鉴的可能，借此促进我国假释案件办理程序的发展与完善。

三是采用实证研究的方法。重视实证分析，运用丰富翔实的实证数据和典型案例支撑所提出的立论和研究观点，使论文的论证有力、论据充分，更有说服力。注重通过具体案例呈现各职权主体在面对职责与风险时所选择的规避表现，具体入微地探讨假释的运行现状。通过与假释案件办理人员进行结构性访谈，了解目前实务中办案人员对于假释条件的理解和办案程序的常规做法，以及对于假释条件设置和办案程序的改革设想。同时，走访各地检察机关、刑罚执行部门、司法局社区矫正部门、狱政管理部门，听取相关经验丰富的实务人员关于假释的程序启动、决定、监督等各环节意见，对在社区矫正的假释犯进行访谈，了解假释效果方面的情况，并将梳理的各方意见建议融入本研究。

综上所述，本书将综合运用规范研究、比较研究、实证研究等多种研究方法，对假释的条件设置和案件办理程序展开全方位、多层次的系统考察，由此建构完善假释条件的阶层化体系和假释案件的多元化办案程序，以期推动中国假释理论和实践的进一步深化和发展。

五、研究的创新与不足

新中国成立以后，我国假释案件办理程序的制度体系经历了初步形成、正式确立、快速发展、全面深化四个阶段，逐步从政府规章、司法解释最终走向立法定型，基本形成了中国特色的假释制度体系。随着司法体制改革的持续深化，假释适用是否达到了立法预期？程序运行存在哪些现实困境？如何对假释的条件、运行程序以及配套制度进行重构？这些问题既是本书的研究重点，也是本书的创新点所在。

1. 对假释条件进行阶层化重构，建构实质化的审查标准。综观我国假释制度的立法改革历程可以发现，假释条件的审查标准是贯穿于假释制度改革始终的主线。理论界和实务界针对假释制度的改革建议与路径已从不同角度和侧面对完善假释条件提供了有益的视角。针对办案人员普遍存在过于重视实质性条件的现状，重新审视“没有再犯罪的危险”这一条件的内涵，充分评估该条件在假释适用中的地位，对假释条件之间的阶层关系进行梳理和重构，在此基础上建构实质化的假释案件审查标准。

2. 规范证据规则体系，推动假释案件办理程序的诉讼化转型。假释案件与普通刑事案件有着显著区别。针对当前假释案件存在证据类型单一、行政证据与刑事证据直接混同、参考性证据决定案件走向等问题，围绕庭审这一中心，完善证据类型，明晰监管标准与裁判标准的关系，规范法官的裁判逻辑和思路，建构符合假释案件自身特点的证据规则体系。

3. 对办案程序进行重置，通过多元诉讼程序推动实质化办理。对当前比较突出的假释案件审查形式化的现象进行分析，通过实证研究、比较研究等方法，主张建构法官主导、多元主体（包括检察机关、刑罚执行机关、拟假释犯本人、被害人、社区人员等）共同参与的假释案件办理程序；同时，为实现办案程序的正当化，建构司法确认程序、简易程序和普通程序并存的多元诉讼程序，实行多元诉讼程序的转化与衔接。

本书的不足之处主要体现在研究内容和研究方法上，虽然试图通过实证分析的方法明晰立法设置与实践运行的背离现状，但受样本数据以及统计方法等多重因素的制约，本书所作的量化分析难免存在以偏概全的情况。由于目前尚未掌握同期在监所服刑罪犯的基本情况，因而对我国假释案件审查概况的展示分析不够全面清晰。司法实践中不可避免地存在影响假释适用的案内因素和案外因素，但这些因素在样本案件的文书中并不显示，可能在一定程度上影响结论的准确性。在研究观点的创新上，由于自身能力水平的限制，文字表达稍显粗砺，甚至存在泛泛而谈、表达不够精准等问题。期待随着司法实践的不断深入和实证样本的持续增加，后续可以对如何通过程序运作保障假释案件实质化办理的实现作更加深入的探讨。

第一章　假释案件办理程序的立法回顾、理论发展与司法变迁

特定历史时期出现的假释案件办理程序，是国家基于不断变化的刑事法治环境，为了有效应对特定压力、满足特殊需求而设，此后相关制度规范进入动态调整的过程。在绘制关于假释案件办理程序的起源与发展的图表时，必须尽可能地考虑它在特定历史时期出现和演进的主要原因以及实体条件与程序构造特别是刑罚权力之间的联系。如果超越特定历史时期，就无法形成关于假释案件办理程序究竟是什么的实然图景或者应该是什么的应然图景。全面梳理新中国成立以后我国假释案件办理程序的立法变迁过程，对实体条件的立法设置以及运行程序的变迁过程进行多层次、多角度的深入思考，才能更为深入地理解假释案件办理程序的设置要义。任何一项制度的发展都必须以理论为先导，来自不同学科领域和不同历史时期的实体法理论和程序法理论对假释案件办理程序的演进发展发挥着重要推动作用，共同证成了假释的正当性基础。而围绕立法改革进程，立足于各种基础理论，从假释的条件和程序构造入手，深入考察我国假释案件办理程序的司法变迁，对于准确认识假释的程序定位以及推进假释案件办理程序的健全完善无疑有着极为重要的意义。

第一节　新中国成立以后假释案件办理程序的立法回顾

我国各项法律制度自新中国成立以后逐步建立、完善和发展，回顾假释

案件办理程序的基本发展脉络可以发现，制度规范主要经历了四个时期，逐步从政府规章、司法解释最终走向立法定型。假释的条件经历了从最初的不加限制到仅限于有期徒刑罪犯和无期徒刑罪犯，此后禁止假释入法，特殊假释日趋从严，而撤销假释的条件却是逐步放宽，日趋严格的法律规定持续传递出假释从严的清晰信号；办案程序逐步健全完备，从最初的完全进行书面审查到有选择地进行开庭审理，从完全无视罪犯的诉讼权利保障到假释审理应当听取罪犯本人甚至律师的意见，在此期间，为强化案件审查的公开透明，探索建立了立案公示、庭审公开和文书上网等配套机制，检察监督亦从单一事后监督走向全程监督，逐步形成了中国特色的假释制度体系。

一、初步形成阶段（1949—1979 年）

自新中国成立至 1979 年《刑法》和《刑事诉讼法》施行之前的这段时期是我国假释案件办理程序的初步形成阶段，以《劳动改造条例》为基础，以各种单行条例和司法解释为补充，我国假释案件办理程序逐步建构起规范体系。

1954 年 9 月政务院发布的《劳动改造条例》具有标志性意义，不仅明确了假释的属性是对罪犯的奖励，而且奠定了我国假释案件办理程序的基本模式。1954 年时任政务院政治法律委员会副主任罗瑞卿在《关于〈中华人民共和国劳动改造条例〉草案的说明》中指出，假释是为了加强对罪犯的改造效果，促进罪犯在劳动改造中的积极性，对在劳动改造中的罪犯实行的一种奖励制度。[①] 此后，我国的司法解释和行政规范性文件均沿袭了“奖励说”的观点，否认罪犯在假释案件办理程序中的权利。根据《劳动改造条例》第 70 条的规定，假释“必须报请主管人民公安机关审核，并且送当地省、市人民法院批准后，宣布执行”，自此奠定了我国假释由刑罚执行机关负责提请、法院负责审批的基本运行模式。此外，《劳动改造条例》也是新

---

① 参见鲍圣庆编著：《减刑、假释的理论与实践》，吉林人民出版社 1992 年版，第 1 页。

中国成立以后重大立功可以假释的渊源性规定。[①] 但是，《劳动改造条例》对假释的条件和法律后果均未作出专门规定，相关规范性内容主要通过最高人民法院、最高人民检察院、公安部、司法部等国家机关的批复、通知、指示、工作细则等得以明确。这些规范性文件既有各机关单独发布的，如最高人民法院的批复或者复函，公安部的批复或者工作细则，也有几个机关联合下发的，如公安部、司法部的联合指示，最高人民法院、最高人民检察院、公安部的批复或者联合通知，等等。

初步形成阶段的基本发展脉络如表 1－1 所示。

表 1－1 初步形成阶段的基本发展脉络

序号	主体	名称	施行时间	重要举措	主要内容
1	中央司法部、公安部	《关于监狱、看守所和劳动改造队移转归公安部门领导的指示》（司指字第 41 号）	1950 年 11 月	监所的行政管理由司法转至公安	犯人的假释应依法令规定提出意见，报由各该同级法院核转各该上级法院审核执行
2	政务院	《劳动改造条例》	1954 年 9 月	明确假释的属性	根据犯人的不同表现，“给以表扬、物资奖励、记功、减刑或者假释等奖励”
				确定基本程序是审批模式	假释“必须报请主管人民公安机关审核，并且送当地省、市人民法院批准后，宣布执行”

① 《劳动改造条例》第 68 条规定，对于“劝告其他犯人的不法行为或者检举监内、外反革命组织和活动，经查明属实的”“精研技术，有发明创造或者把自己技术教会别人有特殊表现的”“消灭灾害或者重大事故避免损失的”“有其它有利于国家人民的行为的”犯人，可以给予假释等奖励。

续表

序号	主体	名称	施行时间	重要举措	主要内容
3	最高人民法院	《关于审批减刑、假释案件时是否审阅原卷问题的批复》（法研字第10622号）	1956年10月	假释案件采用司法审批模式，一般不必阅卷	批准假释，主要根据假释条件，“一般可不必审阅原卷，如果认为需要审阅原卷时，再调卷审阅”
4	最高人民法院、最高人民检察院、公安部、司法部	《关于对劳改犯减刑、假释的批准问题的联合通知》（〔57〕法研字第8487号、〔57〕高检办字第161号、〔57〕公劳联字第8号、〔57〕司普字第744号）	1957年5月	调整审判管辖	由于法院的体制由三级改为四级，假释的批准，如果全部由省、自治区高级人民法院进行确有困难，可由中级人民法院进行
5	最高人民法院	《对于判处短期徒刑的罪犯不宜适用减刑、假释的批复》	1957年12月	限制假释对象	除有例外情况，对于判处短期徒刑的罪犯不宜适用假释
6	最高人民法院	《关于处理劳改犯减刑假释案件应制作裁定书的复函》（法研字第34号）	1962年7月	规范裁决程序	处理假释案件应当制作裁定书并发给罪犯
7	最高人民法院	《关于假释和提前假释如何适用问题的函复》	1963年9月	明确假释的条件和法律后果，以及撤销假释的条件和处理程序	假释一般适用于已执行原判有期徒刑的刑期二分之一以上，在劳改中表现好，符合《劳动改造条例》第68条规定的罪犯。罪犯假释后，没有执行完毕的刑期即为假释考验期。在假释考验期内，如果没有再犯应当判处有期徒刑以上的罪，就认为原判刑罚已经执行完毕；如果只是一般的表现不好，群众有意见的，

续表

序号	主体	名称	施行时间	重要举措	主要内容
7	最高人民法院	《关于假释和提前假释如何适用问题的函复》	1963 年 9 月	明确假释的条件和法律后果，以及撤销假释的条件和处理程序	应当加强监督，不必因此撤销假释；如果再犯应当判处有期徒刑以上的罪，由审判新罪的法院撤销假释，数罪并罚
8	最高人民法院	《关于被假释或提前释放的罪犯又犯新罪如何处理问题的批复》（〔63〕法研字第 170 号）	1963 年 12 月	明确撤销条件	再犯应当判处有期徒刑以上的罪才撤销假释，不能以罪犯表现不好就随便收监执行
9	最高人民法院、最高人民检察院、公安部	《关于甘肃省公安厅劳改局请示对群众要求保释劳改犯人问题的批复》［〔64〕法研字第 1 号、〔64〕高检法字第 1 号、〔64〕公发（劳）28 号］	1964 年 1 月	明确特殊假释的条件	对于个别罪犯改造良好又确因家中有实际困难，群众要求放回，当地公社或公安机关来信证明的，可以假释
10	最高人民法院、最高人民检察院、公安部	《关于清理老弱病残犯和精神病犯的联合通知》（〔79〕法办研字第 6 号、〔79〕高检三字第 19 号、公发〔1979〕61 号）	1979 年 4 月	彰显人道主义，对老弱病残罪犯和精神病罪犯进行清理	有家庭依靠，符合身体残废等条件，有期徒刑犯执行原判刑期二分之一以上，无期徒刑犯实际执行 10 年以上，并有悔改表现的，可予以假释
11	最高人民法院、最高人民检察院、公安部	《关于无期徒刑减为有期徒刑的罪犯假释问题的批复》（〔79〕法研字第 23 号、〔79〕高检三字第 42 号、公劳〔79〕1329 号）	1979 年 11 月	明确无期徒刑减为有期徒刑罪犯假释的刑期起算时间	对无期徒刑减为有期徒刑的罪犯，仍应按原判无期徒刑实际执行 10 年以上，才能考虑是否可以假释或提前释放

续表

序号	主体	名称	施行时间	重要举措	主要内容
12	公安部	《关于管制、拘役、缓刑、假释、监外执行、监视居住的具体执行办法的通知》（公发〔1979〕185号）	1979年12月	明确假释的具体执行办法	对于被宣告假释的罪犯，依法交付公安机关执行的，分别由公安派出所、公安特派员或者有关单位的保卫组织，依靠治安保卫委员会具体执行监督考察

此阶段的假释适用呈现以下特点。

（一）假释的条件

关于假释条件的制度规定不一而且经历了变化的过程。制度初期对假释对象未作刑期上的限制，也没有禁止假释的相关规定，所有罪犯都可能被假释。根据《劳动改造条例》第68条的规定①，假释的条件与表扬、物资奖励、记功、减刑的条件相同，没有本质区别而仅有程度之分，罪犯确有悔改表现、有检举揭发或者发明创造等立功表现甚至积极劳动完成生产任务，均可能被假释。此后，假释的条件主要通过各种工作细则和司法解释等逐步明确。1957年12月最高人民法院《对于判处短期徒刑的罪犯不宜适用减刑、假释的批复》明确，假释一般不适用于短期徒刑的罪犯，意即假释主要适用于长刑犯。根据1964年1月最高人民法院、最高人民检察院、公安部《关于甘肃省公安厅劳改局请示对群众要求保释劳改犯人问题的批复》［〔64〕法研字第1号、〔64〕高检法字第1号、〔64〕公发（劳）28号］的规定，

① 《劳动改造条例》第68条规定："有下列情形之一，可以根据不同表现，给以表扬，物资奖励，记功，减刑或者假释等奖励。（一）一贯遵守纪律，努力学习，对所犯罪过确有悔改表现的；（二）劝告其他犯人的不法行为或者检举监内、外反革命组织和活动，经查明属实的；（三）积极劳动，能完成或者超额完成生产任务的；（四）节约原料，爱护公共财物有特殊成绩的；（五）精研技术，有发明创造或者把自己技术教会别人有特殊表现的；（六）消灭灾害或者重大事故避免损失的；（七）有其它有利于国家人民的行为的。"

假释的条件是“被判处有期徒刑，执行原判刑期二分之一以上、确有悔改表现和放出以后不致再危害社会治安的罪犯”。据此，假释的对象仅限于有期徒刑罪犯，无期徒刑罪犯被排除适用假释。直至1979年4月最高人民法院、最高人民检察院、公安部《关于清理老弱病残犯和精神病犯的联合通知》（〔79〕法办研字第6号、〔79〕高检三字第19号、公发〔1979〕61号）为了对在押的老弱病残犯和精神病犯进行清理，无期徒刑罪犯被纳入假释的对象范围。

此阶段假释的适用已经体现区别适用原则。根据1964年1月最高人民法院、最高人民检察院、公安部《关于甘肃省公安厅劳改局请示对群众要求保释劳改犯人问题的批复》[〔64〕法研字第1号、〔64〕高检法字第1号、〔64〕公发（劳）28号]，1979年4月最高人民法院、最高人民检察院、公安部《关于清理老弱病残犯和精神病犯的联合通知》（〔79〕法办研字第6号、〔79〕高检三字第19号、公发〔1979〕61号）等规定的精神，对于有特殊立功表现的罪犯、老弱病残罪犯、精神病罪犯以及家中确有困难的罪犯等实行政策优待，假释的条件有所松动，显现了假释的政策性特点。

（二）假释的运行程序

该阶段已经明确假释的决定权归属于法院，但在扩大监所权力和提高程序效率的双重考量下[①]，假释案件办理程序属于司法核准程序而非刑事诉讼程序。由于当时实行的是超职权主义，因此完全没有对罪犯权利的设置和保障，检察监督的内容和方式也不明确。假释的提请主体和提请方式尚未形成统一的模式，公安机关和检察机关在不同运行模式中的职责定位亦有不同。

模式一：由刑罚执行机关向检察机关提请、检察机关向法院提起诉讼。

---

① 参见孙琳：《减刑假释程序研究》，中国人民公安大学出版社2011年版，第151页。

例如，根据1956年《公安部关于在抗匪中表现好的犯人给予各种奖励原则的批复》的规定，减刑、释放均涉及法律，公安部门只能提供材料和意见，报请人民检察机关审核，由他们提请人民法院依法判决，然后执行。[①]此种运作模式下检察机关的职能作用与现在相比有重大区别。

模式二：由刑罚执行机关直接向法院提请。例如，根据1957年5月最高人民法院、最高人民检察院、公安部、司法部《关于对劳改犯减刑、假释的批准问题的联合通知》（〔57〕法研字第8487号、〔57〕高检办字第161号、〔57〕公劳联字第8号、〔57〕司普字第744号），假释可由劳动改造机关报送与中级人民法院相适应的公安机关审核，由公安机关送法院。

假释案件的审判管辖实现了由仅属于高级人民法院到可以由中级以上人民法院审理的重大转变。根据《劳动改造条例》第70条的规定，假释的批准机关是“当地省、市人民法院”。此时法院的体制是三级。1954年9月《人民法院组织法》颁布后，法院的体制由三级改为四级，假释案件由哪一级法院管辖的问题由此产生，实践中扯皮现象时有发生。根据1956年4月最高人民法院《关于劳改犯人减刑、假释的批准权限问题的批复》（法研字第3522号）的规定，假释案件一律由省、市高级人民法院批准。1957年5月最高人民法院、最高人民检察院、公安部、司法部《关于对劳改犯减刑、假释的批准问题的联合通知》（〔57〕法研字第8487号、〔57〕高检办字第161号、〔57〕公劳联字第8号、〔57〕司普字第744号）明确了假释案件的审判管辖可由省、自治区四个机关商量酌定由中级人民法院进行，但是为了谨慎把握假释适用，没有赋予基层人民法院以假释决定权。

假释案件采用审批制，以裁定的方式审结。新中国成立以后相当一段时间里，假释案件无裁定文书，一些法院仅在劳动改造机关的文书上注明批准年限再加盖法院印章。根据1962年7月最高人民法院《关于处理劳改犯减刑假释案件应制作裁定书的复函》（法研字第34号）的规定，处理劳改罪

① 参见孙琳：《减刑假释程序研究》，中国人民公安大学出版社2011年版，第151页。

犯假释的案件，应当制作裁定书并发给罪犯。至于办案程序如何进行具体运作，此时尚无规定。根据 1956 年 10 月最高人民法院《关于审批减刑、假释案件时是否审阅原卷问题的批复》（法研字第 10622 号）的规定，法官审查假释案件时一般不必审阅原卷。

值得注意的是，监所的管辖在此期间发生了改变，由司法部转至公安部，相关机构的工作职责因而发生变化。根据 1949 年 12 月《中央人民政府司法部试行组织条例》的规定，管理监所与假释等刑罚执行职权是司法部的重要任务之一。1950 年 11 月政务院作出《关于加强人民司法工作的指示》，明确提出“关于监所管理，目前一般宜归公安部门负责，兼受司法部门指导，由省以上人民政府依各地具体情况适当决定之”。其后，中央司法部、公安部发出《关于监狱、看守所和劳动改造队移转归公安部门领导的指示》（司指字第 41 号），将监狱、看守所移交公安部统一管理。根据 1977 年 11 月最高人民法院、公安部《关于加强对监外就医、监外执行、假释、缓刑犯人管理工作的联合通知》（〔77〕法办研字第 7 号），假释的监督由公安机关执行。

（三）假释的撤回与撤销

此阶段尚无假释撤回的相关规定。假释撤销的条件相当严苛，根据 1963 年 9 月最高人民法院《关于假释和提前假释如何适用问题的函复》、1963 年 12 月最高人民法院《关于被假释或提前释放的罪犯又犯新罪如何处理问题的批复》（〔63〕法研字第 170 号）的规定，撤销假释的条件是在假释考验期内“再犯应当判处有期徒刑以上的罪”。由于假释的撤销被限定为“再犯新罪”，此种情况下不需要专门的撤销程序，直接由审判新罪的法院在判决新罪时将原来的假释宣告撤销，把前罪没有执行的刑罚和后罪应判处的刑罚按照数罪并罚的量刑办法决定执行的刑罚。

二、正式确立阶段（1980—1996年）

1979年7月我国出台了《刑法》和《刑事诉讼法》，两法均自1980年1月起正式实施，自此直至1997年《刑事诉讼法》施行之前的这段时期，是我国假释案件办理程序的正式确立阶段。在总结以往实践经验和借鉴域外立法经验的基础上，假释被纳入基本法律的规制范围，以1979年《刑法》和1979年《刑事诉讼法》为基础，辅之以大量的司法解释和各种单行条例，我国假释制度体系实现了历史性跨越。

随着1979年《刑法》的颁布实施，假释正式入法，实体条件和法律后果等有了全面而系统的规定。1979年《刑事诉讼法》乃程序性立法的奠基之作，不仅"以一种权力相对型刑诉制度取代了权力绝对型刑诉制度"①，而且不同于此前缺乏系统化、程序化的诉讼规则，对假释案件办理程序以及相关权力机关的权力职责有了相对细化的规定。1994年12月《监狱法》进一步对办案程序和审查期限等作出规定。由于基本法律关于假释的条件规定得比较原则，实际执行中随意性较大，为了应对司法实践中出现的问题，各种规范性文件相继出台，制度体系日渐完善。但是，该阶段仍坚持假释的奖励属性，罪犯仅被作为客体看待，因而诉讼权利被完全排除。例如，根据1980年2月司法部《关于对罪犯依法减刑或假释所作的裁定可不交代上诉权利的批复》[（80）司发普字第28号］的规定，假释裁定不涉及当事人的诉讼权，故可不交代上诉权利。

1990年8月司法部出台的《关于计分考核奖罚罪犯的规定》（司发〔1990〕158号）和1990年11月出台的《罪犯改造行为规范》（司法部令第12号）在假释案件办理程序的演进过程中起着极为重要的作用，自此构建了量化假释条件的基本方式。刑罚执行机关对罪犯在服刑期间的改造表现进

① 左卫民：《改革开放与中国刑事诉讼制度的立法变革》，载《西南民族大学学报（人文社会科学版）》2019年第4期。

行量化的计分考核，计分考核结果是对罪犯进行评审和奖罚的依据，而刑罚执行机关对罪犯进行奖励的方式之一是提请假释。刑罚执行机关依据计分考核结果衡量罪犯是否“确有悔改表现”并决定是否提请假释，罪犯改造表现不好则会被延迟提请假释。计分考核结果不仅为刑罚执行机关量化假释考核方式提供了操作规范，更是法院裁决是否对罪犯予以假释的重要依据甚至是唯一依据，假释案件办理程序的行政化趋向由此展开且日趋明显。1994 年《监狱法》更是以立法的形式直接确认了计分考核结果是监狱提请假释的依据。

正式确立阶段的基本发展脉络如表 1－2 所示。

表 1－2　正式确立阶段的基本发展脉络

序号	主体	名称	施行时间	重要举措	具体内容
1	全国人民代表大会	《刑法》	1980 年 1 月	假释正式进入基本法律，第四章第七节专门规定实体条件和法律后果等	有期徒刑罪犯和无期徒刑罪犯，实际执行一定刑期，如果“确有悔改表现，不致再危害社会”，可以假释；“有特殊情节”可以不受执行刑期的限制；被假释的犯罪分子“由公安机关予以监督”；撤销假释的情形限于再犯新罪
2	全国人民代表大会	《刑事诉讼法》	1980 年 1 月	规范假释的程序	由执行机关提出书面意见，报请法院审核裁定
				检察监督的内容是执行活动	检察机关“实行监督。如果发现有违法的情况，应当通知执行机关纠正”
3	司法部	《关于对罪犯依法减刑或假释所作的裁定可不交代上诉权利的批复》［（80）司发普字第 28 号］	1980 年 2 月	否认假释的权利属性	假释裁定不涉及当事人的诉讼权，可不交代上诉权利

续表

序号	主体	名称	施行时间	重要举措	具体内容
4	最高人民法院、最高人民检察院、公安部	《关于被判刑劳改的罪犯在交付执行时应附送结案登记表，在执行期间的变动情况应通知有关单位的通知》[〔80〕法研字第24号、高检监字〔1980〕第14号、〔80〕公发（劳）147号]	1980年8月	规范文书送达	法院处理的劳改中罪犯假释案件，除将裁定书交付劳动改造场所执行外，并应抄送原判法院和担负劳改检察任务的检察机关
5	最高人民法院、最高人民检察院、司法部、公安部	《关于罪犯减刑、假释和又犯罪等案件的管辖和处理程序问题的通知》[〔80〕法研字第29号、高检监字〔1980〕第17号、〔80〕司发普302号、〔80〕公发(劳)219号]	1980年12月	设立派出机构	法院和检察院应在地处偏僻、交通不便的大型劳改单位或劳改单位集中的地区，设立派出机构
				改变办案模式	办理假释应当改变过去那种半年、年终集中奖惩的制度，要把这项工作列入日常业务，随有随办
6	公安部	《监狱、劳改队管教工作细则（试行）》	1982年2月	明确假释的条件	对判处有期徒刑、无期徒刑的犯人，确有悔改表现，不致再危害社会的，可以假释。但有期徒刑的犯人，必须执行原判刑期二分之一以上；无期徒刑的犯人，必须实际执行10年以上。如果有特殊情节，可以不受上述执行刑期的限制

续表

序号	主体	名称	施行时间	重要举措	具体内容
6	公安部	《监狱、劳改队管教工作细则（试行）》	1982 年 2 月	明确假释提请程序	对有期徒刑犯的假释，由犯人所在的监狱、劳改队提出意见，提请当地中级人民法院裁定；对无期徒刑犯的假释，由犯人所在的监狱提出意见，报请本省、市、自治区公安厅、局审核后，提请当地高级人民法院依法裁定
7	司法部	《关于印发第二次全国少年管教工作会议文件的通知》［（86）司发劳改字第 1 号］	1986 年 1 月	印发《少年管教所暂行管理办法（试行）》，明确少年犯的假释适用	少年犯和少年教养人员符合条件的，“可给予表扬、评功、物质奖、减刑（减期）和假释（提前解教）等奖励”
8	最高人民法院、最高人民检察院、公安部、司法部	《关于罪犯在看守所执行刑罚以及监外执行的有关问题的通知》［〔87〕高检会〔三〕字第 4 号］	1987 年 2 月	规范看守所服刑罪犯的假释程序	看守所提出书面意见，经主管公安机关审查、签署意见，报请同级法院裁定。法院作出假释裁定后，应将裁定书副本送同级检察院。检察院发现假释不当时，可向法院提出纠正意见或按审判监督程序提出抗诉
9	最高人民检察院	《人民检察院劳改检察工作细则（试行）》［〔87〕高检发〔三〕字 17 号］	1987 年 7 月	明确针对假释案件的监督内容和方式	监督内容包括对具备条件的罪犯是否依法裁定假释、对被判处假释的罪犯是否依法正确执行、考验期满后原判刑罚是否不再执行。监督方式包括提出纠正意见或提出抗诉

续表

序号	主体	名称	施行时间	重要举措	具体内容
10	最高人民法院	《关于办理服刑中的罪犯减刑、假释的几点注意事项的通知》[法(办)发〔1988〕5号]	1988年2月	初步确立备案审查机制	对犯罪集团的首犯和要犯、累犯和惯犯等的假释，要将处理意见报告上级法院
11	最高人民检察院三厅	《关于发现减刑、假释的裁定确有错误应由哪一级人民检察院提出纠正意见问题的答复》(〔88〕高检三厅字第28号)	1988年3月	明确检察监督的级别管辖	县（市、区）检察院（包括劳改检察派出院）发现基层法院假释裁定确有错误，可直接向基层法院提出纠正；发现中级法院假释裁定确有错误，应当报告分（州、市）检察院，由分（州、市）检察院向中级法院提出纠正意见；发现高级法院假释确有错误，应当层报省检察院，由省检察院向高级法院提出纠正意见
12	最高人民法院	《全国法院减刑、假释工作座谈会纪要》[法（办）发〈1989〉3号]	1989年2月	对假释的条件作出解读	“确有悔改表现”主要是指同时具备罪犯认罪服法；一贯遵守监规纪律；积极参加政治、文化、技术学习；积极参加劳动，爱护公物，完成劳动任务。“不致再危害社会”是指罪犯确已悔罪，劳改期间一贯表现好，不致再重新犯罪；老弱病残丧失作案能力的。特殊情节一般是指原工作单位因生产、重大科研的特殊需要，请求保释的；或有其他特殊情况的

续表

序号	主体	名称	施行时间	重要举措	具体内容
12	最高人民法院	《全国法院减刑、假释工作座谈会纪要》［法（办）发〈1989〉3号］	1989年2月	调整审判管辖	在看守所服刑罪犯（判处有期徒刑1年以下和判决生效后经折抵刑期余刑不足1年的罪犯，以及个别余刑1年以上，因特殊需要经有关部门批准的罪犯）的假释，由当地同级法院管辖
				明确审查的内容和方式	要认真审查罪犯确有悔改表现等具体事实，有重点地选择一些案件深入劳改单位核实，了解罪犯在执行期间的改造情况
				规范审理程序	明确立案审查、事实审查、审判组织、文书撰写、宣告送达、审判监督等程序要求
13	最高人民法院刑二庭	《关于办理减刑假释工作有关问题的电话答复》	1989年5月	对特殊罪犯进行内审	对影响较大的几类罪犯的假释，裁定前要将处理意见报告上级法院
14	最高人民法院、最高人民检察院、公安部、司法部	《关于依法加强对管制、剥夺政治权利、缓刑、假释和暂予监外执行罪犯监督考察工作的通知》［〔89〕高检会（监）字第7号］	1989年8月	针对交接脱节、法律文书不全、监督考察措施不力、管理失控等突出问题作出重申和补充规定	公安机关是执行机关，县级公安机关应把假释罪犯列为重点人口依法进行管理；法院对在押的服刑罪犯裁定假释后，交付执行的法律文书、手续必须合法、完备；检察机关对裁定是否得到依法执行和执行活动是否合法实行监督
15	司法部	《关于计分考核奖罚罪犯的规定》（司发〔1990〕158号）	1990年8月	将量化的计分考核结果与假释挂钩，择优提请假释	对罪犯按月进行考核，内容分为思想改造和劳动改造两部分，思想改造满分为55分，劳动改造满分为45分。以分数作为奖罚依据，择优依法提请假释

续表

序号	主体	名称	施行时间	重要举措	具体内容
16	司法部	《罪犯改造行为规范》（司法部令第12号）	1990年11月	明确考核罪犯改造表现的基本内容和假释的重要依据	内容包括基本规范、生活规范、生产劳动规范、学习规范、文明礼貌规范，是考核罪犯改造表现和实施奖罚的重要依据
17	最高人民法院	《关于办理减刑、假释案件具体应用法律若干问题的规定》（法〔刑二〕发〔1991〕28号）	1991年10月	基本沿袭《全国法院减刑、假释工作座谈会纪要》对假释条件的解读内容，对部分内容进行调整	将认定“确有悔改表现”的“一贯遵守监规纪律”调整为“一贯遵守罪犯改造行为规范”。“特殊情节”的适用从“原工作单位因生产、重大科研的特殊需要”调整为“原工作单位因重要生产、重大科研的特殊需要”
				规范办案程序，明确立案审查以及假释撤回程序	受理假释案件时应当审查执行机关申报的材料、手续是否齐全、完备。材料不齐或者手续不全的，应当通知执行机关补齐或退回补充侦查。裁定书送达前如果发现假释的事实有出入或者罪犯有违纪、犯罪行为，可能影响假释的，应当暂停宣告，进行复议
18	最高人民法院	《关于办理假释案件几个问题的意见（试行）》（法〔1993〕28号）	1993年4月	明确特殊罪犯的假释适用	家庭有特殊困难、确需本人照顾的罪犯，由县级以上公安机关或者人民政府有关部门提供证明，如果罪犯确有悔改表现，不致再危害社会，当地具备监管条件，可以不受法定执行刑期的限制。 对犯罪时未成年，确有悔改表现，不致再危害社会，具备监管条件的罪犯，可以不受法定执行刑期的限制。对老年和身体有残疾（不含自伤自残）罪犯的假释，注重悔罪的实际表现，丧失作案

续表

序号	主体	名称	施行时间	重要举措	具体内容
18	最高人民法院	《关于办理假释案件几个问题的意见（试行）》（法〔1993〕28号）	1993年4月	明确特殊罪犯的假释适用	能力或者生活不能自理且假释后生活确有着落的，可依法予以假释。犯罪集团的首犯、主犯，惯犯、累犯和罪行特别严重的罪犯，不予假释
				短刑犯被排除适用假释	有期徒刑的假释考验期限，为没有执行完毕的刑期。对有期徒刑犯假释考验期限的掌握一般不少于6个月
19	全国人民代表大会常务委员会	《监狱法》	1994年12月	明确假释提请依据	监狱根据考核结果向法院提出假释建议
				明确审限、撤销假释的程序、检察监督的方式	审限最长2个月。检察机关认为假释裁定不当，应当提出抗诉。被假释的罪犯由公安机关予以监督，公安机关可向法院提出撤销假释建议，审限1个月
20	最高人民检察院	《关于执行〈监狱法〉有关问题的通知》（高检发监字〔1995〕1号）	1995年7月	细化检察监督内容	监督重点是假释对象是否符合法定条件、证明材料是否真实、程序是否符合规定。可通过向有关人员调查、调阅有关资料、列席监狱有关会议等方式了解情况

此阶段的假释适用呈现以下特点。

（一）假释的条件

根据1979年《刑法》第73条的规定，假释的对象仅限于执行原判刑期1/2以上的有期徒刑罪犯和实际执行10年以上的无期徒刑罪犯，拘役犯和管制犯被明确排除在假释的适用范围之外；罪犯“确有悔改表现，不致再危害社会”，方能适用假释。1979年《刑法》尚无禁止假释的规定。同时，针对国家政治、经济、军事、外交等方面出现的各种特殊情况，为了维护国家利益，缓和国内外矛盾，促进社会和谐，1979 年《刑法》规定了特殊假释制度①，即“如果有特殊情节”，可以不受执行刑期的限制。至于如何认定“确有悔改表现，不致再危害社会”，何种情形属于“特殊情节”，1979 年《刑法》没有作出明确规定，上述内容主要依赖于最高人民法院司法解释等予以明确。

1989 年 2 月《全国法院减刑、假释工作座谈会纪要》［法（办）发〈1989〉3 号］和 1991 年 10 月最高人民法院《关于办理减刑、假释案件具体应用法律若干问题的规定》（法〔刑二〕发〔1991〕28 号），以下简称《1991 年减刑假释规定》）对于何为“确有悔改表现”“不致再危害社会”“特殊情节”等进行了解读。《1991 年减刑假释规定》在 1989 年 2 月《全国法院减刑、假释工作座谈会纪要》的基础上，明确“确有悔改表现”是指同时具备四方面情形，即认罪服法；一贯遵守罪犯改造行为规范；积极参加政治、文化、技术学习；积极参加劳动，爱护公物，完成劳动任务。“不致再危害社会”是指罪犯在劳改期间一贯表现好，确已具备悔改表现，不致重新犯罪的，或者老弱病残并丧失作案能力的。“特殊情节”一般是指原工作单位因重要生产、重大科研的特殊需要，请求保释的；或有其他特殊情况的。即便如此，如何认定上述情形仍是司法难题。1993 年 4 月最高人民法院《关于办理假释案件几个问题的意见（试行）》（法〔1993〕28 号）不仅将“罪犯家庭有特殊困难，确需本人照顾，请求假释”归入“特殊情节”的范畴，而且将余刑在 6 个月以下的罪犯排除在假释的适用范围之外。概括性的立法、含混不清的司法解释导致司法实践对假释条件的适用尺度不一，对“特殊情节”的掌握更是极为宽松。

该阶段假释适用的区别对待原则更加明晰。1988 年 2 月最高人民法院

---

① 参见官鸣、黄永维主编：《最高人民法院关于减刑、假释司法解释理解与适用》，人民法院出版社 2014 年版，第 195 页。

《关于办理服刑中的罪犯减刑、假释的几点注意事项的通知》[法(办)发〔1988〕5号]和《1991年减刑假释规定》均要求对罪行严重的反革命犯、犯罪集团的首要分子、主犯、累犯、惯犯的假释予以特别慎重和严格掌握。1993年4月最高人民法院《关于办理假释案件几个问题的意见(试行)》(法〔1993〕28号)适度放宽特殊罪犯的假释条件，对家庭有特殊困难且确需本人照顾的罪犯、未成年罪犯可以不受法定执行刑期的限制，老病残罪犯的假释注重悔罪的实际表现，丧失作案能力或者生活不能自理且假释后生活确有着落的，可依法予以假释。犯罪集团的首犯、主犯、惯犯、累犯和罪行特别严重的罪犯，不予假释。

(二)假释的运行程序

该阶段假释程序已经建构起统一的运作模式：由刑罚执行机关提出假释建议，法院审核裁定，假释犯的执行由公安机关负责，检察机关的监督内容从对刑罚执行机关提请活动和公安机关执行活动的监督逐步扩展到通过审判监督程序对法院审判活动进行监督。

审判管辖实行三级管辖，改变了此前仅由中级以上人民法院管辖的两级管辖局面。根据1989年2月《全国法院减刑、假释工作座谈会纪要》的规定，无期徒刑罪犯的假释由服刑地高级人民法院管辖，有期徒刑罪犯(包括原判死缓、无期徒刑已减为有期徒刑的罪犯)的假释由服刑地中级人民法院管辖，在看守所服刑的罪犯(被判处有期徒刑1年以下和判决生效后经折抵刑期余刑不足1年的罪犯，以及个别余刑1年以上，因特殊需要经有关部门批准的罪犯)的假释由当地同级法院管辖。审理期限通过1994年《监狱法》第32条予以明确，最长为2个月；审理程序包括审判组织的组成、调查核实的方式等主要通过最高人民法院的批复、通知和座谈会纪要等逐步确定。1984年11月最高人民法院《关于审理劳改罪犯减刑、假释案件可否由审判员独任审理的批复》(〔84〕法研字第18号)要求组成合议庭审理假释案件。1988年2月最高人民法院《关于办理服刑中的罪犯减刑、假释的几点注意事项的通知》[法（办）发〔1988〕5号] 要求认真审查核实刑罚执行机关提出的材料和意见。1989年2月《全国法院减刑、假释工作座谈会纪要》进一步提出，不仅要认真审查罪犯确有悔改表现等具体事实，而且要有重点地选择一些案件深入劳改单位核实了解罪犯改造情况。根据1980年2月司法部《关于对罪犯依法减刑或假释所作的裁定可不交代上诉权利的批复》[（80）司发普字第28号] 的规定，假释案件实行一审终审。此外，备案审查通过非正式形式成为案件办理的重要环节。1988年2月最高人民法院《关于办理服刑中的罪犯减刑、假释的几点注意事项的通知》[法（办）发〔1988〕5号] 要求对"犯罪集团的首犯和要犯、累犯和惯犯"等罪犯的假释不仅要特别慎重，还要将处理意见报告上级法院。1989年5月最高人民法院刑二庭《关于办理减刑假释工作有关问题的电话答复》要求对影响较大的几类罪犯的假释在裁定前将处理意见报告上级法院。

此阶段检察机关对假释案件的监督作用开始凸显并逐步受到关注。1979年《刑法》和1979年《刑事诉讼法》均未就假释审理的检察监督作出专门规定，相关内容主要见诸司法解释。1980年8月最高人民法院、最高人民检察院、公安部《关于被判刑劳改的罪犯在交付执行时应附送结案登记表，在执行期间的变动情况应通知有关单位的通知》[〔80〕法研字第24号、高检监字〔1980〕第14号、〔80〕公发（劳）147号] 明确要求将假释裁定书抄送担负劳改检察任务的检察机关。针对司法实践中出现的由于交接脱节、法律文书不全、监督考察措施不力、管理失控等突出问题而致使一些罪犯逍遥法外甚至继续危害社会的状况，1989年8月最高人民法院、最高人民检察院、公安部、司法部《关于依法加强对管制、剥夺政治权利、缓刑、假释和暂予监外执行罪犯监督考察工作的通知》[〔89〕高检会（监）字第7号] 要求检察机关对假释裁定是否得到依法执行和执行活动是否合法实行监督。当然，对于通常由刑罚执行机关批量呈报、法院集中办理的假释案件，检察机关仅凭一纸裁定书很难发挥监督制约作用。1995年7月最高人民检察院《关于执行〈监狱法〉有关问题的通知》（高检发监字〔1995〕1号）对检察监督的内容和方式予以细化，监督重点是假释对象是否符合法定条件、证明材料是否真实、程序是否符合规定；检察人员可以通过向有关人员调查、调阅有关资料、列席监狱有关会议等方式了解情况。根据 1989 年 2 月《全国法院减刑、假释工作座谈会纪要》和 1995 年 7 月最高人民检察院《关于执行〈监狱法〉有关问题的通知》的规定，检察监督的方式包括提出纠正意见或者提出抗诉，二者均按照审判监督程序进行。根据 1994 年《监狱法》的规定，检察监督仅能通过提起抗诉的方式进行。检察机关按照审判监督程序对假释案件进行检察监督存在诸多弊端，由于检察机关对生效裁判按照审判监督程序提出监督意见不受时间限制，而假释裁定一经作出即发生法律效力，如果检察机关在罪犯出狱甚至假释考验期满后才提出监督意见，法院将陷入尴尬境地而且事实上难以处置。

值得关注的是，监狱的管辖在此期间发生改变，机构职责也再次发生变化。根据 1983 年 9 月国务院《关于将公安部劳改局、劳教局及其编制划归司法部的通知》（〔83〕国函字第 204 号）的规定，全国劳改工作由公安部转归司法部领导。1994 年《监狱法》以立法的形式确认了司法部对监狱的管辖，该法第 10 条明确规定“国务院司法行政部门主管全国的监狱工作”。据此，监狱的管理由公安部划归司法部，假释犯的监督仍由公安机关负责。但是根据 1990 年 3 月国务院颁布的《看守所条例》（国务院令第 52 号）第 5 条的规定，看守所仍由公安机关管辖。

（三）假释的撤回与撤销

假释建议的撤回问题最早在司法解释和部门规章中有所体现。《1991 年减刑假释规定》第 8 条对假释裁定送达前罪犯发生违纪、犯罪的处理问题作出规定，明确在假释裁定送达前，如果发现假释的事实有出入或者罪犯有违纪、犯罪行为，可能影响假释的，应当暂停宣告，进行复议。但是程序如何操作，由刑罚执行机关申请撤回还是法院直接退回，尚无规定。该阶段假释撤销的条件有所降低。1979 年《刑法》将此前最高人民法院设定的假释撤销条件从“再犯应当判处有期徒刑以上刑罚之罪”降至“再犯新罪”即可，不再作刑期要求。根据1979年《刑法》第75条的规定，被假释的犯罪分子，在假释考验期限内，“如果再犯新罪，撤销假释，把前罪没有执行的刑罚和后罪所判处的刑罚”，依法数罪并罚。1992年5月最高人民法院研究室《关于假释缓刑罪犯在假释缓刑考验期内有违法行为尚未构成犯罪是否能送劳动教养问题的复函》认为，如果罪犯在考验期内有尚未构成犯罪的违法行为，依法进行行政拘留或者劳动教养的，可在行政拘留或者劳动教养期间，继续对其进行假释考察，意即不需要撤销假释。1994年《监狱法》第33条再次降低假释撤销的条件，被假释的罪犯即便尚未构成新的犯罪，只要在假释考验期限内有违反法律、行政法规或者国务院有关部门关于假释的监督管理规定，即可提请撤销假释。

三、快速发展阶段（1997—2012年）

自1997年《刑法》和1997年《刑事诉讼法》的正式实施到2013年《刑事诉讼法》施行之前的这段时期，是我国假释制度的快速发展阶段。在承继前期基本格局的基础上，1997年《刑法》和1997年《刑事诉讼法》等基本法律增加了假释的专门内容，实体条件愈加明确清晰，运行程序更加细化完善。以1997年《刑法》和1997年《刑事诉讼法》为基础，辅之以司法解释、单行条例甚至领导讲话，我国假释制度体系进入快速发展阶段。

1997年《刑事诉讼法》展现的价值取向和改革方向意义重大，更加突出人权保障与权力限制的理念。在价值取向层面，将打击犯罪和保障人权兼顾转向更加侧重人权保障，注重加强对罪犯诉讼权利的保护；在改革方向层面，较大程度地改变了刑事诉讼基本结构，尤其是在审判结构与庭审模式方面，借鉴吸收英美对抗制因素，尝试推动刑事诉讼结构向当事人主义转变，在审判阶段改变法官的基本角色和职权行使方式，构建起“控辩举证”的庭审新模式。[1] 经过审判方式改革，一种旨在限制法官司法调查权、发挥控辩双方作用以及增强庭审对抗的“抗辩式诉讼”得以确立。这种诉讼模式吸收了对抗制因素，但是保留了职权主义的制度设计，如法官可以对证据进行庭外调查核实。通常情况下，法官的庭外调查核实活动是单方面进行的，控辩双方一般不参与，法官所获取的新证据可以被重新纳入法庭调查程序，甚至不经法庭调查直接转化为定案根据。[2] 1997 年《刑法》则根据社会历史条件的变化，吸收司法实践中的成功经验，对假释的条件和运行程序进行调整，增加规定“不得假释”。此阶段不再绝对坚持假释是对罪犯奖励的观点。根据最高人民检察院《关于减刑、假释法律监督工作的程序规定》（高检发〔2007〕6 号）的规定，检察机关发现罪犯符合假释情形，监狱未提请假释的，应当及时提出提请假释的检察建议，一定意义上已经认可假释是罪犯的权利。

快速发展阶段的基本发展脉络如表 1－3 所示。

表 1－3 快速发展阶段的基本发展脉络

序号	主体	名称	施行时间	重要举措	主要内容
1	全国人民代表大会	《刑事诉讼法》	1997 年 1 月	增加针对假释裁定进行检察监督的专门内容	检察机关认为假释裁定不当，应当在收到裁定书副本后 20 日以内向法院提出书面纠正意见。法院应当在收到纠正意见后 1 个月以内重新组成合议庭进行审理，作出最终裁定

① 参见左卫民：《改革开放与中国刑事诉讼制度的立法变革》，载《西南民族大学学报（人文社会科学版）》2019 年第 4 期。

② 参见陈瑞华：《刑事证据法学》（第 2 版），北京大学出版社 2014 年版，第 257 页。

续表

序号	主体	名称	施行时间	重要举措	主要内容
2	全国人民代表大会	《刑法》	1997 年 10 月	实体条件更加严苛	对累犯以及因杀人、爆炸、抢劫、强奸、绑架等暴力性犯罪被判处 10 年以上有期徒刑、无期徒刑的犯罪分子，不得假释。实体条件增加“认真遵守监规，接受教育改造”；撤销假释的情形在此前仅限犯新罪的基础上，增加“发现漏罪”和违反监督管理规定
				运行程序更加严格	假释由执行机关向中级以上法院提出建议。特殊假释要“经最高人民法院核准”
3	最高人民法院	《关于办理减刑、假释案件具体应用法律若干问题的规定》（法释〔1997〕6 号）	1997 年 11 月	细化假释的条件	死缓犯减刑后的假释有了法律依据。实体条件增加要求罪犯“认罪服法”，对“不致再危害社会”“特殊情况”等内容进行解读，对特殊罪犯的假释条件适度调整。累犯以及因杀人、爆炸、抢劫、强奸、绑架等暴力性犯罪中的一罪被判处 10 年以上有期徒刑、无期徒刑的犯罪分子，不得假释
4	最高人民法院	《关于执行〈中华人民共和国刑事诉讼法〉若干问题的解释》（法释〔1998〕23 号）	1998 年 9 月	调整看守所监管罪犯的审判管辖	只能是中级人民法院
				明确审查依据	假释建议书；终审法院的判决书、裁定书、历次减刑裁定书的复制件；罪犯确有悔改具体事实的书面证明材料；罪犯评审鉴定表、奖惩审批表等
				确定“适用特殊情况假释的核准程序”	参照死刑核准程序

续表

序号	主体	名称	施行时间	重要举措	主要内容
5	司法部	《监狱提请减刑假释工作程序规定》（司法部令第 77 号）	2003 年 5 月	明确提请假释的具体操作程序	集体评议；书面记录（签名）；狱内公示。提请假释的操作程序透明度大幅增加
6	最高人民法院、最高人民检察院、公安部、司法部	《关于开展社区矫正试点工作的通知》（司发〔2003〕12 号）	2003 年 7 月	标志着我国社区矫正的正式实践	假释的监督主体由公安机关转变为司法行政机关，公安机关处于协助地位。法院在假释工作中可征求有关社区矫正组织意见
7	最高人民检察院	《关于减刑、假释法律监督工作的程序规定》（高检发〔2007〕6 号）	2007 年 3 月	明确监督重点和监督方式	重点监督以下罪犯的假释情况：职务犯罪的罪犯；涉黑涉恶涉毒犯罪的罪犯；破坏社会主义市场经济秩序的侵财性犯罪的罪犯；服刑中的顽固型和危险型罪犯；从事事务性活动的罪犯；多次获得减刑的罪犯；在看守所留所服刑的罪犯；调换监管场所服刑的罪犯；其他需要重点监督的罪犯。 对计分考核情况进行监督。检察人员应当深入罪犯劳动、生活、学习现场，通过设立检察信箱、谈话、座谈等形式，了解计分考核、奖惩记录等罪犯改造表现情况
				监督方式从“提出纠正意见”的单一监督转向多元化监督	法院采取听证或者庭审方式审理假释案件，同级检察院应当派员参加，发表检察意见并对听证或者庭审过程是否合法进行监督
				通过检察监督将假释变为罪犯权利	检察机关发现罪犯符合假释情形，监狱未提请假释的，应当及时提出提请假释的检察建议

续表

序号	主体	名称	施行时间	重要举措	主要内容
8	公安部	《看守所留所执行刑罚罪犯管理办法》（公安部令第 98 号）	2008 年 2 月	确立假释撤回和假释撤销程序	法院作出假释裁定前，发现罪犯不符合假释条件的，应当书面撤回假释建议书；假释裁定生效后，发现罪犯不符合假释条件的，应当书面向作出裁定的法院提出撤销裁定建议
9	最高人民法院	《人民法院第三个五年改革纲要（2009—2013）》（法发〔2009〕14 号）	2009 年 3 月	严格假释的条件和程序	建立审理程序公开制度，严格重大刑事罪犯假释的适用条件，加强同步监督
10	最高人民法院	《关于贯彻宽严相济刑事政策的若干意见》（法发〔2010〕9 号）	2010 年 2 月	假释适用坚持宽严相济	对于危害国家安全犯罪、故意危害公共安全犯罪、严重暴力犯罪、涉众型经济犯罪等严重犯罪；恐怖组织犯罪、邪教组织犯罪、黑恶势力犯罪等有组织犯罪的组织者、领导者和骨干分子；毒品犯罪再犯的严重犯罪者；确有执行能力而拒不依法积极主动缴付财产执行财产刑或确有履行能力而不积极主动履行附带民事赔偿责任的，从严掌握。拒不交代真实身份或对假释材料弄虚作假，不符合假释条件的，不得假释。对于未成年犯、老年犯、残疾犯、过失犯、中止犯、胁从犯、积极主动缴付财产执行财产刑或履行民事赔偿责任的罪犯、因防卫过当或避险过当而判处徒刑的罪犯以及其他主观恶性不深、人身危险性不大的罪犯，根据悔改表现予以从宽掌握

续表

序号	主体	名称	施行时间	重要举措	主要内容
10	最高人民法院	《关于贯彻宽严相济刑事政策的若干意见》（法发〔2010〕9号）	2010年2月	开庭审理和书面审理相结合的审理方式	对于职务犯罪案件尤其是原为县处级以上领导干部罪犯的假释案件，一律开庭审理。对于故意杀人、抢劫、故意伤害等严重危害社会治安的暴力犯罪分子，有组织犯罪案件中的首要分子和其他主犯以及其他重大、有影响案件罪犯的假释，原则上开庭审理。书面审理的案件，拟裁定假释的，要在羁押场所公示拟假释人员名单，接受其他在押罪犯的监督
11	全国人民代表大会常务委员会	《刑法修正案（八）》	2011年5月	修正假释条件	将“假释后不致再危害社会”调整为“没有再犯罪的危险”；将无期徒刑罪犯的最低实际执行期限从10年以上调至13年；增加对“放火、投放危险物质或者有组织的暴力性犯罪”的罪犯不得假释，“对犯罪分子决定假释时，应当考虑其假释后对所居住社区的影响”以及对假释的犯罪分子“依法实行社区矫正”
12	最高人民法院研究室	《关于假释时间效力法律适用问题的答复》（法研〔2011〕97号）	2011年7月	明确“暴力性犯罪”的范围	既包括杀人、爆炸、抢劫、强奸、绑架5种，也包括故意伤害等其他暴力性犯罪
13	最高人民检察院	《关于上级人民检察院监所检察部门开展巡视检察工作的意见》（〔2012〕高检监发6号）	2012年2月	明确巡回检察的内容包括对服刑人员的刑罚变更执行活动是否符合规定	巡回检察的方法包括查阅资料、实地查看、谈话、暗访等；监督方式包括提出口头纠正意见、发出纠正违法通知书或者检察建议书等

续表

序号	主体	名称	施行时间	重要举措	主要内容
14	最高人民法院	《关于办理减刑、假释案件具体应用法律若干问题的规定》（法释〔2012〕2号）	2012年7月	对假释的条件和运行程序作出调整	将《1997年减刑假释规定》要求的“认罪服法”修改为“认罪悔罪”；将死缓罪犯的执行刑期从最低服刑12年提高至15年
				确立财产性判项履行与假释关联机制	罪犯积极执行财产刑和履行附带民事赔偿义务的，可视为有认罪悔罪表现，在假释时可以从宽掌握；确有执行、履行能力而不执行、不履行的，在假释时应当从严掌握
				明确立案审查程序	法院受理假释案件，应当审查执行机关移送材料是否齐备
				确立审理期间公示制度	法院审理假释案件，应当一律予以公示。公示地点为罪犯服刑场所的公共区域。有条件的地方，应面向社会公示。公示内容包括：罪犯的姓名；原判认定的罪名和刑期；罪犯历次减刑情况；执行机关的假释建议和依据；公示期限；意见反馈方式等
				明确开庭审理的案件范围	四类案件（在社会上有重大影响或社会关注度高的；公示期间收到投诉意见的；人民检察院有异议的；人民法院认为有开庭审理必要的）应当开庭审理

此阶段的假释适用呈现以下特点。

（一）实体条件

此阶段假释的条件较之前更加严苛。在此期间对假释条件影响较大的法律规定主要是2011年5月《刑法修正案（八）》以及最高人民法院分别于1997年11月和2012年7月施行的《关于办理减刑、假释案件具体应用法律若干问题的规定》[以下分别简称《1997年减刑假释规定》（法释〔1997〕6号）和《2012年减刑假释规定》（法释〔2012〕2号）]。

1. 增加实体条件的限制

一是禁止假释入法而且范围逐步扩大，法律规定更加严密周延。1997年《刑法》第81条第2款规定："对累犯以及因杀人、爆炸、抢劫、强奸、绑架等暴力性犯罪被判处十年以上有期徒刑、无期徒刑的犯罪分子，不得假释。"禁止假释由此入法，且在累犯和5类重罪之外通过"等"对禁止假释的范围进行开放性设置，以便随时根据实际需要作扩大解释。《1997年减刑假释规定》对如何适用上述条款作出解释，在"暴力性犯罪"后增加"中的一罪"，意即因前述暴力性犯罪被数罪并罚判处10年以上的罪犯仍可适用假释。《刑法修正案（八）》增加因"放火、投放危险物质和有组织的暴力性犯罪"被判处10年以上有期徒刑、无期徒刑的罪犯不得假释的规定。2011年7月最高人民法院研究室《关于假释时间效力法律适用问题的答复》（法研〔2011〕97号）进一步指出，"暴力性犯罪"的范围既包括杀人、爆炸、抢劫、强奸、绑架5种，也包括故意伤害等其他暴力性犯罪。《2012年减刑假释规定》主要对《1997年减刑假释规定》存在的疏漏之处予以弥补，删除"暴力性犯罪"后"中的一罪"，回归刑法规定，并将禁止假释的范围锁定为累犯和8类重罪，不再作扩大解释；同时，明确"因前款情形和犯罪被判处死刑缓期执行的罪犯，被减为无期徒刑、有期徒刑后，也不得假释"。上述规定仍有疏漏之处。例如，前述暴力性犯罪是否包括过失犯罪？罪犯如果因犯多种暴力性犯罪分别被判处不满10年有期徒刑而合并执行10年以上有期徒刑，该犯的人身危险性显然大于一罪被判处10年以上有期徒刑的罪犯，对该犯假释是否有违立法宗旨？

二是增加规定"假释后对所居住社区的影响"这一参考性条件。考虑到社会公众对于刑罚目的往往单一理解为报应和惩罚，法院在决定假释时一般会考虑假释引发的社会反响和拟假释犯所居住社区居民的内心感受，以及针对罪犯被假释后监管措施不到位影响假释制度功能的司法状况。《刑法修正案（八）》以法律的形式正式确立社区矫正制度，增加“对犯罪分子决定假释时，应当考虑其假释后对所居住社区的影响”，将社会公众的安全需求纳入假释的考量因素，注重假释的社会效果，要求实现假释审理与社区矫正的对接，将罪犯假释后对所居住社区的影响作为假释适用的重要参考因素。

2. 调整已有的条件设置

一是适用对象的范围缩小，主要表现在特殊假释的范围限缩和无期徒刑罪犯最低实际执行期限的延长。《1997 年减刑假释规定》将“特殊情况”限定为“有国家政治、国防、外交等方面特殊需要的情况”。鉴于司法实践中特殊假释的情况已不限于上述情形，为体现对社会利益的关注和保护，《2012 年减刑假释规定》将与社会利益有重要关系的情况归入“特殊情况”的范畴，据此将“特殊情况”解释为“与国家、社会利益有重要关系的情况”，但是“特殊情况”的具体内涵仍不明确，容易成为司法不公的缺口。《刑法修正案（八）》将无期徒刑罪犯的最低实际执行期限从 1997 年《刑法》要求的 10 年以上调至 13 年。此外，由于 1997 年《刑法》对于死缓犯被依法减刑后能否假释的问题未作规定，《1997 年减刑假释规定》明确提出，死缓罪犯被依法减刑后，如果符合假释条件，且实际服刑期限不少于 12 年（不含死刑缓期执行的 2 年）可以假释，至此死缓犯被减刑后的假释有了法律依据。《2012 年减刑假释规定》将死缓罪犯的最低执行期限从 12 年提高至 15 年，进一步缩小了适用范围。

二是基础条件发生变化。为满足维护监管秩序的需要，1997 年《刑法》增加要求“认真遵守监规，接受教育改造”。《1997 年减刑假释规定》要求罪犯“认罪服法”，同时明确“对罪犯在刑罚执行期间提出申诉的，要依法保护其申诉权利。对罪犯申诉应当具体情况具体分析，不应当一概认为是不认罪服法”。该规定虽在一定程度上解决了司法实践中将罪犯申诉认定为不“服法”的问题，但罪犯申诉问题仍是假释适用的现实障碍。2009 年 7 月 9

日，时任最高人民法院副院长江必新在全国部分法院减刑假释工作座谈会上强调审理假释案件要重点考虑财产刑执行的情况、附带民事诉讼赔偿的履行情况等。《2012 年减刑假释规定》将“认罪服法”修改为“认罪悔罪”，并首次从法律层面上确立了假释与财产刑执行和民事赔偿责任履行情况相关联的原则，将罪犯履行生效判决确定的财产性判项这一法律义务视为罪犯的认罪悔罪表现进而予以从宽处理。由于立法层面的规定较为笼统，加之缺乏侦诉审执之间的协调配合，财产性判项履行与假释关联机制的实践操作陷入困境。

三是实质条件从“不致再危害社会”调整为“没有再犯罪的危险”。《1997 年减刑假释规定》虽将“不致再危害社会”的内涵解释为“罪犯在刑罚执行期间一贯表现好，确已具备本规定第一条第（一）项所列情形，不致违法、重新犯罪的，或者是老年、身体有残疾（不含自伤致残），并丧失作案能力的”，但是未能改变标准范围过宽、主观判断因素难以把握的问题。《刑法修正案（八）》立足解决司法实践中存在的突出问题，将“假释后不致再危害社会”的判断标准修改为“没有再犯罪的危险”，这一标准重置在一定程度上放宽了假释的条件，因为“不致再危害社会”包括违法行为和犯罪行为，而“没有再犯罪的危险”则将违法行为排除在外。为了解决司法实践所面临的如何准确把握“没有再犯罪的危险”这一难点问题，《2012 年减刑假释规定》第 15 条提出，“办理假释案件，判断‘没有再犯罪的危险’，除符合刑法第八十一条规定的情形外，还应根据犯罪的具体情节、原判刑罚情况，在刑罚执行中的一贯表现，罪犯的年龄、身体状况、性格特征，假释后生活来源以及监管条件等因素综合考虑”。虽然立法意图以此缩小判断范围以增强可操作性，降低司法判断的责任风险，但是如何认定“没有再犯罪的危险”依旧是实践难点并深刻影响着假释的适用。

（二）运行程序

此阶段程序运作的基本模式仍是刑罚执行机关掌控假释提请权，法院负责对刑罚执行机关提出的假释建议进行审核裁定。检察机关的职能作用日渐丰富完善，虽然“1997 年两法修订时，曾考虑将减刑假释提请权交与检察机关，后因考虑程序简便而作罢”①，检察监督体系确是日渐完备。假释犯的监督主体随着社区矫正的实践而发生改变，2003 年 7 月最高人民法院、最高人民检察院、公安部、司法部《关于开展社区矫正试点工作的通知》（司发〔2003〕12 号）标志着我国社区矫正正式进入实践，假释的监督主体由公安机关转变为司法行政机关，法院在假释工作中可征求有关社区矫正组织的意见。

审判管辖有所调整。1998 年 9 月最高人民法院《关于执行〈中华人民共和国刑事诉讼法〉若干问题的解释》（法释〔1998〕23 号）对于无期徒刑和有期徒刑罪犯的假释，继续沿用 1989 年 2 月《全国法院减刑、假释工作座谈会纪要》的相关规定，由中级法院审核裁定，同时明确公安机关看守所监管罪犯的假释只能由中级法院裁定，改变了 1989 年 2 月《全国法院减刑、假释工作座谈会纪要》区分情形由基层法院和中级法院分别管辖的规定。针对不同罪犯的假释程序略有区别。根据 1998 年 9 月最高人民法院《关于执行〈中华人民共和国刑事诉讼法〉若干问题的解释》的规定，无期徒刑和有期徒刑罪犯的假释由刑罚执行机关提出假释建议，报请法院裁定，审限最长为 2 个月；被判处有期徒刑 1 年以下或者余刑在 1 年以下，由县级公安机关看守所监管的罪犯的假释，由罪犯所在地看守所提出意见，经公安机关审核同意后，报请法院裁定，审限为 1 个月。刑法和刑事诉讼法对办案程序和方式仅作出原则性规定，具体审查方式缺乏详细和可操作性的规定。为了消除人民群众的合理怀疑、遏制假释工作中的腐败现象，《人民法院第三个五年改革纲要（2009—2013）》（法发〔2009〕14 号）强调要建立“假释审理程序的公开制度，加强同步监督”。根据 2010 年 2 月最高人民法院《关于贯彻宽严相济刑事政策的若干意见》（法发〔2010〕9 号）第 43 条的

---

① 孙琳：《减刑假释程序研究》，中国人民公安大学出版社 2011 年版，第 152 页。

规定①，假释案件采用开庭审理和书面审理相结合的方式，开庭审理的方式显然更有利于充分听取来自罪犯本人、同监区其他罪犯甚至是社会公众等多方面的意见，但是考虑到实践活动的复杂性等因素，对于开庭审理的案件范围、庭审地点的选择、参加庭审的人员、庭审的模式和具体庭审程序等均未作出规定。针对长期以来假释案件主要采用书面审查方式的现状，《2012年减刑假释规定》首次以司法解释的形式明确了开庭审理的案件范围。此外，针对特殊假释的司法乱象，1997年《刑法》增加“经最高人民法院核准”作为“特殊情况”假释的程序性条件，对特殊情形假释施加程序管控。1998年9月最高人民法院《关于执行〈中华人民共和国刑事诉讼法〉若干问题的解释》（法释〔1998〕23号）专门规定了参照死刑核准程序的“适用特殊情况假释的核准程序”。

此阶段的重要改革内容之一是确立了审判阶段的公示制度。根据《人民法院第三个五年改革纲要（2009—2013）》和最高人民法院《关于贯彻宽严相济刑事政策的若干意见》的要求，《2012年减刑假释规定》正式确立了假释案件在审判阶段公示制度，“公示地点为罪犯服刑场所的公共区域。有条件的地方，应面向社会公示，接受社会监督”。公示的主要目的在于弥补未开庭审理案件的程序公开不足的缺陷，强化监督，防止“暗箱操作”和司法腐败。由于刑罚执行机关在提请假释前已经进行过公示，虽然审判阶段公示与提请阶段公示相比，公示场所的范围不完全相同且变更了异议处理机关，但意在使公示的内容能够得到更广泛的监督的制度目的能否实现仍值得进一步探索。公示制度运行效果有限主要源于无法有效解决其他罪犯不敢提出异议的问题，这一点从司法实践中鲜有其他罪犯提出异议的案件数量即可

① 2010年2月最高人民法院《关于贯彻宽严相济刑事政策的若干意见》第43条规定，对于职务犯罪案件，尤其是原为县处级以上领导干部罪犯的假释案件，要一律开庭审理。对于故意杀人、抢劫、故意伤害等严重危害社会治安的暴力犯罪分子，有组织犯罪案件中的首要分子和其他主犯以及其他重大、有影响案件罪犯的假释，原则上也要开庭审理。书面审理的案件，拟裁定假释的，要在羁押场所公示拟假释人员名单，接受其他在押罪犯的广泛监督。

得出结论。社会公众的权利似乎也没有得到真正的保障，因为社会公众无从接触服刑罪犯，又如何能够说明“举报的事实及理由”？如果在刑罚执行机关提请假释期间提出异议，案件如何走向？提出异议的社会公众如何参与到办案程序以及公众的异议如何体现在案件处理结果之中？如果仅有公示程序而缺乏配套的异议处理机制，上述问题均值得深思探究。

检察监督体系日渐完备，同步监督模式逐步形成。1997 年《刑事诉讼法》通过增加条文的方式专门规定了检察监督的方式及后果，此后最高人民检察院陆续出台一批司法解释对监督内容和方式予以细化，如 2001 年 9 月最高人民检察院《关于监所检察工作若干问题的规定》（高检发〔2001〕16 号）、2008 年 3 月《人民检察院监狱检察办法》（高检发监字〔2008〕1 号）、2009 年 12 月最高人民检察院《关于进一步加强对诉讼活动法律监督工作的意见》（高检发〔2009〕30 号）。上述司法解释明确了检察监督的主要内容是监狱提请假释犯的计分考核等情况，监督重点是监管干警徇私舞弊假释等违法犯罪问题，监督方式则增加了在法院听证中发表意见以及对庭审进行监督。关于监督时限，2003 年 4 月司法部发布的《监狱提请减刑假释工作程序规定》（司法部令第 77 号）第 15 条要求监狱将假释建议书面通报人民检察院或者派驻检察室。该规定虽是部门规章，却已显现了同步监督的精神。2008 年 12 月中共中央转发《中央政法委员会关于深化司法体制和工作机制改革若干问题的意见》（中发〔2008〕19 号）要求建立检察机关同步监督制度。从最高人民检察院和最高人民法院发布的相关司法解释和指导性文件中均能找到相应规定。2007 年 3 月最高人民检察院印发《关于减刑、假释法律监督工作的程序规定》（高检发〔2007〕6 号）、《人民法院第三个五年改革纲要（2009—2013）》（法发〔2009〕14 号）等亦体现了同步监督的精神。此阶段基本法律没有就检察机关对假释的全面监督作出要求。

值得关注的是，立案审查是假释案件办理程序的第一步。《1991 年减刑假释规定》曾对立案审查程序作出规定，但是《1997 年减刑假释规定》未将上述内容纳入其中，直至 1998 年 9 月最高人民法院印发《关于执行〈中华人民共和国刑事诉讼法〉若干问题的解释》（法释〔1998〕23 号）在承继《1991 年减刑假释规定》上述内容的基础上加以修改和补充。《2012 年减刑假释规定》根据人民法院司法改革的要求和宽严相济刑事政策意见精神，再次明确并重申假释案件的立案审查程序。此外，2003 年 4 月司法部发布的《监狱提请减刑假释工作程序规定》（司法部令第 77 号）、2008 年 2 月公安部发布的《看守所留所执行刑罚罪犯管理办法》（公安部令第 98 号）分别对监狱和看守所的提请程序予以规范。

（三）假释的撤回与撤销

此阶段基本法律没有涉及假释建议的撤回问题，仅在司法解释和部门规章中有所体现。由于《1997 年减刑假释规定》主要是实体性规定，因此其未将《1991 年减刑假释规定》关于假释撤回的条款纳入其中。刑罚执行机关可以撤回假释建议，首先是通过部门规章予以规定。根据 2008 年 2 月公安部发布的《看守所留所执行刑罚罪犯管理办法》（公安部令第 98 号）第 36 条的规定，“在人民法院作出减刑、假释裁定前，看守所发现罪犯不符合减刑、假释条件的，应当书面撤回减刑、假释建议书”。但是该办法属于部门规章，至于法院是否应当准许撤回假释建议以及程序如何运作，缺乏明确有效的法律依据。由于基本法律和 2012 年之前的司法解释均未涉及假释撤回的问题，为了补充和完善假释撤回程序，《2012 年减刑假释规定》第 27 条提出，“在人民法院作出减刑、假释裁定前，执行机关书面提请撤回减刑、假释建议的，是否准许，由人民法院决定”。

假释撤销的条件有所降低。2008 年 2 月公安部发布的《看守所留所执行刑罚罪犯管理办法》（公安部令第 98 号）第 36 条规定了假释撤销制度，即“在减刑、假释裁定生效后，看守所发现罪犯不符合减刑、假释条件的，应当书面向作出裁定的人民法院提出撤销裁定建议”。1997 年《刑法》在撤销假释的情形此前仅限于又犯新罪的基础上增加了“发现漏罪”和违反监督管理规定。遗憾的是，撤销假释的程序性规定依旧阙如。

四、全面深化阶段（2013 年至今）

自 2013 年《刑事诉讼法》施行至今，假释案件办理程序进入全面深化阶段。随着国际人权公约的订立以及对罪犯主体地位的逐步重视，假释属于国家奖励的落后观念不断被修正，观念的革新引致假释案件办理程序的设置和运行更加注重对罪犯本人以及其他相关主体的权利保障，办案程序公开、罪犯申诉救济等逐步建构完善，假释案件办理程序由此更加系统科学，逐步走向实质化。

2013 年《刑事诉讼法》意味着中国刑事诉讼制度变革进入新时代，“此次修法是平衡的结果：一是出自不同利益诉求的多元主体之间的妥协平衡，二是犯罪控制和人权保障两种价值取向之间的妥协平衡”①。2013 年《刑事诉讼法》专门增加了“尊重和保障人权”的规定，从而“实现了从‘人权入宪’到‘人权入法’的突破”②，而罪犯的人权保障正是刑事诉讼领域的人权保障重点。2018 年《刑事诉讼法》是中国特色刑事诉讼制度的又一重大变革，将强化诉权保障作为贯穿始终的主线，并通过具体制度设计把尊重和保障人权落到实处；坚持以审判为中心，强化证据裁判原则，细化审查程序，实现案件裁判的实体公正。③ 此阶段假释是罪犯权利的观念在立法和司法中逐渐凸显。根据最高人民检察院出台的《人民检察院刑事诉讼规则》（高检发释字〔2019〕4 号）的规定，检察机关发现监狱等执行机关提请法院裁定假释的活动具有“对依法应当减刑、假释的罪犯，不提请人民法院裁定减刑、假释的”这一情形时，应当依法提出纠正意见。当然，假释只是呈

---

① 左卫民：《改革开放与中国刑事诉讼制度的立法变革》，载《西南民族大学学报（人文社会科学版）》2019 年第 4 期。

② 陈光中主编：《〈中华人民共和国刑事诉讼〉修改条文释义与点评》，人民法院出版社 2012 年版，第 15 页。

③ 参见李少平：《最高人民法院关于适用〈中华人民共和国刑事诉讼法〉的解释理解与适用》，人民法院出版社 2021 年版，第 4 ~7 页。

现出一定的权利属性，还没有真正成为罪犯的权利，因为主动权掌握在检察机关手中，罪犯本人在此情形下仍旧处于“失语”状态。

2021 年 12 月最高人民法院、最高人民检察院、公安部、司法部《关于加强减刑、假释案件实质化审理的意见》（法发〔2021〕31 号）对于假释案件办理程序的科学化具有里程碑式的意义。针对此前假释案件的实质化审查效果不够理想、少数案件处理结果不够公正等问题，兼及现实需要和长远需求，通过一系列工作举措，健全假释工作机制，改变过往以书面审查为主的程序运行模式，计分考核结果不再是假释的唯一依据，转而专注于对罪犯主客观方面表现进行综合审查判断，初步构建了从形式化审查到实质化审查的诉讼化运行模式，对于严格规范假释案件的办理，确保假释适用的公平公正，切实提升司法权威和公信力，发挥了重要作用。

全面深化阶段的基本发展脉络如表 1－4 所示。

表 1－4　全面深化阶段的基本发展脉络

序号	主体	名称	施行时间	重要举措	具体内容
1	全国人民代表大会	《刑事诉讼法》	2013 年 1 月	检察监督由裁定作出后调至裁定作出前	执行机关向法院提出假释建议的，应当“将建议书副本抄送人民检察院”“人民检察院可以向人民法院提出书面意见”
				拓展检察监督职能	对社区矫正进行监督
2	全国人民代表大会常务委员会	《监狱法》	2013 年 1 月	对假释犯实行社区矫正	将“被假释的罪犯由公安机关予以监督”修改为“依法实行社区矫正，由社区矫正机构负责执行”

续表

序号	主体	名称	施行时间	重要举措	具体内容
3	最高人民法院	《关于适用〈中华人民共和国刑事诉讼法〉的解释》（法释〔2012〕21号）	2013年1月	对执行机关的移送材料和法院的审查内容进行调整	执行机关的移送材料增加“罪犯假释后对所居住社区影响的调查评估报告”，法院的审查内容增加“财产刑和附带民事裁判的执行情况，以及罪犯退赃、退赔情况”
				明确公示内容和公示地点	公示内容包括：罪犯个人基本情况；原判情况；历次减刑情况；执行机关的假释建议和依据。公示应当写明公示期限和提出意见的方式。公示地点为罪犯服刑场所的公共区域，有条件的地方可以面向社会公示
				细化假释撤销的条件	将“违反法律、行政法规和国务院公安部门有关假释的监督管理规定”细化为“受到执行机关三次警告仍不改正”
4	中共中央	《中共中央关于全面深化改革若干重大问题的决定》	2013年11月	规范假释程序	提出严格规范假释程序，强化监督制度
5	中共中央政法委员会	《关于严格规范减刑、假释、暂予监外执行切实防止司法腐败的意见》（中政委〔2014〕5号）	2014年1月	着力解决假释的倾斜适用，客观上收紧假释适用	对“三类罪犯”假释案件一律开庭审理。执行机关在决定提请假释前应当征求检察机关意见。对原厅局级以上职务犯罪罪犯假释的，裁定后10日内向相应中央政法机关逐案报请备案审查
6	最高人民法院	《人民法院第四个五年改革纲要(2014—2018)》（法发〔2015〕3号）	2015年2月	推动建立以审判为中心的诉讼制度改革	确保庭审在保护诉权、认定证据、查明事实、公正裁判中发挥决定性作用

续表

序号	主体	名称	施行时间	重要举措	具体内容
7	最高人民法院	《关于对部分职务犯罪罪犯减刑、假释、暂予监外执行实行备案审查的通知》(法〔2014〕128号)	2014年5月	建立职务犯罪备案审查机制	对原县处级职务犯罪罪犯裁定假释后10日内，报请高级人民法院备案审查；对原厅局级以上职务犯罪罪犯裁定假释后10日内，逐级报请最高人民法院备案审查
8	最高人民法院	《关于减刑、假释案件审理程序的规定》(法释〔2014〕5号)	2014年6月	规范公示程序	建议书等材料在审理期间公示，裁定书通过互联网依法向社会公布
				规范审查内容	除审查罪犯在执行期间的一贯表现外，还应综合考虑犯罪的具体情节、原判刑罚情况、财产刑执行情况、附带民事裁判履行情况、罪犯退赃退赔等情况，以及罪犯的年龄、身体状况、性格特征、假释后生活来源、监管条件等影响再犯罪的因素
				明确诉讼参与人	包括检察机关、执行机关、罪犯本人、证人、公示期间有不同意见的人等
9	最高人民检察院	《关于对职务犯罪罪犯减刑、假释、暂予监外执行案件实行备案审查的规定》(高检发监字〔2014〕5号)	2014年6月	加强对职务犯罪罪犯假释的监督	职务犯罪罪犯假释比例明显高于其他罪犯相应比例的，检察机关应当对职务犯罪罪犯假释案件进行逐案复查，查找和分析存在的问题，依法向有关单位提出意见或建议

续表

序号	主体	名称	施行时间	重要举措	具体内容
10	最高人民检察院	《人民检察院办理减刑、假释案件规定》（高检发监字〔2014〕8号）	2014年8月	规范检察机关调查核实的假释案件范围和具体方式	案件范围包括：拟提请假释犯系职务犯罪，破坏金融管理秩序和金融诈骗犯罪，黑社会性质组织犯罪，严重暴力恐怖犯罪，或者其他在社会上有重大影响、社会关注度高的罪犯；拟提请假释犯的假释考验期长、起始时间早、间隔时间短或者实际执行刑期短的；拟提请假释犯的考核计分高、专项奖励多或者鉴定材料、奖惩记录有疑点的；收到控告、举报的；其他应当进行调查核实的。调查核实方式包括：调阅复制有关材料、重新组织诊断鉴别、进行文证鉴定、召开座谈会、个别询问等
11	全国人民代表大会常务委员会	《刑法修正案（九）》	2015年11月	增加规定重特大贪污受贿罪犯不得假释	贪污受贿数额特别巨大，并使国家和人民利益遭受特别重大损失的，被判处死刑缓期执行的，法院根据犯罪情节等情况可以同时决定在其死刑缓期执行2年期满依法减为无期徒刑后，终身监禁，不得假释
12	司法部	《关于计分考核罪犯的规定》（司发通〔2016〕68号）	2016年8月	教育改造的考核分值从55分上调至65分	计分考核内容分为教育改造和劳动改造两个部分，每月基础分为100分，教育改造基础分65分，劳动改造基础分35分
				对特殊罪犯实行考核优待	对老年、身体残疾（不含自伤致残）、患严重疾病等经鉴定没有劳动能力的罪犯，只考核其教育改造的表现

续表

序号	主体	名称	施行时间	重要举措	具体内容
13	最高人民法院、最高人民检察院、公安部	《关于推进以审判为中心的刑事诉讼制度改革的意见》（法发〔2016〕18号）	2016年7月	规范庭审程序	确保诉讼证据出示在法庭、案件事实查明在法庭，裁判结果形成在法庭
				强化权利保障	依法保障当事人和其他诉讼参与人的知情权、陈述权、辩论辩护权、申请权、申诉权
				优化资源配置	实行速裁程序、简易程序、普通程序的繁简分流
14	最高人民法院	《关于办理减刑、假释案件具体应用法律的规定》（法释〔2016〕23号）	2017年1月	严格假释的实体条件，倡导扩大假释适用	细化《刑法修正案（九）》的规定；财产性判项是否履行到位影响假释适用；部分罪行较轻的罪犯可依法从宽适用假释，既符合减刑条件又符合假释条件的罪犯可优先适用假释
15	最高人民法院、最高人民检察院、公安部、司法部	《关于办理黑恶势力犯罪案件若干问题的指导意见》（法发〔2018〕1号）	2018年1月	严格黑恶势力以及"保护伞"的假释适用	对于因有组织的暴力性犯罪被判处10年以上有期徒刑、无期徒刑的黑社会性质组织犯罪分子，不得假释
16	最高人民法院	《关于办理减刑、假释案件具体应用法律的补充规定》（法释〔2019〕6号）	2019年6月	对贪污贿赂罪犯从严适用假释	对《刑法修正案（九）》施行后依照贪污贿赂罪判处刑罚的原具有国家工作人员身份的罪犯假释时从严掌握，对拒不认罪悔罪或者拒不履行财产性判项的上述罪犯，不得假释
17	最高人民检察院	《人民检察院刑事诉讼规则》（高检发释字〔2019〕4号）	2019年12月	规范对假释的检察监督	逐案审查；假释建议不当或者违反法定程序的，报经检察长批准，向法院提出书面检察意见，同时可以向执行机关提出书面纠正意见

续表

序号	主体	名称	施行时间	重要举措	具体内容
18	全国人民代表大会常务委员会	《社区矫正法》	2020 年 7 月	明确社区调查评估的内容和效力	法院可以委托社区矫正机构或者有关社会组织对罪犯的社会危险性和对所居住社区的影响进行调查评估，提出意见，供决定社区矫正时参考
				保障假释撤销程序的罪犯权利	法院拟撤销假释的，应当听取社区矫正对象的申辩及其委托律师的意见
19	最高人民法院	《关于适用〈中华人民共和国刑事诉讼法〉的解释》（法释〔2021〕1 号）	2021 年 3 月	增加执行机关移送材料的种类	移送的材料增加“刑事裁判涉财产部分、附带民事裁判的执行、履行情况”
				扩展假释裁定的送达对象	送达对象包括提请假释的执行机关、同级检察院以及罪犯本人
				规范假释撤回与撤销	假释裁定作出前，执行机关书面提请撤回假释建议的，法院可以决定是否准许。法院收到社区矫正机构的撤销假释建议书后，经审查确认罪犯具有法定撤销情形，尚未构成新的犯罪的，应当作出撤销假释的裁定
20	中共中央	《中共中央关于加强新时代检察机关法律监督工作的意见》（中发〔2021〕28 号）	2021 年 6 月	强调同步检察监督	完善对刑罚变更执行的同步监督机制，有效防止和纠正违法减刑、假释、暂予监外执行
21	最高人民检察院	《人民检察院巡回检察工作规定》（高检发办字〔2021〕121 号）	2021 年 12 月	规范巡回检察	监督纠正监所执行刑罚活动和监管执法活动中的违法情形，注重对假释是否合法的监督。对巡回检察的方式、内容以及督促整改等予以明确

续表

序号	主体	名称	施行时间	重要举措	具体内容
22	最高人民法院、最高人民检察院、公安部、司法部	《关于加强减刑、假释案件实质化审理的意见》（法发〔2021〕31号）	2021年12月	要求对假释案件进行实质化审理	坚持全面依法审查、主客观改造表现并重、严格审查证据材料、区别对待的基本要求，严格审查假释条件，探索推进审理程序改革，加强案件监督指导及工作保障，实现实质化审理
23	全国人民代表大会常务委员会	《反有组织犯罪法》	2022年5月	规范有组织犯罪罪犯的假释	实体条件上，不仅要充分考虑罪犯履行生效裁判中财产性判项等情况，针对黑恶犯罪罪犯的特点，还要充分考虑罪犯配合处置涉案财产等情况
					运行程序上，增加对黑社会性质组织的组织者、领导者或者恶势力组织的首要分子假释的程序管控，要求执行机关报经省、自治区、直辖市监狱管理机关复核后，方能提请法院裁定假释
24	最高人民法院	《关于办理减刑、假释案件审查财产性判项执行问题的规定》（法释〔2024〕5号）	2024年5月	规范财产性判项的审查范围和审查方式	明确财产性判项的范围限于原生效刑事或者刑事附带民事裁判中的财产性判项，相关执行情况作为罪犯悔改表现的判断因素之一

此阶段的假释适用主要呈现以下特点。

（一）实体条件

此阶段区别对待原则更加凸显：一是部分罪犯的假释条件更加严苛，这一点在职务犯罪和有组织犯罪罪犯的假释上尤为明显。2014年1月中共中央政法委员会《关于严格规范减刑、假释、暂予监外执行切实防止司法腐败的意见》（中政委〔2014〕5号）以及“两高”相继出台的一系列规范性文件不断细化假释条件，特别是对“三类罪犯”的假释进行深度清理和严格控制，客观上收紧了假释的适用。2015年11月《刑法修正案（九）》增加了重特大贪污受贿罪犯不得假释的规定。2017年1月最高人民法院《关于办理减刑、假释案件具体应用法律的规定》（法释〔2016〕23号，以下简称《2017年减刑假释规定》）将与假释关联的财产性判项拓展至刑事附带民事赔偿义务、追缴、责令退赔、罚金和没收财产，进一步限缩假释的适用范围。《2017年减刑假释规定》坚持并深化区别对待原则：一方面，考虑到目前我国社区矫正制度日益健全，主张对部分罪行较轻的罪犯放宽假释的条件，扩大假释适用；另一方面，鉴于死缓犯一般是较为严重的犯罪，为了达到惩罚与教育的双重目的，也便于刑罚执行机关和司法机关根据罪犯改造情况充分判断罪犯有无再犯罪的危险，将死缓犯的实际执行刑期从“不得少于12年”提高为“15年以上”。2018年1月最高人民法院、最高人民检察院、公安部、司法部《关于办理黑恶势力犯罪案件若干问题的指导意见》（法发〔2018〕1号）不仅要求严格掌握黑恶势力以及“保护伞”的假释适用，而且增加对部分黑社会性质组织犯罪罪犯不得假释的规定。2019年6月最高人民法院《关于办理减刑、假释案件具体应用法律的补充规定》（法释〔2019〕6号）强调对职务犯罪罪犯的假释从严掌握，特别是《刑法修正案（九）》施行后依照贪污贿赂罪判处刑罚的原具有国家工作人员身份的罪犯，如果拒不认罪悔罪或者拒不履行财产性判项，不得假释。二是对部分罪犯实行假释优待。2016年8月司法部《关于计分考核罪犯的规定》（司发通〔2016〕68号）明确对特殊罪犯实行考核优待，对老年、身体残疾（不含自伤致残）、患严重疾病等经鉴定没有劳动能力的罪犯，只考核其教育改造的表现。《2017年减刑假释规定》则明确对部分罪行较轻的罪犯可依法从宽适用假释；既符合减刑条件又符合假释条件的罪犯可优先适用假释。

假释的实质条件更加系统科学。虽然依旧主要通过计分考核的方式对罪犯改造表现进行评价，但已展现出主客观改造表现并重的运作模式，计分考核的方式更加合理。2016 年 8 月司法部《关于计分考核罪犯的规定》（司发通〔2016〕68 号）合理调整教育改造和劳动改造的分值比例，更加注重罪犯的悔改表现，将教育改造的考核分值从 55 分上调至 65 分。此外，假释案件的审查内容不仅包括罪犯在执行期间的一贯表现，还应综合考虑犯罪的具体情节、原判刑罚、财产刑执行情况、附带民事裁判履行情况、罪犯退赃退赔等情况，以及罪犯的年龄、身体状况、性格特征、假释后生活来源、监管条件等影响再犯罪的因素，审查内容更加全面具体。“假释后对所居住社区的影响”这一参考性条件更是有了实践操作规程。2021 年 3 月最高人民法院《关于适用〈中华人民共和国刑事诉讼法〉的解释》（法释〔2021〕1 号，以下简称《2021 年刑诉法解释》）要求刑罚执行机关移送法院的材料中增加“罪犯假释后对所居住社区影响的调查评估报告”，正是对这一参考性条件的回应。

（二）运行程序

此阶段继续沿用刑罚执行机关提请、检察机关监督、法院裁决的基本运行模式，但是《最高人民法院关于适用〈中华人民共和国刑事诉讼法〉的解释》等规范性文件吸收了以审判为中心刑事诉讼制度改革在刑事立法和司法领域取得的一系列成果，在证据审查判断、程序繁简分流以及庭审实质化等方面作出了更有针对性的规定。

随着社区矫正工作的深入推进，假释的监督主体逐步变更为社区矫正机构。由于基本法律已将假释的条件修改为“没有再犯罪的危险”并要求对罪犯“实行社区矫正”，2013 年 1 月最高人民法院《关于适用〈中华人民共和国刑事诉讼法〉的解释》（法释〔2012〕21 号，以下简称《2012 年刑诉法解释》）要求刑罚执行机关增加移送“罪犯假释后对所居住社区影响的调查评估报告”等材料，将“财产刑和附带民事裁判的执行情况，以及罪犯退赃、退赔情况”纳入假释案件的审查内容，并专门规定了特殊假释的核准程序。2014 年 6 月最高人民法院《关于减刑、假释案件审理程序的规定》

（法释〔2014〕5号）提出，假释案件的审查内容不仅包括罪犯在刑罚执行期间的一贯表现、财产性判项履行情况，还包括假释后生活来源和监管条件等影响再犯罪的因素。根据2020年7月《社区矫正法》的规定，法院根据需要可以委托社区矫正机构或者有关社会组织对罪犯的社会危险性和对所居住社区的影响进行调查评估，提出意见，供决定社区矫正时参考。关于审理方式，2014年1月中共中央政法委员会《关于严格规范减刑、假释、暂予监外执行切实防止司法腐败的意见》（中政委〔2014〕5号）要求对“三类罪犯”假释案件一律开庭审理。

此阶段的办案模式作了重大调整，2014年4月司法部《关于贯彻中政委〔2014〕5号文件精神严格规范减刑、假释、暂予监外执行工作的通知》（司发通〔2014〕38号）要求改定期批量办理为逐人逐案常态化办理，对假释案件办理程序产生了重大影响。2014年6月最高人民法院《关于减刑、假释案件审理程序的规定》（法释〔2014〕5号）将刑罚执行机关报请、法院审批的行政化运行模式逐步转变成诉讼化的审理程序，不仅要求组成合议庭审理假释案件，而且明确了开庭审理时参加庭审的各方诉讼主体以及书面审理应当提讯拟假释犯的程序要求。

为了让案件办理过程中的“暗箱操作”无处藏身，公示制度逐步健全完善，从“在监区公示”到“向社会公示”、从“线下公示”到“上网公示”，为当事人和社会公众了解国家权力在假释案件办理程序中的运作状况提供了路径。《2012年刑诉法解释》要求在监区公示，有条件的地方可以向社会公示。2014年6月最高人民法院《关于减刑、假释案件审理程序的规定》（法释〔2014〕5号）进一步要求材料公示、开庭公开、裁定公布，公示的范围和方式更加广泛。

备案审查机制正式确立，通过程序管控实现了对部分罪犯的假释限制。2014年1月中共中央政法委员会《关于严格规范减刑、假释、暂予监外执行切实防止司法腐败的意见》（中政委〔2014〕5号）要求对原厅局级以上职务犯罪罪犯假释的，裁定后10日内向相应中央政法机关逐案报请备案审查。此后司法部、最高人民法院、最高人民检察院相继出台备案审查细则。2014 年 5 月最高人民法院《关于对部分职务犯罪罪犯减刑、假释、暂予监外执行实行备案审查的通知》（法〔2014〕128 号）扩大了备案审查的案件范围，将此类案件的范围从原厅局级职务犯罪罪犯的假释案件扩展到包括原县处级职务犯罪罪犯的假释案件。2014 年 4 月司法部《关于贯彻中政委〔2014〕5 号文件精神严格规范减刑、假释、暂予监外执行工作的通知》（司发通〔2014〕38 号）、2014 年 6 月最高人民检察院《关于对职务犯罪罪犯减刑、假释、暂予监外执行案件实行备案审查的规定》（高检发监字〔2014〕5 号）均要求对职务犯罪罪犯的假释进行备案审查。为了加大对有组织犯罪的打击力度，《反有组织犯罪法》对黑社会性质组织的组织者、领导者或者恶势力组织的首要分子的假释通过增加复核程序进行管控，对被判处 10 年以上有期徒刑、无期徒刑、死缓的黑社会性质组织的组织者、领导者或者恶势力组织的首要分子假释的，执行机关应当依法提出假释建议，报经省、自治区、直辖市监狱管理机关复核后，提请法院裁定。

检察监督实现了从事后监督向事前监督的重大转变，全程监督模式逐步建立健全。2013 年《刑事诉讼法》要求刑罚执行机关“将建议书副本抄送人民检察院”，检察监督不再局限于事后监督。2013 年《监狱法》将检察监督的方式从“提出抗诉”修改为“提出书面纠正意见”。2014 年 1 月中共中央政法委员会《关于严格规范减刑、假释、暂予监外执行切实防止司法腐败的意见》（中政委〔2014〕5 号）要求刑罚执行机关在决定提请假释前应当征求检察机关意见，但是无论检察机关是否提出意见、提出何种意见，即便提出的意见是不同意或者要求补充材料，刑罚执行机关仍可将提请法院作出假释裁决。检察监督的现行法律依据主要是 2018 年《刑事诉讼法》第 276 条“人民检察院对执行机关执行刑罚的活动是否合法进行监督”和第 274 条“人民检察院认为人民法院减刑、假释的裁定不当，应当在收到裁定书副本后二十日以内，向人民法院提出书面纠正意见”，上述内容均是继续沿袭 1996 年《刑事诉讼法》的规定，2012 年和 2018 年修改《刑事诉讼法》时未作调整，有限的纠错渠道无法满足及时准确纠正假释裁定错误的需要。

（三）假释的撤回与撤销

基本法律至今没有涉及假释撤回的内容。2014 年 6 月最高人民法院《关于减刑、假释案件审理程序的规定》（法释〔2014〕5 号）提出，在法院作出假释裁定前，刑罚执行机关可以书面提请撤回假释建议，是否准许其撤回，应当由法院决定。至于刑罚执行机关提请撤回假释建议应当提供哪些证据材料，法院如何审查并作出决定，裁判文书是否需要向罪犯送达等，法律规定始终处于阙如状态。

假释撤销的条件逐步降低。只要罪犯在假释考验期限内有违反法律、行政法规或者国务院有关部门关于假释的监督管理规定的行为，即便尚未构成新的犯罪，仍应依照法定程序撤销假释。《2012 年刑诉法解释》将“违反假释的监督管理规定”细化为“受到执行机关三次警告仍不改正”。《2017 年减刑假释规定》提出，“罪犯在逃的，撤销假释裁定书可以作为对罪犯进行追捕的依据”，据此，即便罪犯不在案，也不影响假释撤销程序继续进行。2020 年《社区矫正法》第 48 条规定了假释撤销的审理程序和审理期限等内容，即法院在收到社区矫正机构撤销假释建议书后 30 日内作出裁定，将裁定书送达社区矫正机构和公安机关，并抄送人民检察院；法院拟撤销假释的，应当听取社区矫正对象的申辩及其委托的律师的意见。至于刑罚执行机关需要移送哪些材料，法院需要审查哪些内容，此类案件的审查方式以及文书如何送达等事项，均不明确。

第二节　影响假释案件办理程序的理论发展

假释制度自产生以来一直备受争议，程序理论的模糊和价值建构的阙如造成司法实践的诸多困惑，直接影响假释案件办理程序的功能运行和价值追求的实现。作为一项刑罚变更执行制度，假释有着深刻的社会基础和法律文化背景，来自不同学科领域和不同历史时期的理论基础对假释制度的发展起着重要的推动作用，梳理分析假释制度的理论基础是有效发挥其价值功能的保障。在此基础上，进一步厘清假释与其他相关制度的关系，才能更加深刻地了解假释制度的内涵。

一、基础理论对假释案件办理程序的影响

任何一种制度的发展都必须以先进的理论作为先导，假释制度的产生与发展同样有着自己的理论背景，这些理论学说在不同时期为假释制度实践提供了理论支撑，并共同证成了假释的正当性基础。

（一）假释的实体法理论基础

刑罚执行是将纸面正义转变为现实正义的重要阶段，假释是国家对罪犯在刑罚执行过程中个体变化情况的正式反应措施。因此，有必要了解与刑罚相伴而生的犯罪，也有必要明确刑罚的目的何在。

1. 人身危险性理论与假释适用

人身危险性理论虽然发源于犯罪学，却是刑法学和犯罪学共有的一个概念。人身危险性理论主要经历了刑事古典学派和刑事实证学派的二元对立。刑事古典学派和刑事实证学派在方法论、研究重点和犯罪对策上均有明显差异。刑事古典学派采用抽象思辨的方法，持客观主义立场，着重研究犯罪行为，人身危险性没有进入刑事古典学派的研究视域。刑事实证学派采用实证的研究方法，着重研究犯罪行为人，关注行为人的人身危险性大小，将行为人的反社会性格或危险性格作为刑事责任的根据。人身危险性这一命题是刑事实证学派为了应对现实困境而提出的创新理念。刑事实证学派以犯罪行为人为中心，重视研究犯罪产生的原因以及犯罪人的个性特征，主张刑罚正当化的根据在于刑罚目的的正当性，刑罚的主要目的是预防犯罪人重新犯罪，刑罚是对犯罪人将来再犯罪的可能性进行社会防卫的手段，因此倡导个别化

行刑。个别化行刑注重通过运用矫正处遇措施消减行为人的人身危险性并达到行刑效果。有针对性地惩治、教育、改造犯罪人的行刑个别化逐渐得到青睐，但是受再犯罪率或重新犯罪事实的影响，对行刑个别化效果的质疑从未间断。人身危险性始终存在功利价值与公正价值的非一致性、社会效果和法律效果的非两全性、人身危险性自身的非规范性以及技术操作上的困难。

（1）人身危险性理论与假释的根据

“累犯”“立功”等量刑制度和“减刑”“假释”等行刑制度均是人身危险性内涵司法化的具体表现。① 假释以人身危险性为适用基础和实质标准，人身危险性理论的价值在于其所具有的动态特征可以用于阐释实施教育改造措施的科学依据并成为假释的合理根据。我国与人身危险性相关的刑事立法主要体现在刑法和刑事诉讼法。1979 年《刑法》即已规定了假释制度，同时明确罪犯“不致再危害社会”是假释的条件之一，2011 年 5 月《刑法修正案（八）》将该条件修改为“没有再犯罪的危险”。关于假释实际执行期限以及《刑法修正案（八）》对社区矫正和刑事禁止令等的规定充分说明我国采用的是兼顾报应与功利的“一体刑”立法。② 宽严相济刑事政策是我国当前的一项基本刑事政策，该政策主导下的区别对待必须结合行为人的人身危险性予以判断，这是二者功能层面的一致性。人身危险性理论可以用于准确理解和正确把握犯罪行为的本质特征，妥善处理人身危险性与社会危害性、犯罪行为人与犯罪行为之间的逻辑关系，不仅关注犯罪行为造成的社会危害性，更要持续关注和深入分析犯罪行为人的人身危险性及其程度。

（2）人身危险性理论对假释案件办理程序的影响

人身危险性已经成为司法机关在假释案件办理中进行司法裁判的一个重

---

① 参见刘朝阳：《人身危险性研究的历史脉络》，载《复旦学报（社会科学版）》2006 年第 3 期。

② 参见肖杨宇：《从“人身危险”到“人身风险”——刑事禁止令的理论进路与制度基点》，载《中国人民公安大学学报（社会科学版）》2013 年第 2 期。

要依据。[1] 人身危险性与刑罚个别化相适应，在刑事司法中引入人身危险性因素的前提是赋予法官一定的自由裁量权。根据长期司法实践经验，司法机关对于罪犯的人身危险性问题已形成了一些规范性文件，如最高人民检察院于2007年6月发布的《人民检察院办理起诉案件质量标准（试行）》和《人民检察院办理不起诉案件质量标准（试行）》（高检诉发〔2007〕63号），但由于人身危险性乃属于前瞻性条件，是基于既往状况对罪犯未来可能实施行为的预判，不仅涉及法律评判，而且涉及对罪犯的性格、心理以及生活环境等多方面因素的专业评估。虽然2011年5月《刑法修正案（八）》将假释的实质条件从“不致再危害社会”修改为“没有再犯罪的危险”，刑法立场从更加侧重防卫社会转向更加关注“罪犯个体”，但无论是“不致再危害社会”还是“没有再犯罪的危险”，办案人员对这一实质条件仍旧难以把握，因此遭到学者和实务工作者的口诛笔伐。“如果对预测准确性的要求过高，假释的适用就变得几乎是不可能的。”[2] 难以评估的人身危险性对假释案件办理程序的影响重大，也是司法实践中假释适用率过低的重要原因。

2. 刑罚目的综合理论与假释适用

刑罚目的综合理论贯穿于整个刑罚过程，刑罚目的的不同决定了刑罚理论和刑罚制度的差异。从刑罚历史发展及实践状况来看，刑罚目的理论主要经历了报应论与功利论的世代对垒。报应论认为刑罚的本质特征在于惩罚，刑罚正当化的根据在于报应的正当性，着重研究如何更好地对犯罪人适用刑罚从而最大限度地发挥刑罚的威慑效果，因而反对适用假释。在报应论的观念里，为了达到报应与恶行相当，即使罪犯的人身危险性已经降低，也不能减少刑期，更不能提前释放，因此假释制度没有存在的空间。但是，报应论的缺陷也是显而易见的：第一，忽略了犯罪行为和犯罪行为人的多样性；第二，忽略了刑罚目的的功利性。为了使恶行受到恶报，即便罪犯的人身危险

① 参见陈伟：《人身危险性研究》，法律出版社2010年版，第116页。

② 屈学武主编：《刑法改革的进路》，中国政法大学出版社2012年版，第371页。

性降低，也不能有任何从宽处罚的措施，这显然不利于罪犯的再社会化。绝对主义报应论实质是古代同态复仇刑罚的再现，有悖于刑罚文明的发展进程。正是基于报应论的上述缺陷，功利论应运而生。功利论是以功利主义和预防思想为基础的刑罚目的理论，主张从社会的角度研究犯罪和刑罚，认为刑罚不是目的而是手段，刑罚的适用是为了通过对犯罪人的惩罚达到预防犯罪、防卫社会的目的，因此“刑罚的适用应当是相对的、有限制的，即刑罚的适用和执行应限制在使犯罪人能改过自新和有效预防重新犯罪的限度内，倘若一个罪犯已经执行的刑罚足以能够预防其再次犯罪，就不应当出现‘刑罚剩余’”①。假释制度是功利论在刑罚执行变更制度中的体现，二者的运作机理基本一致。当然，从制度实践来看，假释实际上同时受到报应论和功利论的影响，以报应为基础，兼顾功利价值，是报应与功利相结合的综合理论。

（1）刑罚目的综合理论与假释的根据

运用刑法和刑事诉讼程序给予犯罪人适当制裁，只是从表面上解决了社会冲突，并未从根本上消除犯罪因素，罪犯尚需通过教育改造矫正犯罪思想成为没有再犯罪危险的人，才能实现刑罚目的。从这个意义上讲，刑罚执行事实上承担了重塑犯罪者人生的艰巨任务，使犯罪者重新回归正常社会生活才是刑罚的终极目标。假释着眼于罪犯的改造实效，根据刑罚执行期间罪犯人身危险性的变化情况，调整刑罚执行方式以避免无效执行，具有弥补监禁刑弊端、实现刑罚经济等多重功能，特别是“罪犯的‘监狱化’将严重损害其重返社会的信心和健康人格的塑造，即便宣告刑全部执行完毕，其仍有可能重新犯罪，危害社会秩序。由此导致监狱的功能效益和改造效益大打折扣，进而陷入进退维谷的困境：一方面人们开始反思自由刑的功能和价值，探讨造成这种问题的原因所在；另一方面则在为监狱行刑寻找出路，自由刑

① 熊焱主编：《减刑、假释制度改革实证研究》，法律出版社2020年版，第33页。

执行社会化成为解决监狱行刑所面临的压力和困境的根本出路和明智对策"①。正是在此背景下，假释制度得以确立，"假释制度的设立初衷体现了目的刑理论"②。假释制度在确认原判刑罚有效性的前提下，根据罪犯在行刑过程中的改造表现，对原判刑罚作出适当调整，正是目的刑理论在刑法执行变更制度中的体现。假释不仅可以引导罪犯的积极改造行为，还能通过附条件提前释放的方式，在避免罪犯形成监狱化人格方面起到重要作用。

（2）刑罚目的综合理论对假释案件办理程序的影响

假释案件办理程序深受刑罚目的综合理论的影响，假释条件的特殊设置全面体现了刑罚目的综合理论，充分展示了特殊预防与一般预防相结合的一体刑罚观。假释案件的审查内容既包括罪犯在执行期间的一贯表现以及罪犯的年龄、身体状况、性格特征、假释后生活来源、监管条件等影响再犯罪的因素，也包括犯罪的具体情节、原判刑罚、财产刑执行情况、附带民事裁判履行情况、罪犯退赃退赔等情况。"关注罪犯的个体特点，明确对某些重罪不得假释"，"为了保证刑罚的威慑力和罪犯改造成效，要求执行最低刑期才能启动假释提请程序" 等，均是重视刑罚特殊预防目的实现的表现。同时它也没有忽视刑罚一般预防的作用，这一点从假释的审查内容包括犯罪的具体情节和原判刑罚等可见一斑。严格控制职务犯罪罪犯的假释亦同此理，职务犯罪罪犯在缺少特殊身份条件后已经基本丧失再犯可能性，对此类罪犯严格控制假释主要是基于一般预防的需要，彰显对职务犯罪的严惩态势。

（二）假释的程序法理论基础

程序的价值在于能够给予罪犯获得公正裁决的机会，提供罪犯与裁判者

---

① 茅仲华等：《减刑、假释案件审理程序规范化研究》，中国法制出版社 2017 年版，第 50～51 页。

② 茅仲华等：《减刑、假释案件审理程序规范化研究》，中国法制出版社 2017 年版，第 50 页。

通过协商、对话和争辩共同形成裁判结果的场合，罪犯通过积极有效地参与裁判形成过程保有主体地位。① “现代程序的基本特征是：处于平等地位的个人参加决定过程，发挥各自的角色作用，具有充分而对等的自由发言的机会，从而使决定更加集思广益，更容易获得人们的共鸣和支持。”②

1. 程序正义理论

“正义是社会制度的首要价值”③，而程序具有双重的价值属性，既包括工具价值，也包括独立价值。假释案件办理程序的工具价值在于保障案件处理结果的公正和实现对罪犯的权利保障，避免司法者的恣意妄为；假释案件办理程序的独立价值在于追求实现实体公正和自由并确保制度功能的实现，诉讼参与主体不因诉讼程序的启动和运行而遭受不必要的损害。

（1）程序正义理论与假释的根据

刑罚变更执行涉及对罪犯人身自由的重大利益调整，程序选择必须体现正义价值，这既是正义程序的基本要求，也是程序公正的基本内容。诉讼程序本身的公正与否独立作用于裁判结果的评价标准，而程序参与乃正当程序的应有之义。通过假释案件办理程序的运行规则特别是实体标准的确定，罪犯可以建立对自身改造行为可能结果的合理预期，假释案件办理程序的示范效应也可以引导其他罪犯逐步形成理性的行为改造模式。假释案件的办案程序要求和运行方式还有利于防止“暗箱操作”和司法腐败，实现刑罚执行机关、检察机关、法院、社区矫正机构以及罪犯本人等多方主体的沟通与交流，减轻社会公众对假释案件审查工作存在“暗箱操作”的误解。就程序条件而言，假释案件公示等运行机制通过以程序公正促进实体公正的方式，本身即蕴含了公正价值。

---

① 参见陈瑞华：《刑事审判原理论》，北京大学出版社1997年版，第35～36页。

② 季卫东：《法律程序的意义》（增订版），中国法制出版社2012年版，第128页。

③ ［美］约翰·罗尔斯：《正义论》（增订版），何怀宏、何包钢、廖申白译，中国社会科学出版社2001年版，第1页。

（2）程序正义理论对假释案件办理程序的影响

一是多元主体共同参与诉讼进程。在假释案件办理程序中，最重要的诉讼参与主体是罪犯本人，而关注罪犯能否成功获得假释这一裁决结果的人员，除了罪犯本人及其家属，一般还包括被害人及其家属，有影响的重大刑事案件可能还涉及社会公众。因此，除享有假释决定权的法官之外，诉讼参与主体还包括罪犯本人、检察机关、社区代表、被害人甚至是公众代表和媒体，诉讼主体呈现多元化的景象。程序的启动、运行和结果等情况，除向罪犯及其亲属以及相关利害关系人公开外，还应通过公开透明的方式接受检察机关和社会公众的监督。

二是罪犯权利与国家权力基本对等。罪犯在假释案件办理程序中处于主体地位而非仅有客体身份，在刑罚执行机关有权启动诉讼程序的情况下，理应保障罪犯享有相应的程序性权利，赋予罪犯假释提请权、程序知悉权、申请回避权、提交证据权、陈述权、获得法律帮助权等诉讼权利，同时假释裁定不能实行一审终审，在程序设计上应当提供罪犯不服假释案件处理结果的救济途径，通过程序控权的方式实现权利控权。《2012 年减刑假释规定》确立了法院对假释案件可以自行启动纠错程序，不仅有现实的理论基础，更是司法实践的客观要求。

三是正义通过不同方式得以实现。在司法资源投入有限的情况下，如何协调处理程序正义与诉讼经济的平衡关系至关重要。兼顾诉讼经济和程序正义的平衡理念要求假释案件办理程序摒弃片面追求诉讼效益的行政化审批程序，转而构建程序正义优先的诉讼化程序，诉讼程序的繁简分流使正义可以通过不同的方式得以实现：一方面，规范假释案件办理程序，对不同诉讼程序的案件范围、审查内容和程序操作等进行全方位改造，使假释案件的诉讼化程序符合国际司法准则和我国实践需要；另一方面，关注假释案件诉讼程序的效率，尽可能以较少的司法资源实现诉讼活动的正义价值。

2. 行刑政策基本理论

“行刑政策是刑罚目的和刑罚规范的媒介，体现国家对社会的政策精神，为行刑社会化提供了基础。"[①] "如果在因又高又厚的砖墙而与社会的隔离、基于受刑番号的划一处遇而产生的犯人个性的丧失、因独居监禁而导致的严重的孤立化现象、共同监房的情况中被表现为一种下位文化（subkultur）的受刑者相互间促进犯罪的恶影响、无期受刑者所感受到的比死亡更加沉重的期待与希望的丧失、因剥夺自由而导致的自由的学习机会的匮乏等行刑的现实中，面对任何人都无法否认的彻底的非社会化、非自我化的无可争辩的事实的话，行刑中的再社会化的刑罚目的也只不过是在彼岸世界中才能够实现的空虚的理想而已。因此，重要的问题是，如何在行刑理论与实践中克服这种乖离现象。"[②] "假释制度的建立，不仅将'回归社会的钥匙'交付到罪犯本人的手中，为罪犯提供了改造的希望和重新做人的机会，还体现了惩罚与改造相结合的刑事政策，有效防止行刑局面的僵化和行刑模式的保守性。"[③]

（1）行刑政策基本理论与假释的根据

假释制度是行刑政策基本理论的体现，致力于在行刑程序中强调为犯人复归社会实现再社会化的预防性刑罚目的。在假释案件办理程序中，要全面审查罪犯的犯罪性质、情节和改造表现等内容，不同情况区别对待。"一方面，对不需要矫治或有矫治可能的犯罪、犯罪人，以宽松的刑事政策对待；另一方面，对不能矫治或矫治困难的犯罪、犯罪人，以严格的刑事政策对待。"[④] 例如，对累犯和因暴力犯罪被判处 10 年以上有期徒刑、无期徒刑的罪犯等不得假释。不仅如此，为了促使罪犯积极履行生效裁判文书确定的财产性义务，《2012 年减刑假释规定》明确了财产性判项履行与假释关联机制，《2017 年减刑假释规定》则将财产性判项履行情况作为假释的综合考察

---

① 茅仲华等：《减刑、假释案件审理程序规范化研究》，中国法制出版社 2017 年版，第 57 页。

② ［韩］金日秀、［韩］徐辅鹤：《韩国刑法总论》，郑军男译，武汉大学出版社 2008 年版，第 768 页。

③ 茅仲华等：《减刑、假释案件审理程序规范化研究》，中国法制出版社 2017 年版，第 58 页。

④ 孙琳：《减刑假释程序研究》，中国人民公安大学出版社 2011 年版，第 32 页。

因素之一。

（2）行刑政策基本理论对假释案件办理程序的影响

行刑政策基本理论对假释案件办理程序有着非常重要的影响，主要体现在对罪犯实行分别处遇和适用区别化的诉讼程序，不仅对特殊罪犯设置了特别的案件办理程序，而且在实体条件的把握上实行区别对待。对未成年、年老、身体有残疾或者患有严重疾病等罪犯的假释实行宽缓化政策，如对未成年罪犯的假释，在掌握标准上可以比照成年罪犯依法适度放宽。对“三类罪犯”的假释则有更为严格的标准和程序。又如，“三类罪犯”不积极退赃、协助追缴赃款赃物、赔偿损失或者服刑期间利用个人影响力和社会关系等不正当手段意图获得假释的，不认定其“确有悔改表现”。从程序上看，“三类罪犯”假释案件开庭应当邀请人大代表、政协委员或有关方面代表旁听，以公开促公正，防止司法恣意。

二、假释与相关制度的关系

“概念乃是我们解决法律问题所必不可少的工具。没有限定严格的专门概念，我们便不能清楚和理性地思考法律问题。没有概念，我们便无法将我们对法律的思考转变为语言，也无法以一种可理解的方式把这些思考传达给他人。”① 因此，必须厘清假释与其他相关制度的关系，从而对假释的内涵有更加深刻的了解。

（一）假释与减刑

二者均是基于罪犯服刑期间的优良表现而适用的刑罚变更执行制度，实体条件具有一定的重合性，均要求罪犯“认真遵守监规，接受教育改造”，二者的适用在根本上均是缘于罪犯的人身危险性程度有所消减，是基于罪犯

① ［美］E. 博登海默：《法理学：法律哲学与法律方法》，邓正来译，中国政法大学出版社1999年版，第486页。

在刑罚执行过程中的改造表现并综合考虑犯罪事实、犯罪情节、原判刑罚等综合因素，在具体条件上都要满足一定的起始时间、间隔时间等条件。从功能来看，二者均体现了教育与惩罚相结合的刑罚执行理论，是宽严相济刑事政策“宽”的体现，因而具有共同的制度功能，均在一定程度上体现出激励、调节、回归、缓和以及加强狱政管理的功能。总体而言，假释与减刑在制度设计上，功能相同、目的相同，适用的对象和条件类似，但效果不尽相同。

1. 法律规定方面

一是实体条件的设置有所不同。减刑的对象是被判处管制、拘役、有期徒刑或者无期徒刑的犯罪分子，适用范围只有刑罚种类的限制，没有犯罪性质和罪过形式的限制。一般刑事犯罪可以减刑，危害国家安全犯罪也可以减刑，过失犯可以减刑，故意犯也可以减刑，甚至死缓犯依照法律的特别规定也可以按期进行特殊性质的减刑。假释的适用则在对象上有着严格限制，仅限于被判处有期徒刑或者无期徒刑的犯罪分子，管制和拘役等短刑犯被排除在外。此外，假释的适用还有其他限制性条件，如《刑法》第 81 条第 2 款明确规定，“对累犯以及因故意杀人、强奸、抢劫、绑架、放火、爆炸、投放危险物质或者有组织的暴力性犯罪被判处十年以上有期徒刑、无期徒刑的犯罪分子，不得假释”。

减刑的法定条件是罪犯确有悔改表现或者立功表现，减刑以后实际执行的刑期，判处管制、拘役、有期徒刑的不能少于原判刑期的 1/2，判处无期徒刑的不能少于 13 年，被限制减刑的死缓在缓期执行期满后依法减为无期徒刑的，不能少于 25 年，缓刑执行期满后依法减为 20 年有期徒刑的，不能少于 20 年。假释的法定条件是罪犯确有悔改表现，没有再犯罪的危险，被判处有期徒刑的犯罪分子，执行原判刑期 1/2 以上，被判处无期徒刑的犯罪分子，实际执行 10 年以上，可以假释。同时，对犯罪分子决定假释时，应当考虑其假释后对所居住社区的影响。“确有悔改表现”是减刑和假释均可适用的条件，但是“有立功表现”的罪犯只可减刑不可假释。立法者针对假释还专门设置了“没有再犯罪的危险”以及累犯、暴力犯罪的重刑犯等不得假释的规定，可见假释的标准显然高于减刑的标准。在司法实践中，“确有悔改表现”已被细化为认罪服法、遵守监规、参加劳动、参加学习四大方面，罪犯的改造表现这一实体条件由于有了量化的计分考核而有了可操作性。相较于减刑、假释的条件设置更为严格且难以判断，“没有再犯罪的危险”这一条件至今未予分解细化，至今缺乏对人身危险性进行科学量化的预测手段，教育刑的基础标准无法准确测量，办案人员对罪犯人身危险性这一实质条件的评估认定只能是经验性作业，成为妨碍假释适用的根本原因。

二是运行程序和结果不同。减刑和假释均由刑罚执行机关通过计分考核的方式评定罪犯是否符合条件、提出建议，再由法院根据刑罚执行机关的提请进行审理并作出裁定或驳回决定，由检察机关对程序启动、运行和结果进行监督。从程序运行结果来看，罪犯既符合法定减刑条件又符合假释条件的，依法可以优先适用假释。二者的程序回转有异。减刑实质上是缩减原判所确定的罪犯应服刑期，因此被社会公众直观地称为“改判”。从目前减刑制度设计及内容上看，社会公众的观感确有一定的道理，因为罪犯只要在服刑期间确有悔改表现即有机会获得减刑，而刑法和刑事诉讼法均未针对罪犯在获得减刑后的改造表现出现反复设置减刑撤销程序，只要减刑裁定前罪犯的表现改造真实，一旦获得减刑则结果不可逆，因此减刑与改判并无本质区别。对于假释而言，撤销的条件更为宽松，只要罪犯在假释考验期限内再犯新罪或者发现漏罪即应撤销假释，甚至罪犯违反法律、行政法规或者国务院有关部门关于假释的监督管理规定，即便尚未构成新的犯罪，亦应撤销假释。假释适用从严、撤销从宽的条件设置充分显示了立法持有的谨慎态度。

2. 司法适用方面

二者的司法审查重点有别。减刑着眼于罪犯的既往改造表现，“主要是在综合罪犯犯罪性质、刑罚轻重、改造表现等因素后，对罪犯一定阶段良好表现的认可，具有一定阶段的完结性”①。假释“有一个关键性的条件，即必须对罪犯被假释后的人身危险性作出判断，因而是对罪犯整个改造过程以至假释后表现的一种考量，具有前瞻性”②。减刑的适用不需要变更监禁场所，不需要配套的社区环境，因此更为简便。在假释案件中，社区调查评估意见一般起着决定性作用，因为必须考量罪犯假释“对所居住社区的影响”。考虑到家庭对罪犯的约束作用，一般选择家庭健全的罪犯适用假释。家庭是对罪犯在社会上进行改造的最大的无形约束，如果家庭破裂，罪犯返回社会后无家可归，容易产生孤独感和失落感，心态失常，再次危害社会的可能性就会增大。考虑到罪犯的经济情况，一般选择具有一定的劳动能力或谋生技能的罪犯适用假释，或者家庭成员有固定收入或一定经济基础，如果罪犯一时无法找到工作，经济上不至于发生较大困难。考虑到社会监管和社会保障能力，一般尽量选择本省籍的罪犯进行假释，便于监管部门和当地公安机关加强联系。此外，对当地是否具有一定的社会帮教组织或保障力量也作适当考虑。对年老体弱或身体有残疾、丧失劳动能力的罪犯，生活不能自理且假释后生活确有着落的罪犯优先考虑适用假释。

3. 假释制度的优越性

首先，假释所具有的约束与引导的双重作用是减刑所不具备的。减刑更多地追求行刑的即时效益，因而忽略了社会的长远效益；假释则“同时兼顾已然之罪和未然之罪，所强调的关键是表现一贯良好且具有持续性的趋势”③。减刑是一减了之，缺乏预后性；假释则是有条件释放，矫正质量更有保障。假释对罪犯有很强的行为约束作用，可以持续强化改造效果。“剩余刑期的执行可能所造成的威慑效果，迫使罪犯在假释期间不得不继续进行自我改造和自我约束，保持和强化行刑所培养的刑罚感受能力和社会适应能

① 黄永维：《中国减刑、假释制度的改革与发展》，法律出版社2012年版，第8页。

② 黄永维：《中国减刑、假释制度的改革与发展》，法律出版社2012年版，第8页。

③ 熊焱主编：《减刑、假释制度改革实证研究》，法律出版社2020年版，第202页。

力，压抑和消解罪犯主观构成动力定型的残余作用。”①

其次，假释有利于维护生效裁判的稳定性。减刑的刑罚变更是通过对于原判刑罚的缩短来实现的，而假释的刑罚变更则是通过改变刑罚的执行方式来实现，并不以减少宣告刑为条件。相对于减刑而言，假释并不破坏法庭的量刑权威，因而具有维护原判稳定性的优势。乌尔比安在《论尤里亚和帕比亚法》第一编中提出的“已决案被视为真理”的著名格言②，表明法院生效判决一经作出即已取得不可推翻的效力，即使审判机关自身亦应尊重该判决。减刑的适用必然突破罪刑法定原则，而假释的适用仅仅变更了刑罚的执行方式，原判刑期并未发生根本性变化。

（二）假释与特赦

特赦是国家在某一特定时期或基于某一特定情况免除或减轻刑罚的制度，是指“由国家元首或最高国家权力机关以法律、政令等形式对特定时期，对全部或大部分或一部分特定的犯罪人或不特定的犯罪人，对已判定之罪或正在追诉之罪予以免罪和免于刑罚或免于追诉尚未定狱之罪的政令、法律、政策或措施”③。

1. 法律规定方面

一是条件设置不同。假释是司法机关依据《刑法》、《刑事诉讼法》以及相关司法解释等法律规定，根据罪犯的改造表现和其他综合因素作出刑罚执行变更的制度。假释是针对一个个具体的犯罪人，取决于罪犯的改造表现，因此具有一定的权利属性。特赦是出于政治需要或者根据国情、民情、社情的状况，由国家元首或者国家最高权力机关依据宪法对某一个人或者某一批人免除刑罚的制度，有强烈的政治性和政策性，是国家对罪犯的宽恕，

① 邱兴隆等：《刑罚学》，中国政法大学出版社1999年版，第382页。

② 参见张建伟：《刑事司法体制原理》，中国人民公安大学出版社2002年版，第377页。

③ 陈云生：《中国的特赦及其宪政意义》，载《广州大学学报（社会科学版）》2010年第1期。

并不取决于罪犯的改造表现。我国没有专门的特赦立法，仅在《宪法》《刑事诉讼法》等法律规范中有所提及。

二是运行结果有别。假释是监禁刑替代措施，罪犯顺利经过考验期后才能不执行原判刑罚，并非免除罪犯的刑罚。罪犯被假释后并未完全恢复人身自由，仍需接受社区矫正。罪犯在假释考验期限内如果出现法定事由（再犯新罪、发现漏罪或者在假释考验期限内违反法律、行政法规或者国务院有关部门关于假释的监督管理规定）将被撤销假释，收监执行尚未执行完毕的刑罚。特赦属于刑罚消灭制度，是出于政治目的一次性地全部赦免罪犯的刑罚，具有内容的彻底性和不可恢复性的特点。罪犯被赦免后完全恢复人身自由，此后不论出现任何情形，都不会导致特赦的撤销，剩余刑期亦不再执行。

2. 司法适用方面

一是运行频次不同。假释是一项日常的刑罚执行制度，具有常态性；特赦是特别的刑罚执行制度，具有偶然性。新中国成立以后，我国施行过 9 次特赦，特赦对象主要是战争罪犯，另有部分反革命罪犯、未成年罪犯等对象，范围是一类或几类罪犯而不是个别罪犯。例如，中华人民共和国成立 10 周年时对清朝末代皇帝溥仪及部分国民革命军被俘将领施行特赦；2019 年 6 月 29 日，第十三届全国人民代表大会常务委员会第十一次会议通过《全国人民代表大会常务委员会关于在中华人民共和国成立七十周年之际对部分服刑罪犯予以特赦的决定》，对下列罪犯予以特赦：参加过中国人民抗日战争、中国人民解放战争的；中华人民共和国成立以后，参加过保卫国家主权、安全和领土完整对外作战的；中华人民共和国成立以后，为国家重大工程建设做过较大贡献并获得省部级以上“劳动模范”“先进工作者”“五一劳动奖章”等荣誉称号的；曾系现役军人并获得个人一等功以上奖励的；因防卫过当或者避险过当，被判处 3 年以下有期徒刑或者剩余刑期在 1 年以下的；年满 75 周岁、身体严重残疾且生活不能自理的；犯罪的时候不满 18 周岁，被判处 3 年以下有期徒刑或者剩余刑期在 1 年以下的；丧偶且有未成年子女或者有身体严重残疾、生活不能自理的子女，确需本人抚养的女性，被判处3年以下有期徒刑或者剩余刑期在1年以下的；被裁定假释已执行1/5以上假释考验期的，或者被判处管制的。

二是运行程序不同。假释本质上属于司法程序，采用由刑罚执行机关提出假释建议的方式启动程序，办案程序呈现出较高的一致性和稳定性。特赦本质上属于立法程序，采用“由上而下”的运行模式，只有国家元首或者最高国家权力机关有权启动程序，其适用系根据宪法的授权而不针对特定个案，每一次的具体操作程序通常依赖于全国人大常委会决定或者主席特赦令的要求。

三是本质属性不同。假释是监禁刑的替代措施，对罪犯具有强烈的改造作用，而且有利于维护生效裁判的稳定性。特赦如果过多使用会对法律的稳定性和严肃性造成负面影响，因此并非刑罚执行过程中的常态。“赦免制度是从法外世界照耀进来并能够窥视法世界冰冷阴暗面的亮丽光线，正如奇迹打破自然界规则一样，是在法世界中发生的无法则的奇迹。赦免是融化冷酷的刑法实现的爱的法律，也是引导在绝望中彷徨的受刑者前途的希望的法律。然而，当因政治上的得失或廉价的怜悯而导致赦免制度的滥用时，也具有损害关于正义的一般人的健全的法感情、危害法的稳定性的危险。”① 与假释相比，特赦基本是为了应对某一特殊情形而临时适用，程序通常更为严格。

第三节 假释案件办理程序的司法变迁

通过前述关于假释条件设置的立法梳理可以发现，经过不断的立法改

① ［韩］金日秀、［韩］徐辅鹤：《韩国刑法总论》，郑军男译，武汉大学出版社2008年版，第776页。

革，假释的条件日趋严格，适用范围日趋狭窄。在此基础上，从假释的条件和程序构造入手，考察假释案件办理程序的司法变迁，对于准确认识假释的程序定位以及推进假释制度完善有着重要的意义。

一、从单纯追求惩罚犯罪转向兼顾社会防卫与人权保障

在不同的程序价值观视角下，关于假释条件的正当性定位往往有所差异。在程序工具主义价值下，假释与犯罪、刑罚之间的内在逻辑关系是，假释以犯罪发生和刑罚存在为前提，假释的条件应当围绕刑罚的实施而服务，侧重于体现假释的惩罚犯罪与权力本位的价值理念。在程序本位主义价值下，假释条件的司法适用要符合正义的价值原则和程序要求，遵循程序公正的内在标准，侧重于体现假释的程序正义、防卫社会和保障人权的价值理念。

在假释条件的司法适用上，惩罚犯罪、防卫社会和人权保障的价值理念经常发生矛盾和冲突。从惩罚犯罪的价值理念出发，假释的司法适用应当在惩罚犯罪方面实现利益最大化，单纯追求惩罚和控制犯罪的价值取向势必导致对假释的控制适用，引发对假释条件的严格把控。长期以来，假释的司法适用在满足法定条件的基础上又增设了很多附加条件，不断加码的限制性条件导致假释条件的司法异化和不当拔高，偏离制度的应然价值取向。对于刑罚执行机关来说，对罪犯适用假释的主要目的是维持狱内秩序稳定，但是假释的风险不言而喻。刑罚执行机关因担心权力被滥用，即通过限制假释适用比例或者内部层层审批等行政方式对自由裁量权进行严格控制，罪犯在此过程中始终处于“失语”状态，权利保障更是无从谈起。

随着人权保障在当今世界的主流话语体系中占据越发重要的位置，国家不能因为自身的利益需要而放弃对个人权利保障的理念深入人心。假释的司法适用追求实现多重价值理念的协调与平衡。假释条件的设置应当为刑罚目的服务，兼顾报应刑因素、预防刑因素和社会防卫因素，假释案件办理程序应当体现正当程序的价值理念和诉讼经济的要求。办案人员审查假释条件

时，应当受到实体条件和程序设置的严格制约，既要考虑罪犯在服刑期间的现实改造表现，也要兼顾对罪犯既往犯罪行为的惩罚目的和对将来可能行为的预测以及对社会秩序的保护目标，同时还要使假释的条件在一定限度内保持适度平衡，以此规范权力的运行空间，确保惩罚犯罪、防卫社会和保障人权的协调平衡，这一转变不仅是强化司法正义的体现，更是对假释案件办理要坚持人权保障理念的新要求。

二、从实体条件的单一审查转向综合全面审查

长期以来，我国假释条件的司法适用呈现出浓厚的行政色彩。由于对假释的条件难以进行规范判断和具体操作，普遍存在以刑罚执行机关评价性的计分考核结果直接作为罪犯“确有悔改表现”“没有再犯罪的危险”的考察依据，计分考核结果成为假释的首要衡量标准。假释条件的分数化虽然解决了实体标准的可操作性问题，但是不能全面准确反映出罪犯的改造表现尤其是思想改造状况，无法全面反映罪犯的社会危害性和人身危险性，不符合宽严相济刑事政策的精神。在这种单一化的审查机制下，其极易造成办案人员尤其是法官无法完成对假释条件的实质性审查，只能被动接受刑罚执行机关的提请。刑罚执行机关的提请标准演变成法院的裁判标准，假释条件的审查认定成为对刑罚执行机关提请事实的确认过程，即便刑罚执行机关提供的证据材料存在瑕疵甚至更严重的问题，法官也会尽量迁就。

造成上述问题的主要根源是立法对假释条件的综合评估机制未作硬性要求，再犯罪危险的证明标准在司法实务中不好把握，导致对罪犯改造表现的综合评估始终未能进入规范化操作。假释除要满足法定的形式要件外，还必须满足其实质要求。事实上，假释的每个条件具有各自独特的价值理念，共同作用于假释适用的司法实践时，既相互补充又均衡互动，这就要求司法实务中对假释的条件应当进行综合评估和审查。

虽然刑事诉讼法对假释条件的设置未作修改，但是最高人民法院对假释条件的审查予以了规制，立足于依法保障罪犯合法权益和维护监狱管理秩序

稳定，推动实现法律规范与计分考核办法的对接，坚持定性考核与定量考核相结合，逐步细化裁判标准，统一裁判尺度。假释条件审查逐步向综合式评估机制迈进。在假释案件办理程序中，破除“唯分是举”的一元化操作模式和客观主义倾向，逐步建构起假释条件综合审查机制，坚持全面依法审查原则，以法定要件为依据，以计分考核结果、财产性判项履行情况、罪犯假释后的社会评价和反映等综合考核指标为标准，既将罪犯的改造表现作为宽严相济的重要根据，也充分考虑罪犯的原判犯罪性质、情节、主观恶性、犯罪原因、原判刑罚情况、人身危险性、犯罪前的社会表现、罪犯的年龄和身体状况、被害人意见等因素。假释条件的综合式评估的内容包括：首先，在证据规则的指导下，审查确认假释案件的证据要件；其次，运用经验法则和逻辑法则，准确审查把握假释的实体要件，对罪犯有无再犯罪危险等作出判断；最后，在法定条件的视野内解释和适用法律，作出是否假释的决定。

三、从行政性的书面审批转向多元分流的诉讼程序

回溯过往，我国假释案件办理程序一直遵循行政性审批的逻辑。根据1979年《刑事诉讼法》和1996年《刑事诉讼法》的规定，罪犯在执行期间确有悔改表现或者立功表现，应当依法予以假释时，由刑罚执行机关提出书面意见，报请法院审核裁定。对于刑罚执行机关的提请，法院一般不能随意推翻。实务界不少观点认为计分考核结果与假释之间的关系应当具有稳定性，出于维护监管秩序的需要，法院不能随意推翻刑罚执行机关的假释提请。由于没有明确的假释裁决标准，加之服刑期限可能因假释提请没有得到及时回应而造成的不确定性，对于罪犯来说，其可能是比监禁本身带来的痛苦更加难以忍受，无法预测的释放决定在罪犯之间构成了巨大的不确定因素，计分考核机制的合理性在于它使假释决定变成可量化、可预测的过程。如果法院可以随意推翻刑罚执行机关的提请，那么罪犯就无法通过计分考核结果事先预测其积极改造的结果，势必损坏计分考核的效力和罪犯的改造信心。因此，法官在办理假释案件时一般只简单进行书面审查，通过行政化的

审批方式作出裁决。

行政性的审批程序剥夺了罪犯的救济权，也极易造成“再犯罪危险”的要件审查缺失。在行政化的审批程序下，假释案件的审查范围仅限于刑罚执行机关移送的假释意见书、罪犯评审鉴定表、奖惩审批表等材料，忽视了对罪犯人身危险性的审查，对假释条件的审查认定演变成对罪犯计分考核结果的审查确认。案件审查流于形式，无论是法院、检察机关、监所还是罪犯本人，均认为假释案件的审查是“走过场”，诉讼程序对案件办理结果没有产生任何实质性的影响。刑罚执行机关的监管标准与法院的裁判标准直接混同，法庭审理变成“司法确认”，法院事实上沦为刑罚执行机关的“橡皮图章”。

为了克服行政化审理的弊端，2010 年 2 月最高人民法院《关于贯彻宽严相济刑事政策的若干意见》（法发〔2010〕9 号）要求对假释案件采取开庭审理与书面审理相结合的方式。对于职务犯罪案件，尤其是原为县处级以上领导干部罪犯的假释案件，一律开庭审理；对于故意杀人、抢劫、故意伤害等严重危害社会治安的暴力犯罪分子，有组织犯罪案件中的首要分子和其他主犯以及其他重大、有影响案件罪犯的假释，原则上也要开庭审理。书面审理的案件，拟裁定假释的，要在羁押场所公示拟假释人员名单。2013 年《刑事诉讼法》对审查模式进行了一定的调整，增加“将建议书副本抄送人民检察院，人民检察院可以向人民法院提出书面意见”的内容。虽然假释案件程序运作继续沿用此前规定，仍是封闭的准诉讼化程序，审查模式也没有发生根本改变，但是立法层面对我国假释案件办理程序的一系列改革举措表明我国假释案件审查模式已经开启了新的进程。在司法实践中，各地在立法规定的基础上，进一步深化假释案件的诉讼化办案程序，尤其是在公开审理和听证等方面进行了积极的探索，假释案件办理程序呈现听证、书面审查和开庭审理等多种形式，上述举措彰显着假释案件办理程序从行政化的审批程序逐步迈向诉讼化的办案程序，有助于办案人员对假释案件进行全面审查，有效提升案件质量。

第二章　假释案件办理程序的现状考察与评价反思

良善的法治理念依赖于现实条件的承载，先进的法治理念必须与现实接轨。通过对我国现行制度体系的梳理、司法实践本土资源的解构以及对部分假释案件的样本分析，希图为制度设计寻找到一条既有具体理论依据又有实践可操作性的实质化审查假释案件的程序运行破冰之路。因此，本章立足于实证分析，通过对假释案件办理程序的现行制度体系的介绍分析，结合 Z 省 1990—2020 年假释案件审查情况，对我国假释案件办理程序的法律体系和实践状况进行全方位、立体化的呈现，并对假释条件的实然审查模式进行多角度、多层次的剖析，对案件审查中存在的问题进行细致归纳和认真研判。其目的在于：第一，探寻实体条件之间的基本逻辑和博弈关系；第二，探究假释案件的证据规则和实体标准。

第一节　制度梳理：我国假释案件办理程序的现行规定

任何一项研究都必然要经历“由表及里”的过程，只有准确地认识和分析现象，才能揭示问题、把握规律。对现行关于假释案件办理程序的制度规范进行全面梳理，将有关联的内容进行整合，可以发现，现有制度体系存在明显的疏漏之处，审查形式化的现象广泛存在，假释案件办理程序中的权力结构呈现封闭状态，权力监督缺位和权利救济缺失让办案程序的运行成效大打折扣，有限的纠错渠道不能满足及时、准确纠正裁定错误的需要。为了防止假释权力滥用，不仅要完善权利救济渠道，还应逐步建构起权力制约权力、权利制约权力、社会监督制约权力和责任追究制约权力的立体化程序运行体系。

一、假释案件办理程序的制度渊源

假释案件办理程序的制度规范散见于《刑法》《刑事诉讼法》《监狱法》《社区矫正法》等基本法律，最高人民法院和最高人民检察院的司法解释、规范性文件、批复、通知，中共中央政法委员会出台的政策性规定，以及各地相继出台的通知、纪要文件等，系统性和科学性明显不足。此外，最高人民法院和最高人民检察院还通过发布指导性案例等形式明确相关的法律适用规则。例如，2023 年 11 月最高人民检察院以“假释监督”为主题发布第 49 批指导性案例，着重厘清以下争议问题：司法实践中罪犯是否具有“再犯罪的危险”如何判断；如何更好体现宽严相济刑事政策，依法准确适用假释；涉及单位犯罪罪犯的假释，涉罪单位的财产性判项履行情况与罪犯个人假释之间的关系如何把握等。

（一）基本法律

现行法律关于假释的制度内容主要见于《刑法》、《刑事诉讼法》、《监狱法》、《社区矫正法》以及《反有组织犯罪法》。《刑法》通过专节规定了假释的条件和法律后果等；《刑事诉讼法》明确了假释案件的审查程序、检察监督的方式和后果等；《监狱法》对监狱的提请依据、法院的审理期限以及检察监督的方式等作出规定；《社区矫正法》不仅要求对被假释的罪犯实行社区矫正，还进一步明确了假释的决定程序、接受程序以及假释的撤销主体和撤销程序；《反有组织犯罪法》则对黑恶犯罪罪犯的假释作出专门性规定。基本法律关于假释案件办理程序的主要内容如表 2－1 所示。

表 2-1　基本法律关于假释案件办理程序的主要内容

名称	相关条款	主要内容
《刑法》	第 81 条【假释的条件】	被判处有期徒刑的犯罪分子，执行原判刑期二分之一以上，被判处无期徒刑的犯罪分子，实际执行 13 年以上，如果认真遵守监规，接受教育改造，确有悔改表现，没有再犯罪的危险的，可以假释。如果有特殊情况，经最高人民法院核准，可以不受上述执行刑期的限制。对累犯以及因故意杀人、强奸、抢劫、绑架、放火、爆炸、投放危险物质或者有组织的暴力性犯罪被判处 10 年以上有期徒刑、无期徒刑的犯罪分子，不得假释。对犯罪分子决定假释时，应当考虑其假释后对所居住社区的影响
	第 82 条【假释的程序】	由执行机关向中级以上法院提出假释建议书。法院应当组成合议庭进行审理
	第 83 条【考验期限】	有期徒刑的假释考验期限，为没有执行完毕的刑期；无期徒刑的假释考验期限为 10 年
	第 85 条【假释考验合格的处理】	如果没有撤销假释的情形，假释考验期满，就认为原判刑罚已经执行完毕，公开予以宣告
	第 86 条【假释考验不合格的处理】	被假释的犯罪分子，在假释考验期限内犯新罪或者发现漏罪，应当撤销假释，实行数罪并罚。在假释考验期限内，有违反法律、行政法规或者国务院有关部门关于假释的监督管理规定的行为，尚未构成新的犯罪的，应当依照法定程序撤销假释，收监执行未执行完毕的刑罚
	第 383 条【重特大贪污犯不得假释】	贪污数额特别巨大，并使国家和人民利益遭受特别重大损失，被判处死刑缓期执行的，法院可以同时决定在其死刑缓期执行 2 年期满依法减为无期徒刑后，终身监禁，不得假释
《刑事诉讼法》	第 269 条【假释犯的社区矫正】	对被判处假释的罪犯，依法实行社区矫正，由社区矫正机构负责执行
	第 273 条【运行程序】	执行机关将建议书副本抄送检察院。检察院可以向法院提出书面意见
	第 274 条【检察监督】	检察院认为法院的假释裁定不当，应当在收到裁定书副本后 20 日以内，向法院提出书面纠正意见。法院应当在收到纠正意见后 1 个月以内重新组成合议庭进行审理，作出最终裁定

续表

名称	相关条款	主要内容
《监狱法》	第 32 条【假释的提起】	罪犯符合假释条件的，由监狱根据考核结果向法院提出假释建议
	第 33 条【法律后果】	法院裁定假释的，监狱应当按期假释并发给假释证明书。社区矫正机构向法院提出撤销假释的建议，法院应当自收到撤销假释建议书之日起 1 个月内予以审核裁定。裁定撤销假释的，由公安机关将罪犯送交监狱收监
《社区矫正法》	第 17 条【社区矫正执行地的确定】	法院裁定假释时应当确定社区矫正执行地。社区矫正执行地为假释犯的居住地。假释犯在多个地方居住的，可以确定经常居住地为执行地。假释犯的居住地、经常居住地无法确定或者不适宜执行社区矫正的，法院应当根据有利于假释犯接受矫正、更好地融入社会的原则，确定执行地
	第 19 条【教育告知义务】	法院应当对假释犯进行教育，告知其在社区矫正期间应当遵守的规定以及违反规定的法律后果，责令其按时报到
	第 21 条【假释犯的报到】	假释犯应当自裁定生效之日起 10 日内到执行地社区矫正机构报到
	第 46 条【假释撤销的提请】	在考验期限内犯新罪或发现漏罪，应当由审理该案件的法院撤销假释，并书面通知原审法院和执行地社区矫正机构。其他需要撤销假释情形的，社区矫正机构应当向原审法院或执行地法院提出撤销假释建议，并将建议书抄送检察院。社区矫正机构提出撤销假释建议时应当说明理由，并提供有关证据材料
	第 48 条【假释撤销程序】	法院应当在收到社区矫正机构撤销假释建议书后 30 日内作出裁定，将裁定书送达社区矫正机构和公安机关，并抄送检察院。法院拟撤销假释的，应当听取社区矫正对象的申辩及其委托律师的意见
《反有组织犯罪法》	第 22 条【严格把握实体条件】	对有组织犯罪的组织者、领导者和骨干成员，应当严格掌握假释的适用条件
	第 36 条【黑恶犯罪的假释复核程序】	对黑社会性质组织的组织者、领导者或者恶势力组织的首要分子假释的，执行机关应当依法提出假释建议，报经省、自治区、直辖市监狱管理机关复核后，提请法院裁定

续表

名称	相关条款	主要内容
《反有组织犯罪法》	第 37 条【诉讼参与人】	法院审理黑社会性质组织犯罪罪犯的假释案件，应当通知检察院、执行机关参加审理，并通知被报请假释的罪犯参加，听取其意见
	第 38 条【财产性判项履行与假释关联机制】	执行机关提出假释建议以及法院审理假释案件，应当充分考虑罪犯履行生效裁判中财产性判项、配合处置涉案财产等情况

虽然基本法律对假释案件办理程序有所涉及，但法律规定过于简单粗疏，仅有相对概括的原则性规定，远未覆盖办案程序全部领域。而假释案件办理程序本身具有特殊性，无法完全参照适用于普通刑事案件，因此需要通过司法解释、各种指导性文件甚至是刑事政策予以细化补充。在假释案件办理程序中，如何审查认定“确有悔改表现”和“没有再犯罪的危险”等实体条件，如何设置办案程序包括级别管辖的设定、举证责任的分配以及特殊假释的核准程序等，主要是通过司法解释和各种指导性文件等得以明确。

（二）司法解释和各种指导性意见

“受法律概念存在的不确定性和开放性、词语的不确定性、法条的概括性等因素的影响，对法条的解释不可避免。”① 司法解释和最高国家机关发布的各种指导性意见成为假释案件办理程序制度规范的主要形式，既有最高人民法院、最高人民检察院会同司法部、公安部等部门联合发布的，如 2017 年 3 月最高人民法院、最高人民检察院、公安部、司法部《关于进一步严格规范贪污贿赂罪犯减刑假释工作的通知》（司发通〔2017〕16 号）、2018 年 1 月最高人民法院、最高人民检察院、公安部、司法部《关于办理黑恶势力犯罪案件若干问题的指导意见》（法发〔2018〕1 号），也有最高人民法院、最高人民检察院各自发布的，如 2019 年 12 月《人民检察院刑事诉讼规则》

---

① 梁云宝：《我国犯罪论体系的阶层化改造》，法律出版社 2020 年版，第 8 页。

（高检发释字〔2019〕4 号）、《2021 年刑诉法解释》。假释案件办理程序的制度规范主要见诸各种司法解释、指导性意见以及座谈会纪要，既有整体性的程序规定，如《2017 年减刑假释规定》，也有就某一具体程序所作的规定，如 2015 年 5 月最高人民法院《关于规范减刑、假释、暂予监外执行备案审查案件报请材料的通知》（法明传〔2015〕48 号）。

最高人民法院发布的《2017 年减刑假释规定》和《2021 年刑诉法解释》对于规范假释案件办理程序起着至关重要的作用。2019 年 12 月最高人民检察院发布的《人民检察院刑事诉讼规则》（高检发释字〔2019〕4 号）则通过规范检察监督对假释案件办理程序带来深刻影响。《2017 年减刑假释规定》重申假释的奖励属性，并就如何审查认定罪犯是否“确有悔改表现”、“没有再犯罪的危险”，以及审查过程中如何贯彻落实宽严相济刑事政策予以明确，要求对特殊对象的假释条件适度放宽，对过失犯罪、中止犯罪等罪犯的假释从宽把握，对终身监禁罪犯不得假释，此外，《2017 年减刑假释规定》还明确了罪犯最低执行期限的计算方法、财产性判项履行与假释关联的责任分配方式等内容。最高人民法院《关于适用〈中华人民共和国刑事诉讼法〉的解释》明确了特殊假释的核准程序，并就级别管辖的设置、立案审查的方式和内容、财产性判项履行与假释的关联机制、审判期间的公示内容、假释案件的审理方式、假释的撤回与撤销程序、法院对未成年假释犯的特殊义务等作出规定。

（三）部门规章

涉及假释的部门规章主要是三个规范性文件，分别是 2013 年 10 月公安部出台的《看守所留所执行刑罚罪犯管理办法》（公安部令第 128 号）、2014 年 10 月司法部出台的《监狱提请减刑假释工作程序规定》（司法部令第 130 号）、2021 年 8 月司法部出台的《监狱计分考核罪犯工作规定》（司规〔2021〕3 号）。其中，对假释案件办理程序影响最大的部门规章为司法部出台的《关于计分考核罪犯的规定》。刑罚执行机关主要依据该规定对罪犯在服刑期间的表现实行量化计分考核，将考核结果与奖罚结果挂钩，作为衡量罪犯是否确有悔改表现的重要依据，从而决定是否对其提请假释。司法部以部门规章形式规定的百分考核制成为罪犯假释的根本依据，这在立法规范层次上显然有失妥当，“对法官自由裁量权的限制，不是以程序理性或立法机关的正式法律进行，而是以建议机关的行政规章予以约束，直接的后果就是审理的形式化”①，客观上导致“裁决权”让位于“提请权”。受制于百分考核制，办案人员貌似有很大的自由裁量空间，而事实上处于被动状态。“百分考核制作为核心机制运行是行政权力冲击司法权的重要因素，行政机关官员对分数的控制从某种程度上便意味着变相地以言代法。”② “建议权越位于实质裁决权，而裁决权则沦为‘橡皮图章’。”③

（四）党的政策

虽然党的政策能否作为正式法律渊源是一个备受争议的问题，“政策法”由于饱受诟病而日渐式微，但无可否认的是，党的政策一直发挥着对我国立法的引领作用，并对司法实践产生深刻的影响，党的政策已经在事实上成为我国法律规范的重要渊源，这一点在假释案件审查领域也不例外。

针对假释工作中暴露出的“有权人”“有钱人”假释比例过高、个别案件办理违背法律规定甚至暗藏徇私舞弊、权钱交易等问题，党的十八届三中、四中全会分别提出严格规范假释程序、强化法律监督的明确要求。为贯彻落实中央重大决策部署，最高人民法院、最高人民检察院、公安部、司法部等中央政法机关相继出台司法解释和规范性文件，建立了备案审查、巡回检察等一系列制度机制。中共中央政法委员会《关于严格规范减刑、假释、暂予监外执行切实防止司法腐败的意见》（中政委〔2014〕5号）从“从严

① 孙琳：《减刑假释程序研究》，中国人民公安大学出版社2011年版，第160页。
② 孙琳：《减刑假释程序研究》，中国人民公安大学出版社2011年版，第164页。
③ 孙琳：《减刑假释程序研究》，中国人民公安大学出版社2011年版，第160页。

把握实体条件”“完善程序规定”“强化环节责任”“严惩腐败行为”四方面对假释工作提出要求，尤其是在“三类罪犯”假释条件的把握和程序要求上，突破了此前的法律规定。为贯彻落实党的十八届三中、四中全会决定和中共中央政法委员会的意见精神，最高人民法院迅速出台一系列贯彻举措对假释案件办理程序作出调整，全面推行“五个一律”工作要求，建立备案审查制度，事实上认可了党的政策相较于司法解释有着更高的法律效力。

（五）地方性文件

全国没有统一规范的假释案件办理规程或者实施细则。各地陆续出台一系列办案规则和规章制度对假释案件办理程序予以细化，案件办理呈现出“百花齐放”的景象。“这些规范性文件的效力在《中华人民共和国宪法》和《中华人民共和国立法法》中都没有明确的规定，因此也不具有正式法律渊源的地位，但它们在司法实践中发挥着细化落实上位法规定、统一各地执法标准的重要作用。”①

从发布主体来看，既有以多部门会签文件的形式共同发布的，如2023年1月浙江省高级人民法院、浙江省人民检察院、浙江省公安厅、浙江省司法厅联合下发《浙江省办理减刑、假释案件实施细则（试行）》（浙高法〔2023〕10号），也有各地法院或者检察院单独发布的，如2014年8月上海市高级人民法院《关于严格规范减刑、假释案件审理的若干意见》（沪高法〔2014〕379号）。从文件性质来看，既有指导性意见，如2018年9月广西壮族自治区高级人民法院《关于进一步规范办理减刑、假释案件的指导意见》（桂高法〔2018〕179号），也有实施办法或者实施细则，如湖北省高级人民法院、湖北省人民检察院、湖北省公安厅、湖北省司法厅《关于办理减刑、假释案件的实施办法（试行）》（鄂高法〔2013〕9号），2017年11月

① 茅仲华等：《减刑、假释案件审理程序规范化研究》，中国法制出版社2017年版，第124～125页。

安徽省高级人民法院、安徽省人民检察院、安徽省司法厅联合印发《安徽省办理减刑、假释案件实施细则（试行）》（皖高法〔2017〕213号），还有暂行规定，如2012年12月《江苏省人民检察院减刑、假释、暂予监外执行同步监督暂行规定》（苏检发监字〔2012〕2号），此外还有会议纪要、讨论纪要、通知等非正式的规范性文件，如2017年9月江苏省高级人民法院《关于办理减刑、假释案件若干具体问题的讨论纪要》（审委会会议纪要〔2017〕1号）。

二、假释案件办理程序制度体系的主要特点

现行制度关于假释案件办理程序的内容并不多见，通过对主要规范性文件的梳理分析，可以概括总结出现行制度体系的主要特点，并以此为基础对程序运行中存在的问题进行一定程度的展示。

（一）司法解释挑大梁[①]，部门规章开新篇

《刑法》《刑事诉讼法》等基本法律关于假释的程序性规定过于原则，远未覆盖假释案件办理程序的全部领域，大量司法解释应运而生，如最高人民法院《关于适用〈中华人民共和国刑事诉讼法〉的解释》、最高人民法院《关于办理减刑、假释案件具体应用法律的规定》、最高人民法院《关于减刑、假释案件审理程序的规定》、最高人民检察院《关于减刑、假释法律监督工作的程序规定》、司法部《关于监狱系统在执行刑罚过程中实行"两公开、一监督"的规定（试行）》、司法部《监狱提请减刑假释工作程序规定》等。尤其是《2017年减刑假释规定》第27条明确规定"对于生效裁判中有财产性判项，罪犯确有履行能力而不履行或者不全部履行的，不予假释"，通过司法解释确立了假释与财产性判项履行的联动机制。如何界定假释的性质、如何完善财产性判项履行与假释的联动机制等问题主要通过司法解释得

① 参见孙琳：《减刑假释程序研究》，中国人民公安大学出版社2011年版，第117页。

以明确和细化。司法解释在相当程度上细化了假释案件办理程序和监督程序，但是对于假释案件的具体办案程序和权利救济方式等内容，相关规定仍不够详细具体，缺乏可操作性。不同司法机关甚至同一司法机关出台的司法解释存在内容冲突。

司法解释对假释案件办理程序的规范起着至关重要的作用，而部门规章则开启了假释案件办理程序的行政化征程。1954 年 9 月政务院发布的《劳动改造条例》奠定了中国由刑罚执行机关负责提请、法院负责审批的假释运行基本模式，假释案件办理程序亦据此初步形成。1990 年 8 月司法部《关于计分考核奖罚罪犯的规定》和 1990 年 11 月《罪犯改造行为规范》则构建了监狱量化假释条件的基本方式，开启了假释案件办理程序的行政化征程。计分考核本是对罪犯进行评审、奖罚的依据，却由此成为罪犯“确有悔改表现”的量化内容。自此以后，刑罚执行机关对罪犯在服刑期间的改造表现实行量化计分考核并将考核结果与奖罚结果挂钩，以此衡量罪犯是否“确有悔改表现”并决定是否提请假释。计分考核结果不仅为监狱量化考核方式提供了操作规范，更成为办案人员裁量是否对罪犯予以假释的重要依据甚至是唯一依据，程序运行的行政化趋向日渐明显。

（二）实践推动立法，假释适用的政策性强

政策导向是导致假释适用减少的重要原因，主要体现在假释比例限制和财产性判项与假释关联机制两方面。减刑、假释比例的最初设置已经显示出最高人民法院限制假释适用的基本导向。20 世纪 80 年代，最高人民法院在海南会议上确定减刑最高比例为 20%，假释最高比例为 3%，不同地方的具体比例各不相同。据此，罪犯不仅要符合法定的假释条件，而且必须进入假释比例内才有可能享受到假释这一稀缺资源。根据 2023 年 1 月浙江省高级人民法院、浙江省人民检察院、浙江省公安厅、浙江省司法厅联合下发的《浙江省办理减刑、假释案件实施细则（试行）》（浙高法〔2023〕10 号）的规定，对罪犯适用假释时，应当确保在符合有关规定的前提下择优呈报，

并设置合理比例。根据2022年1月江苏省监狱管理局出台的《江苏监狱提请罪犯减刑假释择优呈报办法》（苏狱办字〔2021〕56号）的规定，提请减刑假释择优呈报是指监狱依照有关规定，对符合减刑假释条件的罪犯，根据考核结果排序情况，结合罪犯考核周期内认罪悔罪态度、改造表现、犯罪的性质和具体情节、社会危害程度、服刑刑期以及生效裁判中财产性判项履行情况等因素，综合确定呈报减刑或假释罪犯人选的办法。罪犯进入假释比例不仅是一个择优呈报的过程，更是封闭性的监所管理问题。各地对假释的条件层层加码。例如，根据2021年11月山东省高级人民法院、山东省人民检察院、山东省公安厅、山东省司法厅联合发布的《关于办理减刑、假释案件的实施细则》，罪犯受到警告、记过、禁闭处罚的，自监狱下达处罚决定之日起，分别在6个月、9个月、12个月内不得报请假释。

假释的强政策性在财产性判项履行与假释关联机制上体现得尤为明显。联动机制始于各地自生自发的制度探索，彰显了司法的实用主义与功利主义特性。为了打破长期以来生效判决中财产性判项执行难的困局，各地法院逐渐探索运用办理减刑、假释案件对罪犯的制约督促作用，促使罪犯自觉履行财产性判项。2000年左右福建开始尝试在办理假释案件时强化对罪犯财产刑执行情况的审查，四川、湖南、河南、山东等地亦进行了类似的实践探索。地方经验最终得到了最高人民法院的认可与推广。2009年7月9日，时任最高人民法院副院长江必新在全国部分法院减刑假释工作座谈会上强调，审理假释案件要重点考虑财产刑执行的情况、附带民事诉讼赔偿的履行情况等。《2012年减刑假释规定》在总结全国法院经验的基础上，首次从法律层面确立了联动机制，将罪犯履行法院判决确定的财产性判项这一法律义务视为罪犯有认罪悔罪表现进而予以从宽处理。《2017年减刑假释规定》则进一步将财产性判项的内容拓展为刑事附带民事赔偿义务、追缴、责令退赔、罚金和没收财产。在最高人民法院的推动下，联动机制的地方性探索在全国范围内渐成燎原之势。最高人民法院确立该制度的目的在于调动罪犯及其家属履行财产刑的积极性，“既解决了财产刑执行难的问题，又有助于促进罪犯与被害人之间矛盾的化解”①。

（三）重权力约束，轻权利保障

我国基本法律关于假释的规定，无论是实体条件的设置还是程序性规范的设置，均过于原则，缺乏可操作性，呈现出“重权力约束，轻权利保障”的特点。虽然制度设计逐步健全完善，但是制度建构的主要立足点在于控制和减少自由裁量权，从制度上维护司法的公正性和廉洁性，因此建立了备案审查、案件评查等配套机制。如果说备案审查是在程序上对假释案件办理从事前加以限制，案件评查则是对假释案件从事后予以制约。既有针对所有假释案件的评查活动，也有针对特殊犯罪或者特殊对象的专门检查活动。前者如2004年4月最高人民检察院、公安部、司法部《关于开展减刑、假释、保外就医专项检查活动的通知》（高检会〔2004〕3号）明确检查重点之一是监狱、看守所2002年以来办理罪犯假释的案件是否符合法定条件和法定程序，法律手续是否齐备，检察机关对假释活动的监督是否有效开展；2004年6月最高人民法院《关于在全国各高、中级人民法院开展减刑、假释工作专项大检查的通知》（法〔2004〕121号）明确检查范围是1998年以来各高级人民法院、中级人民法院办理假释案件的情况；2021年更是组织对1990年至2020年假释案件进行评查。后者如1988年2月最高人民法院《关于办理服刑中的罪犯减刑、假释的几点注意事项的通知》［法（办）发〔1988〕5号］要求对“近两年来人民法院办理‘林、江反革命集团’骨干分子及其他有重大影响的政治性案件的骨干分子”假释的情况逐案进行检查；2007年开展了清理检查原县处级以上领导干部罪犯假释的专项活动。

2013年11月党的十八届三中全会审议通过了《中共中央关于全面深化改革若干重大问题的决定》，首次在党的重要文件中对严格规范假释作出明

① 宫鸣、黄永维主编：《最高人民法院关于减刑、假释司法解释理解与适用》，人民法院出版社2014年版，第35页。

确要求。2014 年 1 月中共中央政法委员会《关于严格规范减刑、假释、暂予监外执行切实防止司法腐败的意见》（中政委〔2014〕5 号）力图解决社会公众反映强烈的“有权人”“有钱人”假释比例高、实际服刑时间偏短等问题。2014 年 6 月最高人民法院《关于减刑、假释案件审理程序的规定》（法释〔2014〕5 号）进一步明确了假释案件的审理程序和方式；同年 8 月施行的《人民检察院办理减刑、假释案件规定》（高检发监字〔2014〕8 号）旨在加强和规范假释监督。假释制度规范体系“重权力约束、轻权利保障”的特征日益鲜明。

第二节 实践透视：假释案件办理程序的运行现状与困境

研究假释，首先要明确司法机关选择假释对象和作出假释决定时所遵循的原则和实际做法。因此，必须立足于司法实践，从理论探讨与实证研究相结合的角度，认真梳理假释案件办理程序的运行现状，深刻剖析存在的主要问题及背后成因。只有从假释案件程序运行的现实状况入手，运用翔实的统计数据和典型案例，从不同的层面和角度对当前假释案件办理过程进行客观而全面的揭示与分析，才能为假释案件的实质化办理打下坚实的实践基础。

一、假释案件基本概况

假释案件的基本类型包括法院裁定准予假释的案件、裁定不予假释的案件、决定撤销假释的案件以及刑罚执行机关申请撤回假释建议的案件。考虑到司法实践中存在减刑和假释的比例混用问题，而且减刑案件与假释案件的办理程序大致相同，有必要对减刑案件与假释案件的适用情况进行对比研究。鉴于 2012 年之前的假释案件办理程序具有浓厚的“重实体、轻程序”的色彩。《2012 年减刑假释规定》的出台对于假释案件办理程序的规范化起到了至关重要的作用，因此本书重点关注2013年之后的假释案件办理情况。

（一）假释适用的纵向发展趋势

从纵向看，假释适用率呈波动趋势。2012年之前的近10年间，我国假释案件数量有一个稳步的上升过程，例如，2008年为30,274件[①]，2009年为32,704件[②]，2010年为35,724件[③]，2011年为42,784件[④]。假释适用率上升的主要原因，一是2003年7月最高人民法院、最高人民检察院、公安部、司法部联合发布的《关于开展社区矫正试点工作的通知》（司发〔2003〕12号）将假释犯列为社区矫正对象，推动了假释制度在司法实践中的发展；二是随着经济的发展，社会思想观念发生变化并对罪犯改造工作产生不同程度的影响，为适应新形势下罪犯教育改造工作，监管部门对罪犯的考核内容、考核方法和考核标准作了相应调整并重新确定了减刑假释的比例，一定程度上刺激了假释的适用。然而，《2012年减刑假释规定》对假释的条件和程序规定均作了大幅修改，对假释案件数量产生相当大的影响，2013年之后我国假释案件数量逐渐下滑而且趋势明显。2013年为4.9万件，2014年为3.72万件，2015年仅为2.7万件。[⑤] 全国各地假释适用情况虽有较大的差异，近10年来假释案件数量持续走低的趋势却是基本一致。以江苏省为例，2013年假释案件超6000件，假释适用率近8%，到2022年已不足百件，假释适用率已经远低于1%，降至近30年最低值，2023年上半年

---

① 参见中国法学会主管主办：《中国法律年鉴（2009）》，中国法律年鉴社2009年版，第1000页。

② 参见中国法学会主管主办：《中国法律年鉴（2010）》，中国法律年鉴社2010年版，第919页。

③ 参见中国法学会主管主办：《中国法律年鉴（2011）》，中国法律年鉴社2011年版，第1051页。

④ 参见中国法学会主管主办：《中国法律年鉴（2012）》，中国法律年鉴社2012年版，第1065页。

⑤ 参见熊焱：《减刑、假释制度改革实证研究》，法律出版社2020年版，第45页。

甚至仅有 15 件。[①]

那么，假释案件的数量下降是否因为同期判处罪犯的人数在减少呢？答案是否定的。社会纷繁复杂、各种矛盾激化导致犯罪率不断上升，刑事案件数量、犯罪人数、刑罚执行机关关押的服刑人员数量逐年增加。根据最高人民法院工作报告，地方各级法院判处罪犯人数在 2012 年之前增长相对缓慢，2004 年为 76.7 万人，2005 年为 84.5 万人，2006 年为 88.9 万人，直至 2010 年突破百万，达到 100.6 万人；2011 年为 105.1 万人，同比上升 4.4%，增幅并不明显。从 2013 年开始，全国法院判处罪犯人数总体呈上升趋势，2013 年为 115.8 万人，2020 年已高达 152.7 万人。全国各地情况基本类似。以江苏省为例，从全省法院判处罪犯人数来看，除 2014 年较 2013 年有所下降（2013 年全省法院判决生效的罪犯为 82,342 人[②]，2014 年全省法院判处罪犯 79,434 人，减少 3.56%[③]）之外，从 2015 年开始全省法院判处罪犯人数始终处于增长状态，2015 年为 84,577 人，增长 6.47%；[④] 2016 年为 87,751 人，增长 3.75%；[⑤] 2017 年为 96,789 人，增长 10.30%；[⑥] 2018 年为 96,271 人；直至 2022 年全省法院判处罪犯人数虽有所下降，仍达 9.2 万人，

---

① 参见韦瑞瑾、张婷婷、曹霞等：《切实转变理念完善机制依法推进假释制度适用：江苏高院关于假释制度适用情况的调研报告》，载《人民法院报》2023 年 11 月 30 日，第 8 版。

② 参见江苏省人民政府办公厅主管、江苏省地方志办公室主办：《江苏年鉴（2014）》，江苏年鉴杂志社 2014 年版，第 129 页。

③ 参见江苏省人民政府办公厅主管、江苏省地方志办公室主办：《江苏年鉴（2015）》，江苏年鉴杂志社 2015 年版，第 143 页。

④ 参见江苏省人民政府办公厅主管、江苏省地方志办公室主办：《江苏年鉴（2016）》，江苏年鉴杂志社 2016 年版，第 140 页。

⑤ 参见江苏省人民政府办公厅主管、江苏省地方志办公室主办：《江苏年鉴（2017）》，江苏年鉴杂志社 2017 年版，第 118 页。

⑥ 参见江苏省人民政府办公厅主管、江苏省地方志办公室主办：《江苏年鉴（2018）》，江苏年鉴杂志社 2018 年版，第 124 页。

同期的假释案件仅有 92 件[①]。在判处罪犯人数呈现明显上升势头的情况下，假释案件数量却呈现明显下降趋势，上述变化趋势凸显出假释适用受制于刑事政策的特点以及司法实践对假释适用持有的犹疑不定心态，假释的数量变化更多地源于司法实践对假释制度的价值认同产生了变化。

（二）假释适用的横向地区性差异

从横向看，不同地区之间的假释适用呈现出明显不平衡状态，个别地区的假释适用率极低。以 2007 年至 2009 年为时间节点，北京的假释适用率分别为 7.18%、5.18%、6.92%，江苏的假释适用率分别为 1.47%、3.66%、5.27%，重庆的假释适用率分别为 0.30%、0.04%、0.07%。[②] 2009 年北京、重庆、江苏、黑龙江的假释适用率分别为 6.92%、0.07%、5.27%、0.22%。[③] 随着时间的推移，不同地区假释适用的变化趋势虽然有所不同，但是总体上均呈下降趋势，假释制度在部分地区甚至被完全废置，没有一例假释案件。部分地区对假释适用持谨慎态度，年假释案件数量始终在低位徘徊。部分地区的假释案件数量曾经相对较高，2013 年之后呈现大幅下滑趋势。2013 年之后，各地假释适用的差距依然明显。以江苏省为例，“全省共 10 个中级人民法院承担减刑、假释审理工作，其中两个中院已连续两年无假释案件”[④]。

不同地区的减刑假释比例同样呈现出不均衡状态，主要原因是随着社会经济的发展，思想观念发生了变化并对罪犯改造工作产生了不同程度的影响，同时刑罚执行机关设定的比例对假释适用起着至关重要的作用。假释适

---

① 参见江苏省人民政府办公厅主管、江苏省地方志办公室主办：《江苏年鉴（2023）》，江苏年鉴杂志社 2023 年版，第 111 页。

② 参见黄永维：《中国减刑假释制度的改革与发展》，法律出版社 2012 年版，第 70 页。

③ 参见黄永维：《中国减刑假释制度的改革与发展》，法律出版社 2012 年版，第 70 ~ 71 页。

④ 韦瑞瑾、张婷婷、曹霞等：《切实转变理念完善机制依法推进假释制度适用：江苏高院关于假释制度适用情况的调研报告》，载《人民法院报》2023 年 11 月 30 日，第 8 版。

用有很强的政策性，假释适用率的高低取决于各地的法治传统、现实需要以及社会的承受力和认可度。基于维护社会治安和平息民怨的需要，各地在不同时期的假释适用率呈现较大浮动，致使不同时期的罪犯遭受不同的处遇。假释适用存在地区悬殊的主要原因：一是主观方面，司法人员对假释制度的认识不一。假释适用率高的地区更多地关注刑罚的教育改造功能，重视假释对罪犯进行矫正的特殊预防作用。假释适用率低的地区则更加关注刑罚的惩罚功能，认为假释适用过多不利于威慑其他犯罪，还可能给社会带来现实危害。一些地区为了防止假释权被滥用，对假释适用比例作严格限制。一些司法人员不愿承担风险，对符合假释条件的罪犯宁可减刑不愿假释，导致减刑数量远高于假释数量。二是客观方面，受制于假释考察和监管的现实条件。假释能否取得实效的关键在于考察和监管是否到位，尽管刑法没有将考察和监管条件作为假释适用的决定性因素，但它在决定是否适用假释时往往起着现实的决定性作用。假释适用率高的地区，考察和监管条件一般较好，机构比较健全，机制相对完善，而考察和监管条件较差的现实状况则会极大地影响办案人员适用假释的信心。同时，对假释犯的考察和监管与人口管理制度密切相关，当前的流动人口犯罪日益突出，但是流入地和流出地之间往往没有建立相互衔接的监管机制，无法对此类罪犯进行有效考察和监管的社会形势成为制约假释适用的重要因素。

（三）假释与减刑的适用情况对比

我国长期以来减刑适用占据绝对优势，假释制度的价值功能未能得到有效发挥，如何更好地发挥假释功能是亟待研究解决的问题。从纵向看，假释与减刑的适用比例悬殊巨大而且日益明显，减刑案件的数量增长幅度远高于假释案件的数量增长幅度。2003 年至 2007 年全国监狱系统共计办理假释 97,662 人，其中：2003 年 21,991 人，2004 年 19,548 人，2005 年 17,531 人，2006 年 19,290 人，2007 年 19,302 人。同期，全国监狱系统办理减刑 2,069,743 人，其中：2003 年 409,904 人，2004 年 414,538 人，2005 年

397,914 人，2006 年 399,843 人，2007 年 447,553 人。[①] 2007 年至 2016 年，全国法院审理的假释案件分别为 16,906 件、30,274 件、32,704 件、35,724 件、42,784 件、46,995 件、48,996 件、37,254 件、26,984 件、23,021 件，同期，减刑案件分别为 433,033 件、502,192 件、480,559 件、524,006 件、572,226 件、603,159 件、606,970 件、575,018 件、620,973 件、649,372 件。[②]

全国各地情况大致相同。以江苏省为例，近十年来全省减刑案件数量有所下降，但是假释案件的降幅更大。2013 年全省监狱有 30,000 余名罪犯获减刑，6000 余名罪犯获假释；[③] 2014 年有 30,000 余名罪犯获减刑，3000 余名罪犯获假释；[④] 2015 年有 30,000 余名罪犯获减刑，3000 余名罪犯获假释；[⑤] 2016 年有 29,000 余名罪犯获减刑，1200 余名罪犯获假释；[⑥] 2017 年全省监狱办理减刑案件 22,477 件，假释 1526 件；[⑦] 2018 年全省监狱提请办理减刑案件 22,895 件、假释 1465 件；[⑧] 2019 年全省监狱提请办理减刑案件 21,535 件、假释 873 件；[⑨] 2020 年全省监狱办理减刑案件 13,156 件、假释

① 参见黄永维：《中国减刑假释制度的改革与发展》，法律出版社 2012 年版，第 70 页。

② 参见上海政法学院课题组：《2016—2020 年扩大假释研究综述》，载《中国监狱学刊》2021 年第 5 期。

③ 参见江苏省人民政府办公厅主管、江苏省地方志办公室主办：《江苏年鉴（2014）》，江苏年鉴杂志社 2014 年版，第 129 页。

④ 参见江苏省人民政府办公厅主管、江苏省地方志办公室主办：《江苏年鉴（2015）》，江苏年鉴杂志社 2015 年版，第 143 页。

⑤ 参见江苏省人民政府办公厅主管、江苏省地方志办公室主办：《江苏年鉴（2016）》，江苏年鉴杂志社 2016 年版，第 140 页。

⑥ 参见江苏省人民政府办公厅主管、江苏省地方志办公室主办：《江苏年鉴（2017）》，江苏年鉴杂志社 2017 年版，第 118 页。

⑦ 参见江苏省人民政府办公厅主管、江苏省地方志办公室主办：《江苏年鉴（2018）》，江苏年鉴杂志社 2018 年版，第 124 页。

⑧ 参见江苏省人民政府办公厅主管、江苏省地方志办公室主办：《江苏年鉴（2019）》，江苏年鉴杂志社 2019 年版，第 130 页。

⑨ 参见江苏省人民政府办公厅主管、江苏省地方志办公室主办：《江苏年鉴（2020）》，江苏年鉴杂志社 2020 年版，第 149 页。

279 件;[①] 2021 年全省监狱办理减刑 14,068 件、假释 144 件;[②] 2022 年全省监狱提请减刑案件 10,607 件、假释案件 92 件。[③]

（四）假释适用对象的差异

假释被广泛适用于有期徒刑罪犯和无期徒刑罪犯，罪犯只要满足法定条件即可依法适用假释，但是办案机关在选择适用假释时有自己的考量因素，假释犯的特点可以从侧面反映出办案机关选择假释对象的倾向和偏好。

1. 假释犯的刑期和罪名特点

假释主要适用于余刑在 3 年以下的罪犯。余刑较短的罪犯回归社会后的再犯风险相比于刑期较长的罪犯要低，为减少假释考验期的监管风险，刑罚执行机关一般只对余刑在 3 年以下的长刑犯提请假释，这就使一大批符合假释条件的罪犯被排除在假释的适用范围之外。该部分罪犯如果既符合减刑条件，又符合假释条件时，多数罪犯宁愿申请减刑而不愿申请假释。以江苏省为例，原判 3 年以下有期徒刑的短刑犯减刑意愿更高，更倾向于减刑出狱，近两年仅有 4 名此类罪犯获得假释，占比较小。[④] 此外，由于案件审查期限的限制，对于被判处有期徒刑 1 年以下以及判决生效后经刑期折抵的余刑不足 1 年的短刑犯，办案机关基本不考虑假释。

根据法律规定，假释可以被广泛适用于刑法各类犯罪当中，但从司法实务来看，假释犯的罪名相对集中，主要是盗窃、抢劫、受贿、聚众斗殴、强奸、故意伤害。职务犯罪假释犯的罪名主要集中在受贿、贪污、职务侵占。

---

① 参见江苏省人民政府办公厅主管、江苏省地方志办公室主办：《江苏年鉴（2021）》，江苏年鉴杂志社 2021 年版，第 144 页。

② 参见江苏省人民政府办公厅主管、江苏省地方志办公室主办：《江苏年鉴（2022）》，江苏年鉴杂志社 2022 年版，第 119 页。

③ 参见江苏省人民政府办公厅主管、江苏省地方志办公室主办：《江苏年鉴（2023）》，江苏年鉴杂志社 2023 年版，第 111 页。

④ 参见韦瑞瑾、张婷婷、曹霞等：《切实转变理念完善机制　依法推进假释制度适用：江苏高院关于假释制度适用情况的调研报告》，载《人民法院报》2023 年 11 月 30 日，第 8 版。

故意杀人、绑架、放火等严重暴力犯罪适用假释很少。盗窃、诈骗等侵财类罪名在假释适用中一直占据重要地位。假释适用罪名范围变窄，以江苏省为例，2013 年涉及罪名 148 个，2022 年仅有 34 个，抢劫罪、故意伤害罪等暴力性犯罪占比下降，非法经营罪、虚开增值税专用发票罪等经济犯罪占比上升，主要原因是前种类型罪犯再犯罪风险相对较高，且财产性判项履行不到位，实践中对于该类犯罪案件适用假释控制更为严格。①

2. 特殊罪犯的假释情况

法律对假释的条件有明确规定，如何在假释适用中实现宽严相济也有政策指引。从宽把握的情形主要是老病残犯、未成年犯，过失犯罪、中止犯罪、被胁迫参加犯罪的罪犯以及初犯、偶犯等情形。从严把握的情形主要是：危害国家安全犯罪、恐怖活动犯罪、邪教组织犯罪、严重危害公共安全犯罪以及组织、领导、积极参加黑社会性质的组织犯罪和入境发展黑社会性质的组织犯罪的罪犯，犯罪集团的首要分子、主犯，毒品再犯，累犯、惯犯，缓刑、假释、暂予监外执行期间又违法犯罪，犯罪后果严重、民愤极大，在服刑期间有行凶、自杀、逃跑、自残等严重破坏监狱管理秩序的罪犯。

一是职务犯罪罪犯的假释情况。职务犯罪罪犯的假释经历了一个从滥用到慎用的变迁过程。职务犯罪的假释适用率长期以来维持高位运行的主要原因是，该类罪犯一般文化素质较高、家庭条件较好，而且此类犯罪的发生必须以一定的职业或者职务作为基础，通过刑罚的适用特别是剥夺罪犯的职业职务条件，职务犯罪罪犯已经基本丧失再犯可能性。当然，也不排除此类罪犯与一般罪犯相比拥有更便利的“社会关系”，可能存在办案机关碍于情面而决定适用假释的非正当因素。“某省监狱 2007 年至 2009 年贪污贿赂犯罪的平均假释率为 9%，远超其他类犯罪，这些假释黑幕隐现‘钱权交易、权

---

① 参见韦瑞瑾、张婷婷、曹霞等：《切实转变理念完善机制 依法推进假释制度适用：江苏高院关于假释制度适用情况的调研报告》，载《人民法院报》2023 年 11 月 30 日，第 8 版。

权交易’。”① 职务犯罪假释适用出现转折主要是因为最高人民法院、最高人民检察院、公安部、司法部出台了规范性文件要求严格规范贪污贿赂罪犯的减刑、假释工作，此后各地陆续出台细化实施规则，对职务犯罪的假释适用产生重大影响。如今，随着政策变化，对职务犯罪的假释实行严格把控，部分地区的职务犯罪假释适用经历了从滥用到慎用甚至基本不用的转变过程。

二是毒品犯罪罪犯的假释情况。从司法实践来看，各地均对毒品犯罪罪犯的假释进行严格把控。出现这种情况，主要是因为 2015 年 5 月《全国法院毒品犯罪审判工作座谈会纪要》（法〔2015〕129 号）等规范性文件对毒品犯罪的假释工作予以限制。根据《全国法院毒品犯罪审判工作座谈会纪要》的精神，对于刑法没有禁止假释的具有毒枭、职业毒犯、累犯、毒品再犯等情节的毒品罪犯，应当严格掌握假释条件。此外，毒品罪犯的再犯罪危险性较大、难以监管也是司法机关不愿意适用假释的重要因素。

二、办理假释案件的主要做法

《中共中央关于加强新时代检察机关法律监督工作的意见》和《最高人民法院、最高人民检察院、公安部、司法部关于加强减刑、假释案件实质化审理的意见》对假释案件办理和监督工作提出了新的更高要求，目的在于严格规范司法权运行，促进假释案件公平公正。目前我国假释案件采取的是相对封闭的裁决程序，刑罚执行机关、检察机关、法院分别承担假释的提请、监督和裁定职责。立法者在设计相关制度时，期待看到的局面是三机关各司其职：监狱提请假释；由法院来决定是否准予对相关罪犯适用假释；假释的提请依据以及法院做的决定要受到检察院的监督。② 然而，“权力主体可能会因视角理解不同、价值考量不同、出发点不同等原因，在假释适用过程中

① 熊焱：《减刑、假释制度改革实证研究》，法律出版社 2020 年版，第 213 页。

② 参见熊焱：《减刑、假释制度改革实证研究》，法律出版社 2020 年版，第 51 页。

产生博弈的冲突状态”。[①]

（一）刑罚执行机关的主要做法

刑罚执行机关提请假释的主要依据是2014年12月司法部发布的《监狱提请减刑、假释工作程序规定》（司法部令第130号）。假释的提请程序，以监狱为例，需要经过监区集体研究并报经监区长办公会议审核同意、监狱刑罚执行部门初审、监狱假释评审委员会评审、公示并征求检察机关意见、监狱长办公会议审议决定等阶段，方能确定提请假释罪犯的建议名单。

1. 集体研究确定名单

监区对照假释法定条件，根据罪犯在服刑期间的改造表现，结合罪犯小组评议和测评情况，按照择优呈报的规定，集体讨论提出拟呈报罪犯名单和假释建议。

监区提请假释，需要搜集、整理罪犯确有悔改表现或者立功、重大立功表现等证据材料，报送的材料范围包括：（1）罪犯假释审核表；（2）监区长办公会议或者直属分监区、监区警察集体研究会议的记录；（3）终审法院裁判文书、执行通知书、历次减刑裁定书的复印件；（4）罪犯计分考核明细表、罪犯评审鉴定表、奖惩审批表和其他有关证明材料；（5）罪犯确有悔改表现或者立功、重大立功表现的具体事实的书面证明材料；（6）县级司法行政机关出具的关于罪犯假释后对所居住社区影响的调查评估报告。

2. 专职部门初审

监狱刑罚执行部门收到监区或者直属分监区对罪犯提请假释的材料后，围绕下列事项进行审查：（1）需提交的材料是否齐全、完备、规范；（2）罪犯确有悔改或者立功、重大立功表现的具体事实的书面证明材料是否来源合法；（3）罪犯是否符合法定的假释条件；（4）提请假释的建议是否适当。

---

① 王南南、王煜：《检察监督在依法推进假释适用中的路径探索》，载《中国检察官》2024年第1期。

经审查，对材料不齐全或者不符合提请假释条件的，应当通知补充有关材料或者退回；对相关材料有疑义的，应当提讯罪犯进行核查；对材料齐全、符合提请假释条件的，应当出具审查意见，连同报送的材料一并提交监狱假释评审委员会评审。

现实状况是，“监狱刑罚执行办案警察人员数量和素质难以满足当前高标准的办案要求”。[①] 根据司法部出台的《关于贯彻中政委〔2014〕5号文件精神严格规范减刑、假释、暂予监外执行工作的通知》（司发通〔2014〕38号）的规定，“押犯2000人以下（含本数）的监狱，刑罚执行科专职办理减刑、假释、暂予监外执行的警察人数不少于3名；押犯2000人以上（不含本数）的监狱，每增加1000名押犯，刑罚执行科办案警察人数增加1名；监区至少配备1名专职刑罚执行警察”。刑罚执行警察还承担着罪犯收押、释放，处理罪犯申诉、控告、检举，参与监狱值班、备勤等工作，因而普遍存在办案人员保障不到位的实际困难。此外，部分警察执法理念和业务素质亦已不能完全适应新时代的监管执法要求。

3. 假释评审委员会评审

假释评审委员会由监狱分管领导及刑罚执行、狱政管理、教育改造、狱内侦查、生活卫生、劳动改造、政工、监察等有关部门负责人组成。假释评审委员会应当召开会议，对刑罚执行部门审查提交的提请假释建议进行评审，提出评审意见，可以邀请检察机关派员列席假释评审委员会会议。

4. 公示

假释评审委员会经评审后，将提请假释的罪犯名单以及假释意见在监狱内公示。公示内容应当包括罪犯个人情况、原判罪名及刑期、历次减刑情况、提请假释的建议及依据等。公示期限为5个工作日。公示期内，如果有民警或者罪犯对公示内容提出异议，可以提出书面复核申请。罪犯无法提供

---

① 云南省监狱管理局课题组：《监狱提请办理减刑、假释、暂予监外执行案件实质化审查机制的实践探索：以云南省监狱为例》，载《中国监狱学刊》2023年第3期。

书面异议的，可以口头提出异议。假释评审委员会应当进行复核并告知复核结果。评审委员会作出的复核决定为最终决定。

5. 征求检察机关意见

监狱提请假释可以邀请检察机关列席假释评审委员会，并应当在假释评审委员会完成评审和公示程序后，将提请假释建议送检察院征求意见。征求意见后，监狱假释评审委员会应当将提请假释建议和评审意见连同检察院意见一并报请监狱长办公会议审议决定。部分重点罪犯的假释案件可能还需要提级审核。该流程的最大问题在于，检察机关已经审查同意的假释案件，可能会被监狱长办公会或者省监狱管理局提级审核后否定。司法实践中，为保证检察监督权不至于遭到刑罚执行机关行政权的否定，部分地区对假释案件的受理时间作出调整，即省监狱管理局提级审核结果出来以后，监狱再将需作实质性审查的假释案件移送检察机关进行立案受理。

6. 审议决定

监狱长办公会议决定提请假释的，由监狱长在《罪犯假释审核表》上签署意见，加盖监狱公章，并由监狱刑罚执行部门依法制作《提请假释建议书》，连同有关材料一并提请法院裁定。检察机关对提请假释提出的检察意见，应当一并移送受理假释案件的法院。被判处有期徒刑和被减刑为有期徒刑的罪犯的假释，由监狱提出建议，提请罪犯服刑地的中级法院裁定。被判处无期徒刑的罪犯的假释，由监狱提出建议，经省、自治区、直辖市监狱管理局审核同意后，提请罪犯服刑地的高级人民法院裁定。

7. 提请假释

监狱提请假释主要采用每季度集中批量呈报案件的方式，例外情形是重点罪犯假释案件［包括公示期间收到不同意见的，拟假释罪犯系职务犯罪的罪犯，组织（领导、参加、包庇、纵容）黑社会性质组织犯罪的罪犯，破坏金融管理秩序和金融诈骗犯罪的罪犯及其他在社会上有重大影响或者社会关注度高的，以及人民检察院认为应当开庭审理的其他案件］。对于重点罪犯假释案件，采用个案提请方式，逐人逐案将假释案件卷宗材料移送单独提请审查，因而与其他假释案件的办理程序存在明显差异。监狱在向法院提请假释的同时，应当将提请假释建议书副本抄送检察机关。

监狱移送给检察机关的案件材料多为汇总式的案件信息和提请建议书的副本，并没有专门提请检察机关审查的法律文书，而且一般是将本批次所有案件材料一并移送检察机关。对于需作实质性审查的重点罪犯假释案件，才会逐案制作《提请假释审查建议书》，连同案件材料移送检察机关进行审查。移送的材料一般包括：（1）提请假释审查意见书；（2）人民法院终审裁判文书、执行通知书、历次减刑裁定书的复印件；（3）罪犯确有悔改表现或者重大立功表现的证明材料；（4）罪犯评审鉴定表、奖惩审批表等；（5）罪犯履行财产性判决义务情况证明材料；（6）其他需要抄送的案件证据材料。检察机关对监狱假释申报工作开展全面同步监督，通过查阅被提请罪犯的案卷材料、监区集体评议会议记录、罪犯计分考核原始凭证以及列席监狱审核会议等方法，对监狱提请活动开展监督。

监狱移送给法院的案件材料，一般包括：（1）提请假释建议书；（2）终审法院裁判文书、宣判笔录或者送达回证、执行通知书、历次减刑裁定书、决定书以及上一次减刑裁定书送达回证的复印件；（3）罪犯入监（所）登记表及转监（所）的证明材料；（4）证明罪犯确有悔改或者立功、重大立功表现的具体事实的书面材料；（5）罪犯评审鉴定表、奖惩审批表；（6）罪犯计分考核累计台账；（7）罪犯改造小结、认罪悔罪书；（8）拟假释犯的再犯罪风险评估表、社会调查评估报告；（9）根据案件情况需要移送的其他材料，可能包括：①未成年罪犯、老年罪犯的身份证明材料；②患有严重疾病罪犯或者身体残疾罪犯，基本丧失劳动能力、生活难以自理的诊断证明、鉴定意见等相关证明材料；③罪犯在考核期间被加扣分以及奖惩对应的证明材料；④财产性判项未履行完毕的，财产性判项履行情况、狱内消费大账余额以及所在监所平均消费情况的证明材料；⑤罪犯报请假释前，刑罚执行机关在公示期间收到的异议材料；⑥检察机关对报请假释案件提出的意见。此外，鉴于假释犯重新犯罪的原因，既有罪犯被假释后的家庭方面的因素，也有生活无着、社会歧视等社会原因以及许多始料不及的偶然性因素，一般还要求监狱在申报前了解罪犯的家庭情况，特别是老残犯，一般要求提供罪犯直系亲属的担保及罪犯所在地公安机关（派出所）出具的愿意加强对该罪犯进行监管的证明。司法实践中，刑罚执行机关提请材料可能不够详尽，部分案件未能全面反映罪犯在服刑期间的改造表现，甚至存在奖励积分无依据的情况。

8. 参与庭审

法院开庭审理假释案件，监狱应当派员参加庭审，宣读提请假释建议书并说明理由，配合法庭核实相关情况。法院裁定后，监狱要协助法院及时召开罪犯大会宣布裁定结果。法院也可以委托监狱代为宣布送达。

现行法律法规尚没有专门规定刑罚执行机关的取证规则。“在对抗性的实质性庭审中，监区民警出庭应诉能力面临考验”。① 假释案件实质化办理的必由之路，是从罪犯改造表现等基础材料的源头抓起，对证据材料进行采集、分类、整理和保全，“实现刑罚执行机关由‘报送材料’向‘报送证据’的转变，不仅强调证据材料来源的合法性、合理性，而且强化证据材料的收集和保全，从源头上确保案件材料的完整性和真实性，避免‘源头造假’”②。

（二）检察机关的主要做法

检察机关的重要职责是依法对假释案件办理实行法律监督。根据《人民检察院办理减刑、假释案件规定》，检察机关依法对假释案件的提请、审理、裁定等活动是否合法实行法律监督。检察机关不仅要对假释案件进行实质性审查，也要对刑罚执行机关、法院工作人员的职务行为进行监督，确保既不

① 乔成杰：《试论监狱提请罪犯减刑、假释工作的法治化》，载《中国司法》2022 年第 1 期。

② 云南省监狱管理局课题组：《监狱提请办理减刑、假释、暂予监外执行案件实质化审查机制的实践探索：以云南省监狱为例》，载《中国监狱学刊》2023 年第 3 期。

出现“提钱出狱”“纸面服刑”，又不出现“应放不放”等现象。

1. 案件审查

由于刑罚执行机关基本采用批量呈报假释的方式，检察机关相应地采取季度性的批量审查方式。检察机关在收到刑罚执行机关抄送的假释建议书副本后，应当逐案进行审查，尤其是对提请阶段尚未调查核实到位的情况进行补充核实与完善。发现假释建议不当或者提请假释违反法定程序的，依法向审理假释案件的法院提出书面意见，同时将检察意见书副本抄送刑罚执行机关。

审查的方式根据罪犯情况有所区别，对一般案件仅作形式化审查，针对部分重点罪犯假释案件展开实质性审查。需要补充移送相关证据材料的，可以通知刑罚执行机关及时补充移送。部分重点案件，包括拟提请假释罪犯系职务犯罪的罪犯、破坏金融管理秩序和金融诈骗犯罪的罪犯、黑社会性质组织犯罪的罪犯、严重暴力恐怖犯罪的罪犯或者其他在社会上有重大影响、社会关注度高的罪犯，拟提请假释罪犯的假释考验期长、起始时间早、间隔时间短或者实际执行刑期短的，拟提请假释罪犯的考核计分高、专项奖励多或者鉴定材料、奖惩记录有疑点的，收到控告、举报的等，均应进行调查核实。审查重点是刑罚执行机关提供的证据及其合法性，可以采取调阅复制有关材料、重新组织诊断鉴别、启用文证鉴定、召开座谈会、个别询问等方式，对拟提请假释罪犯在服刑期间的改造表现、拟提请假释罪犯的财产刑执行、附带民事裁判履行、退赃退赔等情况；拟提请假释罪犯的身体状况、性格特征、假释后生活来源和监管条件等影响再犯罪因素情况进行调查核实。调查取证可以采取与罪犯、管教民警及其他服刑人员谈话、调取罪犯监所内表现、亲情会见与谈话记录、监所内上账和消费明细等方式；确有必要的，可以到罪犯户籍地、经常居住地等进行调查，走访当地基层组织和司法机关，了解罪犯的家庭成员情况，摸查罪犯的家庭财产情况等。根据阅卷及调查情况，再制作《假释提请活动检察意见书》和《假释征求意见反馈函》。

（1）围绕“重点人员”“重点条件”“重点环节”“重点岗位”开展溯源性实质化审查[①]

对于重点罪犯的假释案件，实践做法是借鉴公诉案件办理模式，突出从“办事”模式向“办案”模式转变，以刑罚执行机关移送的案件材料为基础，结合罪犯的行政奖励、考核期等形式要件和罪犯在监所的主客观表现，逐人逐案进行同步集中审查。除了根据《人民检察院办理减刑、假释案件规定》所列举的方式对相关情况进行调查核实外，还对罪犯计分考核、行政奖惩、岗位调动等开展溯源性调查，通过与罪犯谈话以及向同监罪犯、管教干警了解等方式，全面掌握罪犯是否“确有悔改表现”。必要时，赴罪犯原审法院、罪犯居住地等进行实地调查了解，确保证据材料真实可靠。

检察机关实质化审查假释案件的关键是“重点人员”“重点条件”“重点岗位”“重点环节”。“重点人员”以假释案件需要开庭审理的罪犯为主，含“三类罪犯”、原案有重大社会影响罪犯及其他需关注罪犯等。“重点条件”即对与评价罪犯“是否确有悔改表现”高度关联的财产性判项履行情况、罪犯在服刑期间现实表现情况、体现是否认罪悔罪的材料书写情况等进行书面审查和溯源审查，必要时进行实地走访核实。“重点岗位”是指在监所内从事辅助生产、勤杂事务等特殊劳动岗位罪犯。从事特殊劳动岗位罪犯在计分考核时，属于无定额考核，因为不直接生产，只能按照一定的劳动系数、岗位系数与基础分相乘进行考核，故需对计分考核来源的合理性进行认真审查。“重点环节”则是抓住监所向检察机关征求意见和检察人员出席庭审等容易发现问题和体现检察贡献度的办案环节。

（2）假释案件实质化审查的基本要素

从审查结果看，检察机关提出不予办理假释的情形主要集中在以下七个方面，这些也是假释案件实质化审查的基本要素。

---

① 参见李晓明：《检察机关减刑、假释案件实质化审查的完善路径》，载《中国检察官》2024年第15期。

①罪犯在考核期内有多次违规或者一次以上严重违规。罪犯在服刑期间的改造表现、遵规守纪情况可以直接反映出罪犯是否真诚认罪悔罪，是判断罪犯是否“确有悔改表现”的重要衡量标准。

②罪犯是累犯或者有多次前科劣迹。实质化审查假释案件时，必须将罪犯的人身危险性、再犯可能性作为重点进行关注，罪犯是否属于累犯、是否有多次前科劣迹是衡量评价罪犯人身危险性、再犯可能性的重要内容。

③罪犯的犯罪性质恶劣、社会危害性大。罪犯的自然身份情况、具体犯罪情况是影响罪犯假释的关键要素之一。尽管犯罪性质恶劣、社会危害性大等要素在法院量刑时已经基本予以考虑，但是假释在一定程度上相当于出罪，因此对于此类罪犯要保持谨慎，要根据起诉书、判决书记载的原案情况进行认真审查，对重大敏感或者在当地有重大影响案件的罪犯，假释要严格把握。

④罪犯的财产性判项未履行或者部分履行，而且监所内大账余额较多、监内消费水平高于上一年度全监罪犯的年平均消费水平。履行财产性判项是罪犯的法定义务，是判断罪犯是否具有悔改表现的重要依据，特别是“三类罪犯”往往犯罪后果严重、社会危害性大，更加应当通过主动退赃、积极协助追缴赃款赃物、主动赔偿损失等方式，积极消除犯罪行为所产生的社会影响，方能获得假释资格。

⑤罪犯私藏违规、违禁品。罪犯私藏、使用违规、违禁品，不仅严重危害监管安全，背后甚至可能隐藏着一定的职务犯罪线索，因此要坚决予以打击。发现有罪犯私藏香烟、药品等违规品以及不应由罪犯私自掌握的燕尾夹、平头螺栓等学习、生产资料，一般应当提出不予假释的建议。

⑥罪犯不认罪悔罪或者对犯罪的认识不到位、悔罪不彻底。检察机关审查假释案件时应当坚持主客观并重原则，对体现罪犯认罪悔罪程度的评审鉴定表、改造小结、认罪悔罪书等材料进行详细认真审查，有效甄别出虚假认罪悔罪等情况。

⑦检察机关实质化审查的其他要素。除了上述几类严重影响罪犯假释的

情形外，其他诸如6个月内非因身体原因劳动得分不高、劳动表现一般和假释考验期长等，亦应引起检察机关的高度关注。

（3）通过检察听证方式加大对假释案件实质化审查的力度

假释案件听证制度逐步健全完善，听证范围、人员、调查、流程等具体要求逐步明确，目的正是消除执法司法过程中的“弹性空间”和“死角地带”，提升办案质量和司法公信力。首先是案件范围和人员选择。对提请假释可能引起社会较大关注或者产生较大争议的案件开展听证，可以邀请有关鉴定人、医学专家、人大代表、社区代表等参与案件办理，一般是将人大代表、政协委员、人民监督员、原办案机关工作人员、律师、社区工作人员等纳入听证员队伍，以增强刑罚变更执行工作的透明度、监督力和社会参与度。其次是听证调查和流程。严格实体条件审查，重点审查认罪悔罪、计分考核、行政奖惩、改造表现、狱内消费、人身危险性评估等内容，可以向监区了解核查罪犯矫正复归情况，通过函询、走访对被害人（社区）的补偿恢复、对社会规范的效力修复以及对社会关系的修补回复等情况进行调查。听证流程的设置，一般是由听证人员现场听取案情介绍以及罪犯本人、旁证罪犯、监所民警的陈述论证，开展听证询问，并就听证案件进行讨论，逐人发表意见，共同商议确定最终的听证意见。

从目前检察机关对假释案件审查状况来看，仍存在有效审查不够、办案标准不一等问题，影响了假释案件办理效果。虽然《人民检察院办理减刑、假释案件规定》对检察机关办理假释案件提出了较为明确的程序规定和大致的实体要求，但是对于刑罚执行机关的批量假释申请，检察机关只能被动地进行集中批量审查。检察机关长期的“办事”模式存在办案程序不够完善、证据收集认定随意等问题。对刑罚执行机关的提请审查缺乏规范化运作程序以及对证据材料没有做到逐案阅卷审查乃是制约检察机关假释案件办理质效的主要因素。

2. 出席庭审

根据《最高人民法院关于减刑、假释案件审理程序的规定》（法释

〔2014〕5号）第6条的规定，实质性审查的假释案件均是应当开庭审理的案件。检察机关如果同意刑罚执行机关提请假释，可以简要概括检察意见；如果不同意刑罚执行机关提请假释，则应当详细阐述有关法律依据、事实和理由等，并建议法院不予裁定假释。

目前检察机关在假释庭审环节的角色定位不明，检察机关在假释案件办理中究竟是监督者还是诉讼参与方尚不明确。检察官出席法庭大多数是“走过场”，很少进行质证和提问，形成了一种流水线式的诉讼程序，假释案件开庭审理的程序意义大于实质内容。当前假释案件办理中存在的诸多问题只是表征，其实质是检察机关自身职能定位不清导致检察监督职能的虚化和弱化。

3. 检察监督

检察机关对刑罚执行机关的监督工作主要通过2018年10月《人民检察院组织法》确定的“巡回＋派驻”检察模式展开，监督内容是刑罚执行机关有无依法审查和严格审查，在假释案件办理过程中有无失职、渎职，特别注意审查发现诸如徇私舞弊假释等职务犯罪案件线索。

检察机关收到法院的假释裁定书副本后，应当及时审查下列内容：（1）法院对罪犯裁定予以假释，实际执行刑期、假释考验期是否符合有关规定；（2）法院对罪犯裁定不予假释是否符合有关规定；（3）法院审理、裁定假释的程序是否合法；（4）按照有关规定应当开庭审理的假释案件，法院是否开庭审理；（5）法院假释裁定书是否依法送达执行，并向社会公布。重点审查法院决定不予假释的罪犯。如果认为假释裁定不当，应当在收到裁定书副本后20日以内，依法向作出假释裁定的法院提出书面纠正意见。

检察机关认为，刑罚执行机关违法或者法院的假释裁定不当，可以采取通知刑罚执行机关纠正和向法院提出书面纠正意见两种方式分别予以监督，但是上述监督手段更加侧重于建议权，纠正违法通知书和检察建议书均不具有强制约束力，法律法规对于其他权力机关不接受检察监督意见时，应当如何处理，没有具体规定，导致检察机关的同步监督效果大打折扣。

（三）法院的主要做法

法院的职责是对假释案件进行实质性审查并依法作出裁定，主要依据是《2017 年减刑假释规定》和《2021 年刑诉法解释》。法院经审查，刑罚执行机关移送的假释材料齐备的，立案后移送相关业务庭审理；材料不齐的，通知刑罚执行机关补送，逾期未补送的不予立案。

1. 公示

设立公示制度的一个重要目的在于给服刑人员、管教人员以及社会公众提供一个表达异议的渠道，听到来自不同方面的意见，确保案件办理的透明和公正。大部分的省、自治区、直辖市高级法院均在地方规范性文件中对假释案件的公示作出要求。不予公示的案件范围主要是根据 2016 年 10 月《最高人民法院关于人民法院在互联网公布裁判文书的规定》（法释〔2016〕19 号）的规定，同时考虑到案件办理效果，主要包括：（1）涉及国家秘密的；（2）涉及个人隐私的；（3）报请对象为未成年罪犯的；（4）重大敏感以及可能引发不利社会影响的；（5）其他经合议庭讨论后认为不宜公示的案件。

关于公示时间，各地做法不一，大致分为两种：一是在案件办理期间的异议公示，如天津、四川、湖北的做法；二是对假释裁定的结果公示，如河南、云南的做法。根据江苏省的程序要求，审理假释案件，应当在立案后 5 日内将刑罚执行机关报请假释的建议书等材料依法向社会公示，一般包括以下内容：（1）罪犯的姓名、年龄等个人基本情况；（2）原判认定的罪名和刑期；（3）罪犯历次减刑情况；（4）刑罚执行机关的假释建议和依据；（5）公示期限（5 日）；（6）意见反馈方式，包括联系电话、通讯地址等。

关于公示地点。案件审理阶段的公示地点包括必要的服刑场所公示和有条件的社会公示，与刑罚执行机关的公示有一定区别，不仅扩大了公示的场所范围，而且变更了异议处理机关。面向社会公示的具体地点和方式，由各地法院根据自身条件和当地实际情况灵活掌握，例如，在法院的公告栏书面张贴，电子显示屏滚动播放，在报纸上刊登，在法院网站上公示，等等。

关于公示期间收到不同意见的处理方式。法院在公示期间收到对罪犯假释提出不同意见而且附事实理由的，应当进行调查，并要求刑罚执行机关、罪犯进行解释说明。对于刑罚执行机关、罪犯不认可不同意见的，应当审查不认可的理由和相关佐证材料；刑罚执行机关认可不同意见并决定撤回假释建议的，法院可以准许。

2. 审理

公示期满后，案件进入实质意义的审理阶段。由于统一性的假释案件办理程序规范尚未出台，为增强审理程序的公开公正并加强人权保障，各地积极探索假释听证或者开庭审理的方式，从而形成了书面、听证与开庭并行的多元办理方式。对于拟假释犯对刑罚执行机关的假释建议有异议且提出了事实和理由、刑罚执行机关认为拟假释犯有重大立功表现等情形，一般应当进行听证。开庭审理的案件范围有限，仅选择重点案件①开庭审理，主要是在社会上有重大影响或社会关注度高的案件②。2014 年 1 月《中共中央政法委关于严格规范减刑、假释、暂予监外执行，切实防止司法腐败的意见》（中政委〔2014〕5 号）要求对于原县处级以上职务犯罪罪犯的假释案件、组织（领导、参加、包庇、纵容）黑社会性质组织犯罪的假释案件以及原判死缓、无期徒刑的破坏金融管理秩序和金融诈骗犯罪罪犯的假释案件，一律开庭审理。

---

① 重点案件是指四类案件，包括在社会上有重大影响或社会关注度高的；公示期间收到投诉意见的；检察院有异议的；法院认为有开庭审理必要的。后三类案件的数量极少，公示期间很少收到投诉意见，一般而言，检察机关同意假释的案件才会进入案件审理程序，“法院认为有开庭审理必要的案件”更是少之又少。

② 一般是指：一是原为县处级以上领导干部罪犯的假释案件，对于一些原为科级或股级干部罪犯的假释案件，如果其涉案金额特别巨大，或在当地造成特别恶劣影响的，视具体情况决定是否开庭审理；二是严重危害社会治安和人民群众安全感的暴力犯罪分子的假释案件；三是有组织犯罪案件中的首要分子和其他主犯的假释案件，如黑社会性质组织犯罪的首要分子和其他主犯的假释案件；四是其他有重大影响或社会关注度高的案件的罪犯假释案件，如非法集资等受害人众多的犯罪案件，曾经引起群体性事件的犯罪案件等等。宫鸣、黄永维主编：《最高人民法院关于减刑、假释司法解释理解与适用》，人民法院出版社 2014 年版，第 281 页。

开庭地点的选择至关重要。出于监管安全等因素的考虑，基本采取在罪犯服刑场所开庭或者远程视频的方式开庭，但是在罪犯的服刑场所开庭显然不属于真正意义上的公开审理。开庭审理时，一般仅通知刑罚执行机关、检察机关以及拟假释犯参加。根据实际需要，参加庭审的人员可能还包括证明罪犯确有悔改或者立功、重大立功表现的证人，例如，对拟假释犯进行监管的民警或者与拟假释犯一同服刑的知情罪犯以及鉴定人、翻译人员等其他人员，“三类罪犯”假释案件还可以邀请人大代表、政协委员或者有关方面代表旁听庭审。随着各地法院在实践中的不断探索，参加假释案件开庭审理的人员范围进一步扩大，例如，部分地区尝试允许拟假释犯委托律师或者诉讼代理人出庭为其提供法律服务；公开开庭审理期间，允许罪犯家属、被害人及其家属、拟假释犯所居住社区的居民及社区矫正机构人员旁听；法院在假释案件公示期间收到不同意见的，在保证安全的情况下，可以安排提出不同意见的组织代表或者个人参加庭审。

案件办理流程主要包括刑罚执行机关出示证据、综合调查罪犯的认罪悔罪和客观表现、检察机关发表监督意见等内容。开庭审理一般按照下列程序进行：(1) 核实拟假释犯的基本情况。(2) 宣布案件来源、合议庭组成人员、法官助理、书记员及出庭各方代表人员的名单。(3) 告知罪犯申请回避、提供证据、进行陈述的权利。(4) 刑罚执行机关代表宣读假释建议书，并说明主要理由。审判长询问罪犯对刑罚执行机关的假释建议书是否有异议，罪犯有异议的，由刑罚执行机关针对异议部分出示相关证据或者依据，罪犯有权对证据材料提出质证意见。(5) 检察人员发表出庭意见。(6) 刑罚执行机关代表出示相关证据，申请通知证人到庭作证。(7) 检察机关代表对证据发表意见，并可以对证人、鉴定人进行发问，也可以申请出示相关证据，申请通知证人到庭作证。(8) 罪犯对证据发表意见，可以对证人发问，也可以申请出示相关证据，申请通知证人到庭作证。(9) 公示期间提出异议的人员发表意见。(10) 罪犯陈述其对犯罪的认识和改造表现。(11) 经审判长许可，刑罚执行机关、检察机关代表对罪犯进行发问。(12) 法庭根据庭审调查情况，向刑罚执行机关、检察机关代表、罪犯、证人、鉴定人、公示期间提出意见的人提问。（13）检察机关最后发表补充意见。（14）罪犯最后陈述。（15）审判长对庭审情况进行总结，对罪犯进行法庭教育，并宣布休庭、评议。

审查重点是罪犯对所犯罪行的认罪悔罪态度；罪犯的客观改造表现、奖惩及加扣分情况；财产性判项未履行完毕的，罪犯对赃款赃物去向的解释说明以及财产性判项的履行能力；罪犯是否采取不正当手段获取假释，是否与监所民警存在不正当交往，是否存在违反监规纪律未被处理的情形。具体而言，一般审查以下内容：（1）罪犯自然身份情况，包括罪犯的姓名、性别、出生时间、民族、文化程度等情况，重点审查罪犯是否属于未成年罪犯、老病残犯；（2）原判认定的具体犯罪情况，包括罪名、刑期、量刑情节，重点审查罪犯是否属于“三类罪犯”、严重暴力犯罪罪犯、累犯等司法解释要求从严把握假释适用的罪犯；（3）历次刑罚变更执行情况，重点审查罪犯的实际服刑刑期；（4）罪犯改造表现及奖惩情况，重点审查罪犯在考核期内的监狱改造、教育和文化改造、劳动改造情况以及相对应的计分（加扣分）、表扬、立功、重大立功情况；（5）财产性判项履行情况，重点审查罪犯的财产性判项履行情况、履行能力以及狱内消费情况；（6）假释间隔时间和假释考验期，重点审查罪犯的实际交付执行时间、本次假释报请时间及假释考验期；（7）末次减刑以及假释犯的实际执行刑期、再犯罪危险，重点审查罪犯的实际服刑刑期是否符合法律和司法解释规定，罪犯综合改造表现及再犯罪风险评估、社会调查评估情况；（8）公示期间收到不同意见的情况，重点审查不同意见的来源、具体情况以及对罪犯假释的影响；（9）检察机关意见，重点审查检察机关不同意刑罚执行机关报请假释的监督意见以及检察机关主动调查并提供的相关证据材料；（10）法定从严、从宽（放宽）把握的情形，重点审查相关证据材料以及对罪犯假释条件、假释考验期的影响程度；（11）假释是否产生不利社会影响，重点审查罪犯的身份、犯罪情节以及被害人情绪[①]，是否属于不予公示、上网的案件等可能产生不利社会影响的情况；（12）其他影响罪犯假释的要素。

3. 案件评议

首先，经过审理，合议庭应当根据查明的事实、核实的证据和有关的法律规定，综合认定罪犯的具体改造表现，参考吸收社区矫正机构出具的调查评估意见，作出是否对罪犯准予假释的裁定。司法实践中，绝大部分案件的监管标准与裁判标准完全等同，法院的司法审查作用未能充分发挥。合议庭评议“走过场”，评议过程过于简单，特别是不同意假释的案件，合议庭评议笔录存在没有将评议过程予以全面记录的情况。此外，还存在合议庭评议笔录不完整，签名不全、漏签、时间不一致，评议笔录上的合议庭组成人员与裁定书的落款不一致，甚至出现裁定书的内容与合议庭评议结果不一致等现象。

关于假释条件的司法认定。选择确定假释对象时，一般综合考虑罪犯的犯罪性质、主观恶性、认罪悔罪态度等因素，职务犯罪罪犯和毒品犯罪罪犯普遍被限制适用假释。财产类义务履行情况这一条件设置也导致一批罪犯被排除在假释适用范围之外。办案机关一般倾向于选择余刑较短的罪犯以及初犯、偶犯、过失犯等主观恶性不大的罪犯予以假释。对于特殊对象，假释条件适度放宽或者从严[②]，例如，对于老年罪犯，结合罪犯的年龄和身体特点，

---

① 被害人及其近亲属是否同意并非假释适用的必要条件。完全以被害人及其近亲属的意思为根据来决定是否适用假释的做法并不恰当，法院应当努力在罪犯的利益与被害人的利益之间作出衡平，而非让被害人及其近亲属的态度主导法院的自由裁量权。

② 从宽把握的情形主要是未成年犯、老病残犯、过失犯罪、中止犯罪、被胁迫参加犯罪的罪犯。对于未成年犯（指犯罪时未成年，而不是指判决或交付执行时未成年）的假释在掌握标准上比照成年犯适度放宽。对年老体弱和身体有残疾（不含自伤致残）、丧失劳动能力的罪犯或者生活不能自理且假释后生活确有着落的罪犯，优先考虑适用假释。从严把握的情形主要是危害国家安全犯罪、恐怖活动犯罪、邪教组织犯罪、严重危害公共安全犯罪以及组织、领导、积极参加黑社会性质组织犯罪和入境发展黑社会性质的组织犯罪的罪犯，犯罪集团的首要分子，毒品再犯，多次判刑或者缓刑、假释、暂予监外执行期间又违法犯罪，犯罪后果严重、民愤极大，在服刑期间有行凶、自杀、逃跑、自残等严重破坏监狱管理秩序的罪犯。

综合认定其在服刑期间的改造表现、再犯罪危险程度以及假释后对所居住社区的影响，依法从宽掌握其假释条件。

其次，一般选择家庭健全的罪犯、有一定劳动能力或者谋生技能的罪犯、家庭成员有固定收入或者有一定经济基础的罪犯适用假释，主要是考虑如果罪犯一时无法找到工作，经济上不至于发生较大困难。如果家庭破裂，罪犯回到社会上无家可归就容易心态失常，再次危害社会的可能性就会增大。此外，为便于监管部门和当地公安机关加强联系，一般尽量选择本省籍的罪犯，同时考虑当地有无社会帮教组织或者保障力量等因素。

（1）计分考核结果的效度分析

《2012 年减刑假释规定》对于“确有悔改表现”的司法认定作了明确要求，要求同时具备四个方面的条件：“认罪悔罪；认真遵守法律法规及监规，接受教育改造；积极参加思想、文化、职业技术教育；积极参加劳动，努力完成劳动任务”，但是各个条件的具体内容以及把握标准仍不明确，容易出现分歧。各地刑罚执行机关探索实行积分制，通过积分量化的方式考核罪犯的思想和改造情况。积分制是刑罚执行机关为了解决假释条件的法律设置过于原则的问题，探索实行的一种量化评价标准，罪犯的记分考核情况通常成为罪犯认罪悔罪的量化指标。由于缺乏统一的立法规定，各地刑罚执行机关制定的积分标准各不相同，例如，根据《浙江省罪犯考核奖惩办法》的规定，积分制采取加分、奖分、单项奖励、年度奖励、单项处罚等形式；根据《广西壮族自治区司法厅记分考核奖罚罪犯规定实施细则》的规定，积分制采取分项计分方法。不同的奖分条件和奖分方法导致各地的假释条件和标准不一。

从目前积分制的考核方式来看，普遍存在“重行为表现、轻思想改造”的倾向，主要是以罪犯完成生产劳动的情况作为评价依据，因而不利于有效评估罪犯是否有悔改表现，将思想改造置于行为表现中的考核做法也无法有效识别虚假表现、投机改造等思想与行为背离的情形，导致一些实际并无悔意的罪犯通过劳动考核获得高分奖励进而获得不合理的假释。由于计分考核制自身存在弊病，其反映罪犯人身危险性变化的准确性受到质疑：一是对于罪犯人身危险性的评估是一个综合性体系，涵盖了罪犯基本情况、个性特征、改造表现以及社区环境等多种因素。计分考核制单纯依据罪犯改造表现作出人身危险性变化的整体判断，判断依据并不充分。二是计分考核的测评要素不易客观准确，罪犯的某些改造表现不宜或是很难通过定量考核的方式予以认定，计分考核对于假释关联因素的量化统计方式和过程没有经过科学测算和论证，而是受到监管人员主观判断的制约。三是如果对定量考核结果缺乏定性的总结，此时的考核结果显然不完全准确。综上所述，计分考核结果只能作为判断罪犯人身危险性的依据之一，而非唯一依据。

（2）再犯罪风险评估的法律效力

尽管罪犯已经实施的犯罪行为是评估其再犯罪可能性的重要依据，但是假释案件需要查清的事实不限于此。报应性刑事司法解决了弄清已然犯罪事实的程序，而未然犯罪事实则需要专门的调查评估程序与机制。由于在现行的报应性司法程序中缺乏弄清未然犯罪事实的调查与评估程序，因而存在着不敢假释与滥用假释的双重问题：有的无法确定罪犯的再犯罪风险，担心因罪犯假释后再犯罪被追责，不敢适用假释；有的在没有确定未然犯罪事实的情况下贸然适用假释，引发司法不公的质疑。

针对我国假释适用率过低的现象，部分地区细化对罪犯再犯罪风险评估的操作条件和流程，例如，“为了使假释后不再犯罪的标准明确化，上海市监狱局专门研制出罪犯心理素质量表和再犯预测量表，要求监管场所对所有提请假释的罪犯均进行再犯预测，并将测试结果作为是否对其适用假释的参考依据。但从法律地位上看，再犯预测属性不明确，法院对此往往不予采信，承担刑罚执行监督的检察机关也无所适从”①。

① 董邦俊、赵聪：《假释的实质条件极其评估保障机制研究》，载《政法论丛》2019 年第 5 期。

（3）罪犯财产性判项履行能力的审查认定

目前罪犯财产性判项履行能力的证明主体尚不明确，主体缺位导致举证责任难以落实。由罪犯举证从宽部分尚有可操作性，举证从严部分则缺乏可操作性。法律和司法解释对于如何审查认定罪犯财产性判项履行能力未作具体规定，“积极缴纳”与“消极应付”之间的界限难以界定。相当数量的罪犯属于外省籍，办案人员难以掌握罪犯本人及其家庭的财产状况，一般采取以下三种方式确定罪犯的财产性判项履行能力：一是向原判法院发函请求协助调查，但是普遍得不到配合；二是查询罪犯在监所的消费记录和余额，但是罪犯一般不存在高消费情况，卡内余额普遍不高，因此参考价值不大；三是由罪犯或者其亲属提供特殊困难证明，但是难以操作，亦不能据此直接认定罪犯本人没有财产性判项履行能力。司法实践中，对罪犯财产性判项履行能力的认定往往作简单化处理，通常做法是：一般仅考察罪犯履行财产性判项的客观状况，罪犯不履行或者不全部履行财产性判项的，即予以从严掌握。少数案件中，办案机关未对赃款赃物去向、罪犯本人及其家庭经济状况进行认真审查，而是根据民政等部门出具的罪犯家庭经济困难证明、监所内消费情况或者执行法院出具的终结本次执行裁定即直接认定罪犯无履行能力；或是仅根据罪犯的当庭供述即认定其无履行能力。

上述做法均存在一定的问题。首先，由当地县级以上民政部门出具罪犯家庭特殊困难证明，难以操作。目前由哪个部门出具此类证明尚无明确规定，往往是部分有钱或者有权的罪犯能够提供县级以上民政部门出具的家庭经济困难证明，绝大部分普通罪犯很难提供此类证明。证明材料的真实性难以保证，而且证明对象多为罪犯亲属而非罪犯本人，不能据此认定罪犯本人无财产性判项履行能力。其次，各地监所的消费水平不平衡，无法制定统一的狱内高消费认定标准，而且可能是罪犯家属以外的亲戚朋友给罪犯在监狱内的账户充值，不能据此认定罪犯本人有履行能力。最后，法院执行部门出具的终结本次执行裁定虽有证明力，但是只能证明罪犯在该阶段无可供执行的财产，不能证明罪犯此后履行能力的变化情况，法院执行部门尚未正式全面开展财产性判项执行工作，要求每个案件提供法院执行部门的裁定，缺乏现实可能性。

目前财产性判项履行情况对假释案件办理结果的影响力仍缺乏规范。财产性判项履行情况与假释关联机制仅有原则性规定，全国各地的细化规则差异过大，相似情况在不同地方可能获得截然不同的处理结果。特别是共同犯罪案件，存在因未查明其他同案犯的财产性判项履行情况而影响对拟假释罪犯财产性判项履行情况认定的现象。在难以认定罪犯是否具备财产性判项履行能力的情况下，各地做法不一，有的对罪犯一律不予假释，有的则按罪犯的缴纳比例予以从严掌握。如何建立原判数额、缴纳数额与假释适用之间的比例关系缺乏科学成熟的判定标准。共同犯罪罪犯的缴纳金额和缴纳比例难以量化，各地做法也不一致。由于罪犯正在服刑，财产性判项履行义务在相当程度上成为罪犯家属的"责任"，财产性判项履行情况与假释的关联已经变相成为"连坐"。"联动机制在目前的实际操作中正向激励不足，负向激励被过分强调或扩大，导致其在司法实践中基本成为一种惩罚模式。"①

4. 作出裁定

由于减刑与假释的混同，引发案件量大而且过于集中等客观状况，假释裁判文书普遍存在格式化、千篇一律的问题。裁判文书基本不说理，几乎不会阐明准予或者拒绝假释提请的决定过程，也不表明每个因素对结果的影响程度。裁判文书的质量有待改进，一是普遍存在要素不全的问题，例如，不写明公示情况、未表述出庭检察员的意见、罪犯的悔罪认识、出庭警官的举证部分等内容；二是部分裁定书的说理性不强，特别是法院的处理结果与刑罚执行机关的报请意见或者检察机关的意见不一致的，没有具体说明理由；三是同质化问题突出，文书内容欠缺针对性，对影响假释的个案因素没有作出事实认定和说理。

① 劳佳琦：《财产性判项与减刑假释的联动机制》，载《中外法学》2018 年第 3 期。

三、假释案件的办理结果

（一）法院裁定准予数与刑罚执行机关提请数之间高度一致

刑罚执行机关提请假释数与法院裁定准予假释数之间高度一致。通过对S省2013年至2017年的假释准予率进行统计，发现S省法院对监狱报请的假释，准予率都在90%以上。[①] 主要原因在于：一是法院主要是根据刑罚执行机关提供的材料对罪犯是否符合假释条件进行判断，缺乏实质性审查的基础，除非罪犯明显不符合假释的条件，法院一般不会轻易改变刑罚执行机关的提请意见，特别是在检察机关已经同意对罪犯予以假释的情况下。法院审理假释案件时，因为检察机关在提请阶段的介入审查并据此向法院提出审查意见，保证了检察机关与刑罚执行机关就假释案件达成了一致意见，避免了不同意见激烈交锋的情况出现。法院裁定准予率高从另一个层面肯定了检察机关在提请环节的监督把关作用，说明检察机关同步监督效果明显。二是刑罚执行机关将假释作为管理罪犯的重要手段，主要根据计分考核办法决定是否提请假释，服刑人员的假释预期与改造表现的高关联性引发超高的裁定准予率。如果法院过多地不认可刑罚执行机关的提请意见，可能会挫伤罪犯的改造积极性进而对监管秩序造成不利影响，在讲求司法机关之间配合多于制约的司法环境下，法院一般不会轻易否定刑罚执行机关的假释提请。

无论是刑罚执行机关、检察机关还是法院，在办理假释案件时均持谨慎态度。假释比例的地区性差异主要源于各个监所对假释比例的掌握不均衡，不同监所之间以及同一个监所在不同年度的假释提请比例不平衡，不同地区、不同监所的假释提请率直接决定着假释适用率。不同监所的假释提请比例有很大差别，首先是源于押犯构成和数量各有不同，其次是源于各地对假释制度的理解和认同感的差别，进而对假释政策的把握存在不同认识。不同地区之间假释适用比例的差距也与本身的案件数量密不可分。

---

① 参见熊焱：《减刑、假释制度改革实证研究》，法律出版社2020年版，第213页。

（二）不得假释的原因纷繁多样

司法实践中，对于法定不得假释或者限制假释的罪犯，例如，罪行严重的危害国家安全的罪犯，犯罪集团的首要分子、主犯，涉毒犯，惯犯、累犯，以及在监所内又犯罪的罪犯，基本排除适用假释，刑罚执行机关一般不会就上述罪犯提请假释。即便不属于上述范畴，罪犯能否获得假释，检察机关和法院仍会作综合评判。不予假释的书面原因包括经审查认为罪犯未悔改、不满间隔期、罪犯违规违纪或者重新犯罪、余刑超过原判刑期一半、监管机关无法落实、外省（市）籍罪犯以及社会调查报告不明确等情形。当然，部分原因隐于字面之外，例如，由于对职务犯罪罪犯的假释适用进行严格控制的政策要求，因此，即便此类罪犯符合法定的假释条件，检察机关和法院仍有可能提出对罪犯不予假释的处理意见。假释的适用还涉及对“没有再犯罪的危险”这一假释条件的综合判断，单从计分考核结果来看，罪犯似乎符合假释的条件，但是如果罪犯的前罪是暴力犯罪、原判刑罚属于重刑、罪犯在服刑期间有多次违反监规的行为，结合罪犯的年龄、身体条件等因素，检察机关和法院仍可能判定罪犯有“再犯罪的危险”并决定不予假释。

（三）刑罚执行机关撤回假释建议和法院裁定撤销假释的案件占比极低

根据法律规定，刑罚执行机关的假释建议可以撤回，法院已经作出的假释裁定也可以撤销。《2021 年刑诉法解释》第 540 条规定，假释裁定作出前，刑罚执行机关书面提请撤回假释建议的，法院可以决定是否准许。因此，在假释裁定作出前，刑罚执行机关书面提请撤回假释建议的，法院可以决定是否准许。准许撤回的，应当作出准许撤回假释决定。该解释第 543 条第 2 款规定，法院收到社区矫正机构的撤销假释建议书后，经审查，确认罪犯在假释考验期限内具有无正当理由不按规定时间报到或者接受社区矫正期间脱离监管超过 1 个月的，受到刑罚执行机关 2 次警告仍不改正的，或者有其他违反监督管理规定的行为，尚未构成新的犯罪的，应当作出撤销假释的裁定。撤销假释裁定书一经作出，立即生效。

撤回假释建议的理由包括：罪犯已死亡；罪犯已被刑满释放；刑事政策调整；悔罪书非罪犯本人书写且罪犯不符合确实不能书写的情形，因而不能反映其“确有悔改表现”；社区调查意见中县级司法行政机关的态度不明确；案情复杂不适于假释；撤回假释建议，按减刑呈报；等等。部分撤回假释建议理由的合法性和正当性值得进一步研究。例如，司法实践中，罪犯被认定为不符合假释条件的情形之一是罪犯违反监规纪律而使用U盘。根据2015年3月司法部《关于切实加强监狱、强制戒毒所违禁物品管理的若干规定》（司发〔2015〕6号）第1条的规定，罪犯私藏使用违禁物品①的，属于违反刑法和监狱法中“认真遵守监规，接受教育改造，确有悔改表现”的行为，3年内不得提请假释。但是，不具备移动通讯功能的U盘是否属于不得假释的“违禁物品”，私自使用U盘的行为是否影响监所安全稳定，值得商榷。同时，从程序运行来说，法院裁定准许刑罚执行机关撤回假释建议的裁定书并不送达给罪犯本人，导致与该裁定有着直接利害关系的罪犯权利无法得到法律保障。

撤销假释的理由包括：因吸食毒品受到治安处罚；脱离监管超过1个月；无证驾驶机动车受到行政处罚，因携带管制刀具受到治安处罚；违反社区矫正监督管理，多次受到书面警告；等等。司法实践中，罪犯因在假释考验期限内吸毒被撤销假释的情形屡有发生。与一般罪犯相比，涉毒罪犯再次实施违法犯罪的可能性更高，正因如此，毒品罪犯被裁定假释的案件占比较

---

① 该规定第8条对于何为违禁物品予以列明，“本规定所称违禁物品，主要包括：（一）警械、枪支、弹药、雷管、炸药等物品；（二）手机、对讲机及相关附属配件和其他具有移动通讯功能的电子设备；（三）各种货币现钞、金融卡和有价证券；（四）鸦片、海洛因、冰毒、吗啡、大麻、可卡因以及国家规定管制的其他能够使人形成瘾癖的麻醉药品和精神药品；（五）管制刀具和刃器具；（六）军警制服、便服、假发；（七）危害国家安全宣传制品和淫秽物品；（八）其他可能影响监所安全稳定的物品”。

低，因吸毒被裁定撤销假释的罪犯在司法实践中却占据相当比例。此外，罪犯因在假释考验期限内脱离监管被撤销假释的情形屡次发生。此类事由在撤销假释案件中占比较高。司法实践中，对于罪犯脱离监管超过 1 个月或者受过 3 次警告等情形，一般均认定为“违反国务院有关部门关于假释的监督管理规定”的严重不良行为，裁定撤销假释。

第三节　我国假释案件办理程序运行失范的具体表现

假释的实践样态直接影响着罪犯自由权利的实现。如前所述，我国假释立法经历了从起步探索到全面深化的转变，立法对假释的条件不断进行修正，逐步细化了审查标准并确立了诉讼化的办理程序，假释的条件和程序设计逐步走向合理化和科学化，司法适用已然开启了从行政审批转向诉讼化运行的变迁过程，程序运行日渐规范，监管体系逐步健全，甚至采取严格的内审程序来保证假释适用的公平公正。立法改革的目的是希冀通过明晰实体条件、细化证明标准以及规范办理程序，逐步解决假释制度运行实效过低的问题。反思是制度重建的前提和基础。我国假释条件的调整适用是否达到了立法的预期效果？实践中刑罚执行机关、检察机关和法院如何看待假释的条件？假释案件诉讼化的程序设计遭遇了哪些困境？背后的根源是什么？针对上述问题，我们需要将视线拉回到实践层面，对假释运行的实践样态进行深入分析，考察假释适用的实际效果，并对司法实务偏离立法初衷的根源进行深层次的反思，以寻求破解难题的解决方案。

一、程序启动完全由刑罚执行机关掌控

刑罚执行机关在整个假释程序运行中的权力过大，不仅掌控着程序启动权，也在相当意义上行使着“裁判权”。计分考核结果直接与改造标准挂钩，被提请假释人员乃“择优呈报”“优中选优”，为少数干警利用职权“暗箱操

作”进行权钱交易留下空间，违规违法假释成为亟待整治的顽瘴痼疾之一。[①]

（一）程序启动的单一职权主导特征

刑罚执行机关在假释运行程序中占据主导地位，程序启动方式呈现出职权主导特征。立法没有赋予罪犯本人以程序启动权，罪犯妄图自行启动程序的行为无法获得制度支持。程序启动权完全由刑罚执行机关掌握的立法设置，不仅使假释案件办理程序呈现出行政审批特征，更是直接导致罪犯的利益实现具有不确定性，改造罪犯的标准、罪犯改造表现的评价、给哪些罪犯提请假释以及何时提请假释，均由刑罚执行机关单方面掌握。司法部《关于计分考核奖罚罪犯的规定》和《监狱计分考核罪犯工作规定》等规范性文件将日常计分内容分为监管改造、教育和文化改造、劳动改造三个部分，实行“日记载、周评议、月汇总”，假释的法定条件由此被量化为具体分数，考核计分直接与假释挂钩的提请标准使刑罚执行机关与罪犯在法院作出最终裁判之前已经形成强烈的心理预判，出于配合刑罚执行机关管理工作的目的，检察机关和法院一般不会轻易改变刑罚执行机关的提请建议。

为了防止“暗箱操作”和司法腐败而设立的审前公示程序流于形式，因为现行制度无法有效解决其他罪犯不敢提出异议的问题，无论是罪犯之间的互相监督还是公示异议监督，由于始终处于监狱的封闭环境中，因此制度功效并不显著，难以防止权力“寻租”，徇私舞弊假释案件屡有发生。

尽管在案件审理期间再次公示，但由于监所自身的封闭性，罪犯的真实改造状态很难为监所以外的单位和个人所掌握，“在执行机关已有公示异议处理机制的情况下，罪犯及警察的异议在这一环节多数已经得到处理与回复。即使部分人员对执行机关处理结果仍然心存不满，但虑及监狱管理的封

① 假释腐败的风险点主要体现在调监环节、劳动岗位分配环节、计分考核环节、立功环节以及关照型受贿。参见曾娇艳：《减刑、假释腐败风险的制度防范》，载《山东警察学院学报》2019年第5期。

闭性以及罪犯自由受限的特殊性，出于对可能招致打击报复的恐惧，也不大可能选择在法院公示的环节再行提出异议”①。

（二）假释比例的行政性控制

全国各地存在程度不同、表现各异地通过行政手段实现假释比例控制的状况，刑罚执行机关对罪犯提请假释，除了要求罪犯获得相应的考核成绩和行政奖励，还受到其上级管理机关设定的被提请人员占所有在押人员的比例限制。该比例并非固定不变，而是随着地域和刑事政策的变化而不断变化，但小于实际达到假释条件的人员比例。例如，根据2022年1月江苏省监狱管理局《江苏监狱提请罪犯减刑假释择优呈报办法》（苏狱办字〔2021〕56号）的规定，各监区在减刑假释总名额内，原则上按照不同类别罪犯在所有符合条件罪犯中占有的权重，确定相应类别的减刑假释名额。因此，即便罪犯符合假释的条件，也未必能够获得提请假释的机会，而是要在上级机关确定的比例内择优呈报。

对于有限的假释比例，部分地区也不敢用足甚至不用。部分地区对特殊罪犯的比例限制作出专门规定。例如，根据2019年5月黑龙江省司法厅、黑龙江省高级人民法院、黑龙江省人民检察院《关于进一步规范假释工作的指导意见》（黑司通〔2019〕50号）的规定，职务罪犯的假释比例不得高于上一年度法院裁定普通罪犯的假释比例。据了解，部分地区在法定条件之外增加不得假释的对象。例如，对于因为暴力性犯罪被判处10年以下有期徒刑的罪犯，内部掌握不得办理假释。部分地区实行余刑控制，对原判不满5年的，余刑控制在6个月以内；原判5年以上不满10年的，余刑控制在10个月以内，依此类推，实际缩小了假释的适用幅度和空间。假释比例的行政性控制引发以下困境：

---

① 茅仲华等：《减刑、假释案件审理程序规范化研究》，中国法制出版社2017年版，第171页。

第一，低位徘徊的假释适用率。从司法现状来看，假释适用率极低是刑罚变更执行中存在的突出问题。我国假释适用率一直处于低位，部分地区的假释适用率持续下降甚至成为不能减刑时的“不得已”选择。我国1984年至1991年全国假释适用率为0.55%—0.62%，1992年至1994年全国假释适用率为2.22%—2.66%，1995年至2003年全国假释适用率为1.34%—2.93%，2003年至2007年全国假释适用率依次为1.41%、1.25%、1.12%、1.23%、1.23%。[①] 之后将近10年的假释比例为1%左右，而且这1%中被假释者的剩余刑期均不足5个月。此时减刑不易操作，于是便采取假释的方法。[②] 2013年至2017年全国假释适用率依次为2.90%、2.05%、1.54%、1.28%、0.93%。在不断呼吁扩大假释适用率的政策要求下，2018年全国假释适用率仅为2%左右。[③] 根据最高人民检察院通报的数据，近年来假释案件数量降幅明显，2020年较2019年下降30.8%，2021年较2020年下降41.2%，2022年较2021年又下降了14.0%。有的省份连续两年没有办理一起假释案件，严重限制了假释制度功能的实现。[④] 假释与减刑的适用比例悬殊以2007年为例，假释为16,906件，同期减刑为433,033件，假释与减刑的适用比例悬殊，因此要逐步提高假释适用比例。

第二，假释比例与减刑比例混合使用的无奈之举。在制度设计上，减刑和假释的适用标准存在交叉重叠，罪犯如果符合假释的条件则必然符合减刑的条件，如果罪犯可以被假释，则必然可以适用减刑，司法实践中二者之间常常存在“比例混用”。

减刑和假释在适用上的关系表现在：如果犯人“认真遵守监规，接受教

---

① 参见陈治军、陈梦琪：《关于依法逐步提高假释比例的理性思考》，载《中国司法》2018年第9期。

② 参见董邦俊、赵聪：《假释的实质条件及其评估保障机制研究》，载《政法论丛》2019年第5期。

③ 参见熊焱主编：《减刑、假释制度改革实证研究》，法律出版社2020年版，第207页。

④ 参见侯亚辉、刘福谦、吴飞飞：《强化法律监督推动假释制度适用——最高人民检察院第四十九批指导性案例解读》，载《人民检察》2023年第22期。

育改造，确有悔改表现”，但是再犯罪的风险尚未消除，只能减刑不能假释，因为此时假释的条件尚未齐备；如果犯人不仅“认真遵守监规，接受教育改造，确有悔改表现”，而且“没有再犯罪的危险”，此时假释的条件均已齐备，由于假释构成要件的部分内容与减刑适用的第一个标准的内容相同，即“认真遵守监规，接受教育改造，确有悔改表现”，二者是包容关系，但是假释犯再次违法犯罪造成的负面影响远超不当减刑造成的负面影响。与减刑相比较，假释给刑罚执行机关造成的压力要大得多。因此，通常情况下，刑罚执行机关更倾向于对罪犯适用减刑。实际操作的结果是，减刑挤占假释的份额成为常态，符合假释条件的罪犯常常被以减刑的方式抢先解决，导致假释的适用空间被大大压缩。[①]

第三，假释比例与在押罪犯比例的地区差异引发司法不公。假释标准不同导致各地适用比例大相径庭。一是不同地区的比例差异。“不同省份罪犯假释的比例差距甚至达到数十个百分点。全国近三年的平均假释率为1.28%—2.05%，山东省Q市在押犯假释率可达20%，最高时达25%—26%。”[②] 同在山东的青岛监狱和聊城监狱，2005年至2007年，青岛监狱假释适用率分别为18.1%、20.3%、17.6%。而与其在押犯人数大致相同的聊城监狱，假释适用率仅为3.2%、0.5%、0.2%。[③] 二是不同罪犯的比例差异。老病残罪犯的假释适用率明显低于普通罪犯，以山东省运河监狱为例，2007年假释适用率为5.93%，而老病残罪犯的假释适用率为3.51%。轻刑犯的假释适用率较重刑犯高，根据青岛等15所监狱的统计数据，2005年至2007年，5年以上有期徒刑、无期徒刑、死缓罪犯的年平均假释适用率为5.23%，5年以下有期徒刑的假释适用率为10.87%，重刑犯的假释适用率

---

① 参见王平：《减刑、假释适用比例失衡的成因与立法应对》，载《北京联合大学学报（人文社会科学版）》2020年第4期。

② 熊焱主编：《减刑、假释制度改革实证研究》，法律出版社2020年版，第219页。

③ 参见山东省高级人民法院课题组、周玉华、丁义军、侯建军、刘玉安：《关于完善减刑假释制度的调研报告》，载《山东审判》2009年第4期。

较轻刑犯要低5.64个百分点。[①]

二、诉讼主体的功能发挥出现失位与错位

就应然角度而言，司法乃制度化操作，各类主体均应严格按照法定方式和法定程序参与诉讼过程，但事实上，“中国社会在正式规定的各种制度之外，在种种明文规定的背后，实际存在着一个不成文的又获得广泛认可的规矩，一种可以称为内部章程的东西。恰恰是这种东西，而不是冠冕堂皇的正式规定，支配着现实生活的运行”[②]。假释制度的确立体现了现代社会对法治文明的不懈追求，并以一种看得见的姿态昭示和凸显了现代法治强化司法公正的价值理念；但同时，它也是中国法治面临困境和艰难选择的缩影。通过从实体和程序两个层面分析我国假释制度的供需关系，可以发现，假释案件办理在实践运行中存在严重的诉讼主体结构失衡的问题，各方主体的诉讼参与程度两极分化，假释案件办理程序功能虚置，实质化办理效果不理想，部分案件的处理结果不够公正，甚至存在徇私舞弊、司法不廉等情况。

（一）裁判功能弱化的审判机关

法官对假释案件的裁决判断，由于受到计分考核制的钳制，变成对刑罚执行机关提交的书面材料的形式化审查，刑罚执行机关的建议权严重侵蚀着法院的裁决权。在司法实践中，法官一般采用书面阅卷的形式审查假释案件，而且过于依赖刑罚执行机关报请的材料，很难发现虚假的计分考核结果或者立功情况，绝大多数案件是按照刑罚执行机关的提请理由作出裁决，审判职能基本上没有得到体现，法官在相当程度上已经沦为行政审批的长官，假释案件办理程序沦为行政审批程序。

---

① 参见山东省高级人民法院课题组、周玉华、丁义军、侯建军、刘玉安：《关于完善减刑假释制度的调研报告》，载《山东审判》2009年第4期。

② 吴思：《潜规则：中国历史中的真实游戏》，复旦大学出版社2009年版，第2页。

裁判功能弱化源于程序运行缺乏规范化，审理程序宽严不等、繁简不一，实践运行出现的问题不一而足。案件审理过程中再次全面公示的象征意义大于实质意义，假释听证制度是一项好的创新制度但流于形式，法院在监所“现场办案”在目前条件下无法完全避免但显然弊大于利。符合假释案件特点的证据规则体系缺失，对证据的证明能力没有任何限制，导致案件办理缺乏基本的约束和制约。部分案件的关键事实没有查清，甚至一些虚假的证据也能蒙混过关。基于假释案件证据材料形成时限的特殊性，法官查明案件事实的调查权无论是事前行使还是事后行使均会面临现实困难，事实查明的难度极高。仅就社区意见而言，虽然社区矫正机构出具的调查评估意见对于是否适用假释只是建议权而非决定权，法院并非不能通过审查予以排除适用，但是罪犯一般是异地关押，通常情况下拟假释犯所对应的社区矫正机构与法院不属于同一行政区域，法官赴异地对社区调查评估意见的真实性和合理性展开实质性审查，不仅要耗费大量的人力物力，而且难度系数极高。

（二）监督手段疲软的检察机关

检察监督的权能配置不够科学完善，纠错程序未能发挥实效，且有混用、乱用之嫌。根据现行法律规定及实践做法，检察机关对假释案件提出检察意见主要通过以下两种方式进行：一是在刑罚执行机关提请假释前提出检察意见，由刑罚执行机关将该意见随同案件材料一并移送法院；二是刑罚执行机关将假释建议书副本抄送检察机关，检察机关审查后，直接向法院提出检察意见。此外，如果刑罚执行机关认为生效的假释裁定确有错误，可以向检察机关或者法院提出。检察机关审查认为生效的假释裁定确有错误的，可以向法院提出书面纠正意见。法院审查认为生效的假释裁定确有错误的，可以自行纠正。

检察机关对刑罚执行机关的监督因以事后监督为主而减损了监督效能，对法院的监督方式因局限于发出书面意见的单一方式而不能满足监督需要。“刑事执行检察监督是程序性权力，而程序性权力的主要特点是以实体性权力为依托并最后作用于实体性权力，我国有关刑事执行检察监督的法律条文多缺少法律后果这一要素，失去了强制性的特质，直接导致检察机关对刑事执行的监督缺乏强制力和权威性。”[①]《2012 年减刑假释规定》第 29 条创设了独立于审判监督程序之外的监督纠错程序，但是没有明确具体的标准和程序。由于假释裁定一经作出即发生法律效力，监督纠错程序实质上等同于审判监督程序。“确有错误”是启动审判监督程序的条件，一般是指影响假释案件公正处理的事实认定错误、法律适用错误、重大程序违法以及办案人员有徇私舞弊行为等情况。由于监督纠错程序对原假释裁定的判断采取谨慎审查的态度，检察监督的效能十分有限。

（三）监管体系虚置的社区矫正机构

2009 年 9 月最高人民法院、最高人民检察院、公安部、司法部联合签发《关于在全国试行社区矫正工作的意见》（司法通〔2009〕169 号），至此社区矫正制度在我国基本建立，为假释的执行方式提供了制度选择。2011 年 5 月《刑法修正案（八）》将假释的执行方式“由公安机关予以监督”改为“依法实行社区矫正”，此后假释犯的监管主体由公安机关变更为司法行政机关。《社区矫正法》的实施在一定程度上推动了社区矫正的规范化进程，但是上层制度改革难以在短期内直接影响到实践操作，假释的监管程序体系远未充分建立，主体协作模式尚未构建，具体监管程序尚未设置，如何监管缺乏具体操作规程。假释的适用效果在很大程度上受制于对罪犯开展的社区矫正工作，假释犯监管缺位的情形时有发生，社区矫正环境不佳是假释适用率低的一个重要原因，“执行方式流于形式，导致司法机关对适用假释非常谨慎”[②]。

此外，从立法和司法实践来看，作为法官考量罪犯假释后对所居住社区

① 孙谦主编：《检察理论研究综述（2009—2023）》，中国检察出版社 2023 年版，第 168 页。

② 周光权主编：《刑法历次修正案权威解读》，中国人民大学出版社 2011 年版，第 343 页。

影响的重要依据，假释前审前调查的内容和范围并不明确，法律将审前调查内容定位在“罪犯假释后对所居住社区的影响”是审前调查片面化的重要原因。假释案件的审前调查“更侧重于社区对拟假释犯接纳能力与接纳意愿的调查，而罪犯的家庭背景、婚姻状况、生活经历等对于假释裁判同样具有重要意义的信息，往往不作为调查的重点，甚至可以不作调查”①。审前调查的片面化可能引发事实认识错误。例如，在一起假释案件中，社区矫正机构认为罪犯不具备家庭监管条件而出具了不同意假释的意见，法院通过邀请社区矫正机构参加庭审使社区矫正机构在深入了解事实的基础上当庭改变原来的意见，同意假释。②

（四）诉讼地位缺失的当事人

“一个人在国家裁判机构作出对其利益有利或者不利的裁判时，应该至少能够处于一种可与裁判者就如何对待他的问题进行理性协商的地位，即强调尊重程序参与者作为自主、负责和理性主体的地位，要求裁判机构与他一起参与裁判结果的形成过程，向他论证裁判结果的合理性与正当性，从而使他成为裁判制作过程中的协商者、对话者、辩论者和被说服者，其作为人的尊严得到充分尊重。”③ 现行法律对于罪犯本人和被害人在假释程序中享有的权利并不明确，不服假释裁定更是缺乏必要的救济途径。

无论刑罚执行机关是否作出提请假释的意见，罪犯和被害人不能要求复议或者直接提请；不服法院裁定的，同样没有申诉的权利。与假释裁定有着直接利害关系的罪犯在假释程序中更多地被作为客体对待而非诉讼主体，罪犯不服假释裁定时应该如何处理缺乏法律规定，法律的空白难免造成罪犯在

① 茅仲华等：《减刑、假释案件审理程序规范化研究》，中国法制出版社 2017 年版，第 174 页。

② 参见茅仲华等：《减刑、假释案件审理程序规范化研究》，中国法制出版社 2017 年版，第 181 页。

③ 陈瑞华：《程序正义论——从刑事审判角度的分析》，载《中外法学》1997 年第 2 期。

假释程序中遭受不公正的对待。现行法律也没有规定被害人在假释程序中享有哪些权利，即便是在财产性判项履行情况已经成为影响假释适用的重要条件之一的情况下，被害人介入假释程序仍然没有可操作性的实体规定和程序规则。实践证明，法院“对于被害人的介入缺乏应有的热情，其实际裁决也未能体现积极、肯定的态度”①。即便是旁听庭审，检察机关和罪犯也普遍持反对态度。②

三、形式化的案件办理程序难以防范司法不公

深刻反思我国假释案件办理程序与基本诉讼原理的关系可以发现，假释案件并未被真正纳入诉讼化办理程序，现有办理程序和逻辑与基本诉讼原理存在悖反。假释审查工作因无效断言、失控的自由裁量权以及与正当程序的背离而惨遭抨击。在整个假释案件办理程序中，检察官和法官均完全依赖刑罚执行机关的认知决策，直接言词原则、辩护原则等刑事诉讼基本原则难以得到贯彻落实。形式化的案件办理程序既有制度上的原因，也有实务操作中的原因。

（一）裁判权异化为审批权

我国假释案件办理程序的运作过程由于缺乏刑事诉讼法足够照应的法律现实，乃法官听取多方意见的行政审批模式。假释建议的出炉，更多的是刑罚执行机关一锤定音启动程序后法官“听取多方意见”的运作模式。信息不对称导致实质化审理难以实现，法官过于依赖刑罚执行机关提交的罪犯改造计分考核材料，基本依赖刑罚执行机关作出决定，诉讼各方虽有对话但缺乏实质交互。审理程序的格式化彰显了程序运行的行政属性。

罪犯的日常管理、考核计分等工作由刑罚执行机关负责，虽然单纯的计

① 缪伟君等：《减刑、假释制度改革研究》，中国检察出版社2017年版，第115页。

② 参见熊焱主编：《减刑、假释制度改革实证研究》，法律出版社2020年版，第120页。

分考核不能全面反映罪犯的改造表现，但法官通常只能根据刑罚执行机关报送的书面材料判断罪犯是否符合假释条件。监狱作为刑罚执行机关和假释的主要提请机关，也是徇私舞弊假释犯罪案件的高发、多发单位。具体行为表现主要包括：日常考核计分弄虚作假，通过调整或者安排一些容易获取考核计分的特殊岗位、担任特情耳目、伪造材料获得加分，进而违规获评监狱级、省级监狱管理局改造积极分子；伪造立功、重大立功骗取假释，主要是获取虚假实用新型专利证书、伪造相关检举揭发他人犯罪线索、伪造见义勇为材料等申请立功、重大立功；隐瞒罪犯违反法律、法规和监规纪律的行为，包括隐瞒罪犯违纪违法事实不作处理和对罪犯违纪违法事实作降格处理。

假释案件的证据类型单一，通常只有书证，刑罚执行机关一般仅提供奖惩审批表、计分考核表等行政性证据材料，这些材料只能证明刑罚执行机关对罪犯日常改造表现和奖惩情况的评价性事实，而核心证据——据以证明罪犯改造表现或者奖惩事由的基础事实依据往往不会向法院提交。对于刑罚执行机关报送的材料，法官一般仅作形式审查，重点核查提请材料是否齐备、不同材料的内容之间有无冲突，往往是在缺乏有效质证审查的情况下即简单认可证据材料的真实性和合法性，背离证据裁判的要求。事实上，法官也无从逐一核查。根据刑罚执行机关对罪犯改造表现所作记录对罪犯的再犯罪危险进行评估和预测，不仅难度大，更是缺乏可操作性的指标体系。虽然法官会听取罪犯和检察机关的意见，但通常情况下罪犯的意见只可能与刑罚执行机关的意见一致而不会相反，检察机关虽有监督职能却缺乏有效监督的路径保障，假释这一“刑罚优待”由此成为刑罚执行机关依职权申请、检察机关难以监督、法官经形式审查即直接确定的“可期待利益”。依职权启动再由法官形式化听取多方意见的程序运行模式无法保证裁决公正。

（二）行政性的比例预设导致裁判标准不一

刑罚执行机关对假释比例的预设导致裁判标准异化。一是基于案件处理效果的现实需要，监管标准与裁判标准高度一致。通常意义上，假释是被作为狱政管理的重要手段，在减轻监所的拥挤压力和提高罪犯的改造期望方面起到了安全阀的作用。罪犯以为“参加劳动就是表现好”，甚至指望通过“找关系、通路子”等不正当手段获得假释。监所提请即可获得“假释”，此系罪犯根据长期以来的实践惯例形成的“合理预期”，一旦提请未获准许，会对监管秩序以及罪犯的后续改造产生不良影响。这是裁定准予率高、法院不敢轻易不准予假释的重要原因。二是裁判标准相互之间不一致，呈现出明显的时间性和区域性差异。同样或者类似的案件，罪犯可能受到截然不同的处遇，不同时期不同罚、不同地区不同罚的现象仍旧广泛存在。例如，根据2017年11月安徽省高级人民法院、安徽省人民检察院、安徽省司法厅联合发布的《安徽省办理减刑、假释案件实施细则（试行）》（皖高法〔2017〕213号）的规定，被害方信访不止或者因群体性事件被判刑，假释后可能引起不良社会影响的罪犯，一般不予假释。从横向看，不同地区之间的假释适用率不平衡，个别地区的假释适用率极低；从纵向看，不同时期之间的假释适用率不平衡，假释适用率呈现波动趋势。假释的适用对象虽然相对比较宽泛，但个别类型案件的假释适用率过低。假释适用率的差异影响对假释制度的稳定性、统一性、普遍性的认知和评价。

四、低假释率与假释条件审查存在强逻辑勾连

（一）扩大假释适用率的政策要求与设置假释障碍的现实因素交互重叠

2018年1月22日，中央政法工作会议提出要“依法逐步提高假释比例，让更多符合条件的罪犯在社会上接受改造，降低刑罚执行成本，增加和谐因素”。同年1月司法部《关于加快推进司法行政改革的意见》（司发〔2018〕1号）提出了进一步提高假释适用率的要求。经过启动和实行社区矫正工作，我国部分地区的假释适用率曾一度短暂扩大（如山东省、四川省等），但是目前仍处于2%左右，且全国不平衡。

从案件办理结果来看，低假释适用率与对假释条件的审查标准之间存在强逻辑关系。在司法实践中，假释的适用以保守方式为主，有些罪犯即便积极改造，确有认罪悔罪表现，也难以获得假释。“为了更具可操作性，全国各地的高级人民法院又单独拟定了实施细则，让标准更具体、更稳妥、更保守。如老年犯的假释年龄需在63周岁以上；余刑需在两年以下；必须首先符合减刑条件才可选择假释等。陆续修订的刑法将假释适用范围收紧后，在具体实践中，又被类似的各地实施细则束缚捆绑，让假释的适用环境越发恶化，使得假释适用的数量更是寥寥。”①

（二）现行案件办理程序和逻辑难以保证裁决结果的正当性

假释案件办理程序流于形式是备受争议和指责的主要问题。从司法实务层面来看，刑罚执行机关往往是集中报批，针对批量的假释案件，检察机关和法院均是通过审查刑罚执行机关报送的假释建议书和罪犯的计分考核结果等书面材料来确定罪犯是否符合假释的条件。证据规则基本缺失，办案人员对证据材料一般仅作形式审查判断，相关诉讼参与人的意见陈述权无法得到保障，批发式的审查方式、填充式的裁判文书，无不显现着案件审查的形式化。正因如此，在稀缺型的假释资源寻租过程中，检察官和法官并非利益关系人“寻租”的关键环节。现行假释案件办理程序未能体现对未成年犯和短刑犯等特殊对象的足够关怀，如2007年10月安徽省高级人民法院《关于执行〈最高人民法院关于办理减刑、假释案件具体应用法律若干问题的规定〉实施细则》明确规定对“余刑不满六个月”的罪犯一般不予假释。

简便高效的审查方式难以有效识别罪犯的伪装性改造和欺诈性改造，对积习难改和没有消除“再犯罪的危险”的罪犯缺乏足够的识别能力，容易引发社会公众对假释结果的公正性和合法性的质疑。“一则罪犯行刑表现的功利性虚假性风险会在书面审查中具有更大的隐蔽性；二则不通过直接言辞

---

① 熊焱主编：《减刑、假释制度改革实证研究》，法律出版社2020年版，第212页。

对书面证据审查的信度必须建立在证据客观真实、资格能力无怀疑的前提基础之上。一旦这一链条断裂，将导致法官裁决的依据基础错误。”① 假释在一定意义上可能成为“制造更好的囚犯而不是更好的社区居民”的工具。通过案件梳理可以发现，假释审查存在诸多工作不规范、履职不到位等问题，“有权人”“有钱人”的假释比例更高、实际服刑时间偏短的现象依旧存在，个别案件办理违背法律规定甚至搞权钱交易，违纪违法办理“关系案”“人情案”“金钱案”的情况屡有发生。“纸面服刑”等现象暴露出假释案件办理中隐藏的违规违法以及办案程序内部各环节甚至全链条失守的问题。不当假释不仅破坏监所的内部纪律，更会严重损害整个司法系统的权威和形象。

第四节　我国假释案件办理程序运行失范的原因分析

要让假释制度真正发挥实效，就必须直面假释在理论和实践中面临的主要挑战，以假释的立法规定、司法解释以及相关规范性文件为依据，梳理检视假释案件办理程序运行失范的原因，分析探讨影响假释适用的深层次内涵和各种因素，深入探究假释衰退背后的潜在因素。唯有以此为根基，才能展望假释制度未来可能的选择和前景。

一、价值定位——“权力”而非“权利”的制度设定

1954 年 9 月政务院发布的《劳动改造条例》明确假释属于对罪犯的奖励。时任政务院政治法律委员会副主任罗瑞卿在《关于〈中华人民共和国劳动改造条例〉草案的说明》中指出，假释是为了加强对罪犯的改造效果，促进罪犯在劳动改造中的积极性，对在劳动改造中的罪犯所实行的一种奖励

① 孙琳：《减刑假释程序研究》，中国人民公安大学出版社 2011 年版，第 163 页。

制度。[①] 此后的法律规定和其他规范性文件均承袭了奖励说的观点，否认罪犯在假释程序中享有权利。罪犯能否获得假释，法律采取的是授权性规范而非命令性规范，“可以假释”而非一律假释、应当假释。

“奖励说”在我国一直占据主导地位，是我国目前理论界和实务界的主流观点，该说指导下的假释具有不确定性。在职权主义的影响下，假释不是罪犯的“权利”而是国家对罪犯的额外“奖励”或者“恩惠”，是掌握在国家机关工作人员手中的权力，罪犯只有在被司法机关认定为有良好改造表现时才可能获得。“奖励”式的程序启动模式容易形成腐败空间，“国家机关工作人员视自己为掌握自由与否的恩赐者，容易滋生权力寻租问题”[②]。刑罚执行过程中的腐败行为使假释制度黯然失色。罪犯被客体化，假释不能成为罪犯在制度框架内的正常合理期待，罪犯即便遭受不公正对待，亦无法通过法律途径寻求制度框架内的救济路径，假释制度的实际运行效果因此大打折扣。

二、认识因素——假释在诸多诉讼主体眼中呈现不同的面相

虽然刑罚的宽缓化趋势日益受到重视，但“我国是一个重刑主义思想传统的国家，自从商鞅、韩非等法家提出、推崇重刑主义思想以来，历经2000多年而不衰，即使在鼓吹用儒家思想治国的朝代，暗地里也是推行法家的重刑主义思想，因而它已经成为我国民族抹之不去的心理基因和文化情结”[③]。报应观念具有强烈的社会基础，假释制度显然与这一要求相背离。理念滞后严重阻碍了假释的适用，甚至引发不科学的工作目标考核和错案责任追究。基于前述因素，假释在不同主体眼中呈现出不同的面相。各方基于对各自的利益保护和风险规避，形成了不同的角色行为模式。

---

① 参见鲍圣庆编著：《减刑、假释的理论与实践》，吉林人民出版社1992年版，第1页。

② 茅仲华等：《减刑、假释案件审理程序规范化研究》，中国法制出版社2017年版，第22页。

③ 冯全：《中国缓刑制度研究》，中国政法大学出版社2009年版，第137页。

就罪犯自身而言，出于趋利避害的本能，在减刑与假释并行的情况下，宁愿选择减刑而不愿选择假释。假释是附条件地予以释放，罪犯在假释考验期限内仍要受到种种监管约束，而减刑是无条件地直接缩短原判刑期，具有不可撤销性。因此，罪犯“更愿意选择没有任何约束和束缚的减刑出狱，而非仍需受到监管的假释。假释期间无法摆脱罪犯身份，活动局限，行动受控，不可能像正常人一样完全自由。一旦行为失控，在假释期间违反规定，就可能被收监入狱，继续高墙生活。且如重新犯罪，还有被数罪并罚的风险。而减刑出狱，则无罪一身轻，行动完全自由，不受任何外界制约”①。因此，部分短刑犯不愿适用假释，一些短刑犯认为服刑一半以上，如果在剩余刑期内能再争取减刑一次，即可提前刑满释放，而如果被假释，回到社会上仍是罪犯身份，在假释考验期限内还要接受监督，心理压力较大，加上部分社会矫正机构的处理方式不当，更使罪犯难以承受。因此，罪犯更愿意选择减刑而将假释弃置一旁。

就办案人员而言，罪犯重新犯罪问题是现实而又无法抗拒的风险，基于风险抑制的目的，对假释的适用基本持谨慎保守态度。罪犯在假释期间重新犯罪是多方因素共同作用的结果，而现实中的所谓“错案追究”放大了办案人员的责任。一旦假释犯重新实施犯罪特别是社会影响大的犯罪，必将倒查假释案件的办理过程。办案人员因缺乏应对风险的信心和抗压能力而内外交困，严重影响假释工作的积极性。河南“1997 年统计数据显示假释率为9%，因为一个被假释的罪犯出狱后恶性犯罪，案件责任倒查，多年来影响深远，假释率低到了全国最低点”②。不仅如此，立法对于假释的条件设置总体而言日渐严苛，通过假释比例的控制办案人员也不难看出上级机关的意图，减少假释适用显然是更为稳妥的处理方式，既能避免被指责打击犯罪不力甚至要承担假释不当的责任，也可以减轻回访帮教等工作任务。对比动辄

① 熊焱主编：《减刑、假释制度改革实证研究》，法律出版社 2020 年版，第 207 页。

② 黄永维：《中国减刑、假释制度的改革与发展》，法律出版社 2012 年版，第 82～83 页。

有追责风险的假释，一些“理性”的办案人员秉持宁“减”不“假”的办案思路，更愿意选择无任何风险的减刑。

就社会大众而言，报应观念根深蒂固，假释制度缺乏深厚的群众基础。“中国传统文化中隐藏的惩罚性思维固化，人们不容易对改过自新的罪犯重新认同、善待包容，歧视和偏见将长期存在。”① 不少人仍旧迷信监禁刑的功能，担心把假释犯放在社会上增加不安全感。“相当一部分社区群众坚决反对把危险分子放到自己身边，无法接受和正视假释对于社区安全的重要影响：一是对罪犯危险性进行评估属‘安全范畴’；二是有执法机构对其进行监管；三是考验期内如以身试法会被收监让罪犯作恶有顾虑；四是如减刑就会更早地回到社区却没有约束机制，会更加危险；五是假释让罪犯逐步适应社会生活，减少直接减刑带来的‘人群回归障碍’滋生的新的社会问题。”② 此外，我国假释案件呈现相对封闭的审查模式，假释的公正性依旧饱受社会公众质疑，尤其是假释后罪犯出现再犯罪或者漏罪情形更容易被指“暗箱操作”。

三、规范因素——实体条件判断复杂和诉讼运行规则缺失

从立法和司法适用情况来看，影响假释适用的因素是多元化的。从规范因素来看，相关法律规定非常庞杂，散见于多个法律法规、司法解释、部门规范性文件甚至是各种通知和领导讲话之中，法律供给严重不足，难以避免规避法律规范、滋生司法腐败、损害司法公正的实践乱象。

（一）实体条件判断具有复杂性，难以杜绝司法随意

过于宽泛、抽象的立法带来了假释标准的模糊，假释条件的主观性与模糊化加大了审查判断的难度，甚至检察机关、法院与刑罚执行机关之间对假

① 熊焱主编：《减刑、假释制度改革实证研究》，法律出版社2020年版，第226页。

② 熊焱主编：《减刑、假释制度改革实证研究》，法律出版社2020年版，第228页。

释标准的认识也不统一。假释案件办理中的重点难点问题，既有对“确有悔改表现”的认定、“再犯罪的危险”的判断、假释适用刑期条件的理解、财产性判项履行情况对假释适用的影响等法律适用问题，也有依法从宽适用假释、对特殊罪犯从严审查等政策把握问题。

首先，罪犯改造表现的认定依赖于监所干警的主观判断。罪犯改造表现的认定依据主要是计分考核制，证据材料的搜集和获取完全为刑罚执行机关所垄断，罪犯改造表现的认定权实际上被掌握在刑罚执行机关手中，难以避免腐败现象，这一点在吴某发受贿，徇私舞弊减刑、假释、暂予监外执行案中即可见一斑。① 刑罚执行机关主要根据计分考核对罪犯进行管理，计分考核具有客观性、可量化的优势，但忽视了罪犯个体改造的差异，存在对不同类别、不同岗位罪犯的考核办法不够细化合理的问题。一般来说，有着一技之长的罪犯更容易获得考核分，而没有一技之长的罪犯较难获得考核分。计分考核结果存在重行为表现、轻思想改造和重狱内稳定、轻案件效果等弊端，“以分计奖，以分折刑、唯分是举、劳动折抵刑期”的客观主义倾向明显，难以兼顾“从宽”“从重”情节的考量。考核分值在很大程度上是由监所干警根据自己的主观判断确定的，因而与假释的法定条件“确有悔改表现”并不完全吻合。

其次，“没有再犯罪的危险”的审查认定因缺乏可操作性而陷入困境。法律对该条件规定得相当原则，实际操作性较差。“没有再犯罪的危险”实质是一种事先预测，如何判断该条件是否成就，本身就是大问题。标准的模

---

① 基本案情：2009 年至 2010 年上半年，时任监狱长、监狱管理局副局长的吴某发多次接受徐某吃请送礼，收受现金 4 万元和茅台酒等财物，并接受徐某请托拟将在 A 监狱服刑的罪犯张某（因持枪杀人案被判处无期徒刑，属于罪行严重的罪犯）调往 B 监狱服刑，以为日后办理假释制造机会和方便。吴某发明知张某不符合调监和假释条件，仍授意 A 监狱原监狱长袁某为张某违规办理调监手续并签批同意，还指使 B 监狱原副监狱长李某为张某违规办理假释，致使张某于 2010 年 7 月初被调往 B 监狱服刑，于同年 9 月 30 日被法院裁定假释。吴某发因犯受贿，徇私舞弊减刑、假释、暂予监外执行罪，被判处有期徒刑 9 年。参见湖北省汉江中级人民法院刑事判决书，（2018）鄂 96 刑初 31 号。

糊给办案人员的自由裁量权预留过大空间：要么迫于压力望而却步不敢轻易适用，要么利用漏洞徇私舞弊滥用乱用。如何判断罪犯有无再犯罪的危险，依然是司法实践中的一个难点问题。截至目前，我国还没有达成共识度较高的再犯风险评估的基本假设、调查方法、分析技术、量表应用规程，已制定的预测工具的信度和效度也未见公开的检测报告。① 风险评估的法定化与制度化至今未能实现，在司法实践中仍属经验性判断，但办案人员承担罪犯假释后重新犯罪"风险责任"的状况没有得到根本改变，如果假释犯在假释考验期限内因再次犯罪被收监执行，对办案人员乃至办案机关会产生很大的负面影响，这种风险使办案人员对假释的适用顾虑重重，普遍存在害怕承担不利后果的谨慎现象。"没有再犯罪的危险"犹如"达摩克利斯之剑"使办案人员对假释的适用心生畏惧、过于谨慎，导致我国假释适用率一直在低位徘徊。

最后，财产性判项履行与假释关联机制的运行效果不佳。财产性判项履行与假释关联机制将罪犯的财产性判项履行情况作为假释的条件之一，该机制作为一种惩罚模式极大地限缩了罪犯的假释可能性。最高人民法院对于关联机制仅有原则性要求，各地在细化财产性判项履行情况与假释的挂钩方式上差异过大，相似的履行情况在不同地区可能产生不同的结果。信息甄别的无力导致受到财产性判项履行与假释关联机制不利影响的罪犯范围还在扩大。由于信息甄别困难，办案人员往往是根据财产性判项履行结果进行"一刀切"。财产性判项履行主体混乱导致出现"履行难"与"难履行"并存的吊诡局面。根据2021年11月山东省高级人民法院、山东省人民检察院、山东省公安厅、山东省司法厅联合印发的《关于办理减刑、假释案件的实施细则》的规定，罪犯主动履行或者委托近亲属代为履行全部附带民事赔偿义务，或近亲属代为履行全部附带民事赔偿义务经罪犯本人同意，因找不到被害人或其法定代理人、近亲属导致无法履行，经检察机关、法院查证属实

① 参见刘崇亮：《罪犯风险等级评估量表的构建》，载《刑法论丛》2020年第3期。

的，不影响其假释。但在我国其他部分省份的实践操作中，找不到被害人或其法定代理人、近亲属导致财产刑无法履行的，一般不予假释。

（二）程序设计简单粗疏，证据规则体系缺失

现行制度体系对假释案件办理程序没有作出特殊要求，全国统一的假释案件办理程序规范尚未出台，导致假释案件办理程序呈现出百花齐放的局面。《2012年减刑假释规定》的草案曾有关于法院开庭审理假释案件的具体形式和程序的规定，但相关条款最终没有被保留。[①] 对于在案证据如何进行审查认证、举证责任如何合理分配等问题，法律、司法解释和其他规范性文件均没有作出明确规定。符合假释案件特点的证据规则体系的缺失导致证据认证主要依赖于办案人员的形式审查和内心判断。案件办理程序构造的非理性和程序设置的粗疏简陋导致程序保障实体的功能受限，“实体结果的主观性大为增强，而程序过程的客观性又无法保障，司法公正遭受质疑”[②]。

首先，行政性证据与刑事证据直接混同。假释案件基本采用普通刑事案件的运作模式，但“在两权并存的刑事行刑阶段，行政强势甚至减弱了执行对裁决的附属特性”[③]，主要表现就是行政性证据与刑事证据直接混同。罪犯的主观改造情况和有无“再犯罪的危险”是假释审查中极为重要的待证事实。司法办案需要理性的怀疑精神，计分考核结果固然有助于实现对罪犯考核的制度化、规范化，但仍应从证据的真实性和关联性两个角度对计分考

---

① 当时主要是考虑到，假释案件开庭审理仍处在探索和完善的过程之中，关于应采取何种具体形式，具体程序如何设计等还没有成熟全面的经验，需要进一步探索和不断总结。同时，对假释案件进行开庭审理需要多部门的配合，各部门之间的相互适应和磨合也需要一个过程。司法解释作出统一规定固然是好事，但它是规范也是限制，在增强可操作性的同时，也会带来灵活性不足的弊端。不如先做出原则性要求，由各地方在一个框架之内积极探索为好。参见官鸣、黄永维主编：《最高人民法院关于减刑、假释司法解释理解与适用》，人民法院出版社2014年版，第283页。

② 孙琳：《减刑假释程序研究》，中国人民公安大学出版社2011年版，第157页。

③ 孙琳：《减刑假释程序研究》，中国人民公安大学出版社2011年版，第155页。

核结果的效度进行认真分析。在实践中，过分倚重计分考核结果的司法惯性仍然强韧，加之刑罚执行机关的考核材料均盖有公章，意味着刑罚执行机关对考核材料的真实性负责，因此计分考核这一行政性证据在假释案件中往往是直接被采纳作为刑事证据，不需要进行转化甚至不需要提供任何佐证材料，检察官和法官一般只进行形式审查而不会行使调查取证权进行逐一核实，导致刑罚执行机关的监管标准与假释标准高度统一。

其次，参考性证据决定案件走向。《社区矫正法》第18条规定，“社区矫正决定机关根据需要，可以委托社区矫正机构或者有关社会组织对被告人或者罪犯的社会危险性和对所居住社区的影响，进行调查评估，提出意见，供决定社区矫正时参考”。据此，社区调查评估意见在假释案件中仅是参考性依据而非决定性意见。但在司法实践中，这一本来意义上的“参考”性证据却事实上有着决定性意义，基本上决定着假释的适用与否。在社区矫正机构不同意对罪犯适用假释的情况下，只要其出具的结论性评估意见有明确的事实和理由，且依据的事实和理由不违反法律或者常情常理，即便刑罚执行机关认为罪犯符合假释条件，检察机关和法院也会优先采纳社区矫正机构的意见，从而形成了社区调查评估意见在假释案件审查中“一票否决”的效力。这一点与缓刑案件中审前调查报告的效力指数有着明显不同，概与缓刑和假释的社会关注程度不同有关。更为关键的是，决定案件走向的这一参考性证据存在严重问题。调查评估的程序片面化，报告内容不够规范，调查评估报告是否需要写明社区矫正机构对罪犯假释的意见，做法不一。更为甚者，非正当因素影响调查结果，“不少结论性评估意见并非全部基于罪犯假释后对社区影响的合理考虑，许多非合理的因素也成为影响其作出是否同意对罪犯适用假释结论性意见的主要原因”①。这些非合理的因素，既可能是社区矫正机构为了减轻工作负担，不愿意接纳罪犯进行社区矫正，也可能是

① 茅仲华等：《减刑、假释案件审理程序规范化研究》，中国法制出版社2017年版，第177页。

部分矫正机构未能完全理解调查评估的功能作用，将罪犯的原判刑罚轻重、服刑期间的改造表现等不属于社区考量范围之内的因素作为调查评估的依据，还有可能是少数社区矫正机构滥用权力，不按要求开展调查评估工作，或在没有任何依据的情况下直接作出是否同意假释的结论性意见。

四、机制因素——配套机制不够健全

假释适用具有很强的政策性，假释适用率的高低取决于各个地区的法治传统、现实需要以及社会的承受力和认可度。基于维护社会治安和平息民怨的需要，各个地区在不同时期的假释适用率呈现较大浮动，致使不同时期的罪犯遭受不同的处遇。

（一）比例混用给办案人员预留“后路”

行政性的比例预设对假释适用影响极大。例如，根据2008年9月江苏省高级人民法院、江苏省人民检察院、江苏省公安厅、江苏省司法厅《关于认真贯彻落实宽严相济刑事政策进一步做好罪犯减刑假释暂予监外执行工作的意见（试行）》［苏司通（2008）100号］的规定，该省假释比例控制在当年在押犯总数的5%以内。针对假释比例预设影响制度效果发挥的现状，实务部门普遍主张，目前控制的假释比例过低，有必要取消比例控制或提高比例。不仅如此，由于减刑和假释的适用标准在制度设计上存在交叉重叠，司法实务中二者常常存在“比例混用”的情况，办案人员更倾向于对罪犯适用风险更小的减刑，减刑挤占假释份额成为司法常态。

（二）假释的撤回和撤销程序不够健全

从刑罚执行机关提出假释建议直至法院作出假释裁定，需要经过一定的期限，期间如果罪犯重新犯罪、被发现有漏罪或者有严重违反监规纪律的行为，刑罚执行机关在发现上述情况后一般会向法院提请撤回假释建议。即便假释裁定已经作出，如果被假释的犯罪分子在假释考验期限内犯新罪、被发现有漏罪或者违反法律、行政法规、国务院有关部门关于假释的监督管理规定，亦应撤销假释。然而，无论是假释撤回还是假释撤销，法律对于适用何种程序进行审查均未作出规定，各地也没有形成相对统一的程序和标准，案件是否需要经过审理程序、罪犯本人能否以及如何参与程序运行等，存在的问题不一而足。假释适用率本来就低，假释撤回和假释撤销更是少之又少。程序阙如所引发的问题，主要是假释犯的权益难以得到保障。

（三）社会矫正制度体系运行缺位

假释的适用效果对社区矫正机构的职能发挥有着很强的依赖性，但在衔接协作方面，目前仍处于形式化的材料移交与审查阶段，部门之间基于罪犯再社会化目标开展的部门协作与资源共享远远不够，限制了假释制度的功能发挥。虽然社区矫正相关法律规定日趋完善，但由于经济发展水平差异等因素的影响，各地社区矫正机构的职能作用发挥参差不齐。有的社区矫正机构对审前调查评估函不予理睬或简单应付，导致办案人员因不了解罪犯矫正环境而不同意适用假释，限制了假释的适用；有的社区矫正机构不了解审前调查评估的目的和意义，单纯因为不想增加工作负担而不同意对罪犯适用假释。由于立法对罪犯交付执行时的接受原则、接受程序等仅作了原则性规定，具体执行中各地并不统一，假释犯的报到依赖于罪犯的主动性和自觉性，容易造成工作延误甚至脱漏管。在司法实践中，罪犯的主动报到与权力机关的文书送达往往不同步，“可能出现服刑人员到县级司法行政机关报到，但有关法律文书未送达，或者法律文书已送达，但服刑人员未报到的情况，造成原判刑罚生效判决与执行环节衔接不力的情况”①。部分地区的监管机制不够健全，监管措施不够具体，人员、资金等配套设施供给缺乏，导致假释考验期内对罪犯的监管不到位，甚至罪犯回到社会上缺乏监管，罪犯重新

---

① 张凯：《论我国监狱矫正与社区矫正互动机制之形塑——以功能主义为分析视角》，载《东岳论丛》2016 年第 8 期。

犯罪的可能性难以排除。社区矫正机构的职能缺位在很大程度上影响着假释的成效，特别是在假释比例和减刑比例可以混用的情况下，监管部门情愿将假释比例用于减刑，以规避假释适用可能造成的风险。

（四）错案责任倒查与追究机制成为掣肘

现行的错案责任倒查与追究机制引发诸多质疑，其中最重要的问题在于，何谓“错案”，缺乏统一的标准，理论界观点纷争不断，司法实务更是往往单纯以实体结果评定错案与否，如果案件处理结果与客观现实不一致就是错案。“错案概念模糊不清，认定错案标准和范围难以确定；错案责任追究不当，会使法官时常处于被追责风险之中。”① “法官需要对案件裁判结果承担终身责任的强大压力也许会导致法官的正常履职行为发生畸变。”②

立法对于办案人员进行责任豁免的法律规定存在诸多空白，“容错机制”的缺失成为办案人员行使职权的极大隐忧。最高人民法院和最高人民检察院虽然出台相关意见对司法豁免的内容和条件等作出规定，如2015年9月最高人民法院印发《关于完善人民法院司法责任制的若干意见》（法发〔2015〕13号）、2015年9月最高人民检察院印发《关于完善人民检察院司法责任制的若干意见》（高检发〔2015〕10号）、2018年12月最高人民法院印发《关于进一步全面落实司法责任制的实施意见》（法发〔2018〕23号），但相关规定过于笼统，缺乏有效的豁免认定和救济程序，司法责任豁免的认定主体不一而且缺乏程序性规定，近年来出现了办案人员因职务行为被追责却陷入维权难的尴尬局面。由于假释犯在假释考验期限内再犯罪，部分省市出现了案件倒查并追究办案人员责任的案例。除却办案人员利用职权从中渔利的情形不论，纯粹因为假释犯再犯罪而导致办案人员被追责的情形

---

① 李少平：《深化司法责任制改革应当处理好四个关系》，载《法制日报》2016年2月24日，第9版。

② 蔡富强、田坤：《论错案责任追究模式的拓维性建构》，载《湘潭大学学报（哲学社会科学版）》2020年第3期。

也不在少数，这一现象甚至导致极少数省市区不再适用假释，原本还算正常适用假释的省市区的适用比例大幅下降。例如东部某省，原先的假释适用比例每年能保持在2%以上，现已下降到1%以下。

第三章　假释案件程序保障的总体思路与路径选择

改革和规范假释案件办理程序是一项具有全局性、立体性的系统工程，涵盖了一系列宏观层面和微观层面的内容，不仅应当着力解决现有制度存在的不足，而且应当采取有效对策扭转不当的司法常态。因此，在探讨重塑假释案件办理程序的具体路径之前，应当针对现行假释案件办理程序存在的问题，明确改革总体思路，“改革内容既应包括技术性调整，也应涉及体制性改革；既应包括宏观方向拟定，也应涵盖具体制度设计；既有客观改革，也有主观改造”①，从而使制度设计更加公平公正，契合社会公众加强司法公正的呼声和需求。

第一节　重塑假释案件办理程序的必要性和可行性

一、重塑假释案件办理程序的必要性分析

对罪犯是否予以假释，不仅关系到刑罚的功能作用是否得到有效发挥，而且关系到刑罚变更的公平公正和司法权威。假释案件办理程序决定着罪犯能否提前获得人身自由，是检验一国对于罪犯自由保障水平的重要依据。然而，长期以来，由于司法传统、诉讼观念、制度背景、现实条件等因素的制约，我国假释案件至今未能建构起符合自身特点的办理程序，而是普遍采用

---

① 参见卞建林、韩旭主编：《刑事庭审实质化和有效性问题：第九届中韩刑事司法学术研讨会论文集》，法律出版社2018年版，第115页。

普通刑事案件的办理程序，存在证据来源单一化、办理程序封闭化、决定程序行政化等弊端，因而备受批评和指责。特别是近年来，假释领域出现不少敏感问题，案件引发负面舆情，社会各界对假释“暗箱操作”、司法不公的质疑越来越多，司法权威和公信力受损，也折射出背后的诸多问题。

根据我国法律规定，假释属于司法权范畴，自应在法治轨道内运行，但实际情况并非如此。面对批量提请的减刑假释案件，案件审查往往是“走过场”，无法做到实质化。虽然假释案件办理程序经历了一定程度的诉讼化改造，但是形式上轰轰烈烈，实际效果不佳，案件审查流于形式的问题依旧存在，实际上是变相的行政审批。在刑罚执行机关集中报批的情况下，基本采用书面审查的方式，将提讯和开庭作为书面审查的补充，主要以刑罚执行机关报送的证据材料作为审查依据。刑罚执行机关提出的假释建议绝大多数能够获准通过，从表面上看裁判结果是法院作出的，实际上基本以刑罚执行机关的报请意见为准。法院对于假释案件的审理甚至被形容为“橡皮图章”①。检察机关对假释犯的计分考核情况难以进行同步监督，对刑罚执行机关的假释建议很难提出实质性异议，对法院的假释裁定也不能做到监督全覆盖，违法违规假释的发生也就不足为奇。重塑假释案件办理程序乃破解司法困境的迫切需要。

2014 年 10 月《中共中央关于全面推进依法治国若干重大问题的决定》指出，要推进以审判为中心的诉讼制度改革。2014 年 11 月 14 日，时任最高人民法院院长周强在《人民日报》发表《必须推进建立以审判为中心的诉讼制度》一文。他指出，推进以审判为中心的诉讼制度改革，就是要高度重视、切实发挥审判程序的职能作用，从源头上防止事实不清、证据不足的案件或者违反法律程序的案件“带病”进入审判程序，从而有效防范冤假错案，提高办案质量。假释案件办理程序作为刑罚变更执行程序，应当体现以裁判标准为中心的基本原则。以审判为中心的刑事诉讼制度改革要求坚持证

① 孙琳：《减刑假释程序研究》，中国人民公安大学出版社 2011 年版，第 160 页。

据裁判原则，规范案件办理程序，完善证据认定规则，实行案件繁简分流。为规范假释案件办理工作，中央司法机关陆续出台了一批司法解释和配套规范性文件，制度之网越织越密，但是制度机制障碍并未完全破除，不容忽视的问题和短板仍然存在。在形式化的案件审查模式下，核心证据的质证和认证过程并不充分，对罪犯是否符合假释条件这一核心事实仍旧难以查明。“要破解此问题，打破审批制，寻找有效进路，关键就是要实行审理模式之再造，变形式化审理为实质化审理。”① 重塑假释案件办理程序是深入推进以审判为中心的刑事诉讼制度改革的应有之义和必然要求。对假释案件进行实质化办理的目的是，避免社会公众对假释案件办理工作产生“暗箱操作”的怀疑，增强社会公众对司法公正的信心；充分听取来自监所、罪犯本人及同监区罪犯等多方意见，促进刑罚执行机关、检察机关和法院规范办理假释案件，最大限度地实现案件办理的公平公正。

二、重塑假释案件办理程序的可行性分析

以审判为中心的诉讼制度改革是完善诉讼制度、实现程序正义的核心，庭审实质化是审判中心主义的应有之义。刑事诉讼基本原理和刑事司法体制的系列改革举措为假释案件办理程序的实质化提供了理论依据和现实支撑。近年来，随着司法理念的转变和相关制度机制的逐步健全完善，对证据材料的审查工作不断加强，多方参与案件办理的模式日渐成熟，假释案件的实质化审查已经具有现实基础。

（一）刑事诉讼基本原理为假释案件的实质化办理提供了理论依据

假释案件审查模式与普通刑事案件的审查模式一样，呈现出三方构造、多方参与的特点，只是二者的参与主体有所不同，普通刑事案件的三方构造

① 陈卫东：《对推进减刑、假释案件实质化审理工作的两点思考》，载《人民法院报》2021年12月11日，第2版。

是被告人、检察机关和法院，假释案件的三方构造是刑罚执行机关、检察机关和法院。推进假释案件实质化审查，权力运行方式自当符合司法规律，在充分考虑假释案件自身特点的同时，遵照刑事诉讼基本原理，形成和发展出假释领域的独特运行规则。

1. 诉讼三方构造的基本设置。假释案件的实质化审查有赖于各方诉讼主体在各司其职、分工负责、互相制约的基础上共同努力，而不能仅由法院独自完成。在审查和决定过程中，必须改变以往刑罚执行机关处于绝对主导地位、罪犯缺乏法律救济的行政审批性案件办理程序，转而构建由基本的三方构造来代替以往的单方格局，将诉讼程序改造成由中立第三方主持并居中裁判、刑罚执行机关和罪犯均能充分发表意见的实质化运行程序。刑罚执行机关和罪犯之间的地位平衡有助于裁判者真正做到不偏不倚、居中裁判，并形成基于主体地位平衡与裁判中立的良性互动关系。如果刑罚执行机关处于绝对的优势地位，可以随意处置罪犯的权利，即使在办理程序中维持一定程度的主体地位平衡，也是无意义的，因为程序运行中的地位不平等在某种意义上已经奠定了罪犯的必然“败局”。

2. 多方主体参与的诉讼程序。“按照美国法学家贝勒斯的解释，程序参与所体现的价值是‘人们至少有理由期望，在作出关系他们的判决之前，法院听取其意见，即他们拥有发言权。某人被允许参与诉讼也表明别人尊重他，即他受到了重视’。程序参与的基本要求是利害关系人在有关机关作出与其利益相关的决定时，或认为该项决定存在违法情形时，可以到场阐述本方的意见，并能对诉讼活动的裁判结果产生实质性的影响。”① 2013 年《刑事诉讼法》吸收借鉴了当事人主义的刑事诉讼模式，加强了当事人和诉讼参与人的程序参与程度。2018 年《刑事诉讼法》在此基础上进一步贯彻宽严相济刑事政策，实行速裁程序、简易程序和普通程序的分流。因此，根据个案具体情况，明确各方主体参与诉讼程序的方式和程度，不仅是催生假释案

① 叶青：《刑事审前程序诉讼化问题研究》，法律出版社 2017 年版，第 65 页。

件实质化审查的驱动力，而且是实行多元诉讼程序分流的重要依据。

（二）刑事司法体制改革举措为假释案件的实质化办理提供了现实支撑

基于假释适用属于司法审查的属性，只有充分听取各方主体的意见，才能对假释适用的正当性与合法性作出判断与裁决。2009 年 3 月 17 日，最高人民法院发布《人民法院第三个五年改革纲要（2009—2013）》，将假释案件的办理定位为审理程序，明确要求建立假释案件的程序公开制度。根据《2021 年刑诉法解释》第 538 条的规定，假释案件应当组成合议庭，根据案件情况采取书面审理或者开庭审理相结合的方式。在此基础上，2021 年 12 月 1 日，最高人民法院、最高人民检察院、公安部、司法部联合发布了《关于加强减刑、假释案件实质化审理的意见》，进一步强化假释案件程序机制，要求充分发挥庭审功能，并就健全证人出庭作证制度、有效行使庭外调查核实权、强化审判组织的职能作用等予以细化。上述法律规定打破了假释案件办理程序的书面化、行政化的传统，使假释案件办理程序的诉讼化色彩更加鲜明，为假释案件办理程序的诉讼化改造提供了制度上的支撑。

各地司法实践经验也为假释案件办理程序的诉讼化改造提供了现实可能。无论是刑事诉讼法等基本法律的修改，还是大量司法解释的相继出台，均借鉴并采用了刑事诉讼的模式，强化各诉讼主体在假释案件办理程序中的参与程度，假释审查的司法化运行程序得以在相当程度上规范开展。在假释案件的行政性办理程序尚在持续运行、司法化改造存在现实困难的情况下，各地已经进行了有益的尝试和探索，尽管司法实践的诉讼化尝试还存在一定的问题（如部分地区通过设置一定的标准将案件分流，并探索实行假释听证程序），但共同目的是将现有办理程序改造成符合假释案件自身特点的办理程序，为构建假释案件的实质化审查创造了有利的实践条件。

（三）域外假释的司法化程序为假释案件的实质化办理提供了制度借鉴

从比较法的角度进行分析，域外发达国家不乏诉讼化的决定程序，“采司法模式的国家中较为普遍地设置了罪犯等相关参与人的意见陈述权、上诉救济权等基本程序权利，一些国家还赋予了罪犯律师帮助权”①。“采司法模式较多的大陆法系国家一般在言词审理程序中都保障了罪犯的出庭权。”②法国的假释程序需经过对质辩论，“在质证程序中，各方当事人可以对提交法庭审理的所有文书材料进行争论和质询，检察院、罪犯、被害人均有向证人提问的权利，法官可以根据案件事实的发展进程或其他逻辑关系来安排证据的出示顺序或发问顺序，法官自身享有提问的权利”③。英国虽然属于英美法系国家，但其假释程序不仅呈现出一定的对抗性质，而且“要求提供适当的程序，保证其不应当明显低于在刑事法庭中的程序保障水平”④。

域外假释案件办理程序的梳理分析和比较归纳为我国假释案件办理程序的实质化改造提供了更多的理论支撑，有助于为我国假释案件办理程序寻求科学合理的改造路径。通过诉讼化的办理程序对假释案件进行实质化审查是当前域外不少发达国家的通行做法。我国假释案件办理程序的实质化改造应当强调契合程序正义的价值需求，逐步建构中国特色的“审判机构中立、各方主体充分参与、裁判结果可以救济”的诉讼化运行模式。

---

① 孙琳：《减刑假释程序研究》，中国人民公安大学出版社 2011 年版，第 68 页。

② 徐静村主编：《减刑、假释制度改革研究》，中国检察出版社 2011 年版，第 58 页。

③ ［法］卡斯东·斯特法尼等：《法国刑事诉讼法精义》，罗结珍译，中国政法大学出版社 1999 年版，第 703 ~ 704 页。

④ 孙琳：《减刑假释程序研究》，中国人民公安大学出版社 2011 年版，第 107 页。

第二节　假释案件程序保障的总体思路

假释程序的制度设计和实践样态直接影响罪犯的改造情况，深切关乎着罪犯能否有效再社会化等问题。鉴于此，应当研究确立假释案件实质化办理的基本原则，全力构建法官居中裁判，刑罚执行机关、检察机关和社区矫正机构等充分发表意见，罪犯以及辩护人的权利得到有效维护，被害人及其近亲属可以充分参与，诉讼结果有可救济途径的诉讼化审理程序，通过严格审查实体条件、规范案件办理程序、强化监督制约机制，确保案件办理的公平公正。

一、秉承从“奖励说”向“权利说”转化的基本理念

“在现代文明国家，刑事司法都被注入了一种人文精神——人们认为，法治的最高层次是一种信念，相信一切法律的基础，应该是对于人的价值的尊重。法律应实践出这一人文理想：每一个人都应该受到尊重和关怀，无论他或她是谁，无论他或她做过些什么。”① 随着对罪犯权利保障的日益重视，假释的权利属性逐渐凸显。国内不少学者对于将假释的激励功能转变为罪犯的权利予以肯定，认为法定假释的制度设置既符合刑罚的教育矫正目的，也可以避免不必要的刑罚，从而更有效地促进刑罚经济最大化的实现。② 显然，在认可假释是罪犯权利的情况下，罪犯获得假释的可能性极大地增加。

就实然角度而言，“奖励说”语境下假释的本质并非罪犯的权利，虽有一定的权利属性，但“在奖励说的影响下，罪犯等参与人的权利赋予是一个

---

① 张建伟：《刑事司法：多元价值与制度配置》，人民法院出版社2003年版，第36页。

② 参见吴志梅、罗开卷：《假释法律性质论》，载《上海政法学院学报（法治论丛）》2011年第5期。

可自由裁量的弹性领域"[①]。奖励说语境下的案件办理程序呈现半封闭的状态。罪犯不享有提请假释的权利，对于符合假释条件但刑罚执行机关未予申报的情况无权提出申诉，对于法院的假释裁定也不享有相关诉讼权利。1980年2月司法部《关于对罪犯依法减刑或假释所作的裁定可不交代上诉权利的批复》明确提出，假释裁定不涉及当事人的诉讼权，故可不交代上诉权利。这是法律层面呈现出来的状态。

但在实践层面，"奖励说"的基础正在被撼动。假释的条件与罪犯的切身利益密切相关，尤其是目前对于假释条件的审查认定较为机械，主要以罪犯的计分考核结果作为依据，罪犯清楚地知道自己是否符合假释的条件，如果刑罚执行机关对符合假释条件的罪犯没有予以提请，罪犯虽不享有法定的救济权利，却可以通过不服从监所管理等方式对刑罚执行机关施加压力，该行为还会对其他服刑罪犯产生强烈的示范效应，以此增加刑罚执行机关的狱政管理难度。从刑罚执行机关的角度看，"假释事实上已经成为罪犯的一种权利"[②]。检察机关同样认为应当保障罪犯的假释权利并提供了相应的救济途径，即检察机关对于刑罚执行机关应当提请假释而未提请的，可以提出纠正意见。[③]

【案例】

◎ 罪犯符合假释条件而未被提请的，检察机关应当建议启动提请程序

罪犯杨某某因犯故意杀人罪被判处有期徒刑7年。其间经过1次减刑，刑期至2020年5月11日止。刑罚执行机关考虑到杨某某犯故意杀人罪属于重罪罪犯不宜提请假释，故未将其纳入拟提请假释考察对象。检察机关围绕

---

① 孙琳：《减刑假释程序研究》，中国人民公安大学出版社2011年版，第162页。

② 茅仲华等：《减刑、假释案件审理程序规范化研究》，中国法制出版社2017年版，第209～210页。

③ 参见曹建明：《最高人民检察院关于刑罚执行监督工作情况的报告——2015年11月2日在第十二届全国人民代表大会常务委员会第十七次会议上》，载《中华人民共和国最高人民检察院公报》2016年第1期。

杨某某是否符合假释条件开展了调查核实工作，通过研判杨某某的违法犯罪情况、评估杨某某服刑期间现实表现、调查杨某某的家庭经济情况、评估杨某某个人基本情况和心理状况以及假释后的监管条件，认定杨某某人身危险性较低、没有再犯罪的危险、服刑期间现实表现较好，假释后能自食其力，具备社区监管条件。2018 年 4 月 6 日，检察机关建议刑罚执行机关对罪犯杨某某依法启动假释程序。刑罚执行机关采纳检察意见，于同年 5 月 24 日向法院提请对罪犯杨某某予以假释。2018 年 6 月 29 日，法院依法裁定对罪犯杨某某予以假释。①

从应然的角度出发，随着假释制度的逐步推进和不断完善，“权利说”已经逐渐为社会公众所接受。目前，我国假释程序设计所秉持的基本理念中“权利说”占据主导地位。“权利说”赋予罪犯主体地位，符合条件的罪犯均有权申请假释，罪犯享有的程序启动申请权赋予罪犯通过对自我行为的调控即可拥有同国家刑罚权力进行博弈的资格，契合了法治发展方向，教育矫正的刑罚目的由此有望得以实现。“权利说”语境下的假释案件办理程序具有公开性，如果司法机关在没有法律依据的情况下任意妨碍罪犯享有假释的权利，罪犯可以寻求法律救济，有效防止权力寻租。

二、确立扩大假释适用规范程序运作的制度目标

罪犯在假释考验期限内所面临的收监风险可以激发罪犯的改造内驱力，使其由被动接受改造向主动自我约束转变。假释为罪犯逐步回归并适应正常社会生活架起了过渡桥梁，也可以有效降低行刑成本，促进行刑资源优化配置。提高假释适用比例是当代世界各国刑罚制度发展的必然趋势，有利于最大限度地减少社会对立面，促进社会和谐稳定。如何更好地发挥假释功能，是亟待研究解决的问题。基于减刑和假释各自的特点，加之我国社区矫正制度日益健全，扩大假释适用的各种条件不断完善，通过修改完善减刑制度为

---

① 该案系最高人民检察院发布的第四十九批指导性案例之一（检例第 196 号）。

假释适用铺平道路不失为良策，应当确立“假释为原则，减刑为例外”的适用原则，让假释普遍适用成为常态，减刑仅作为量刑矫偏的特殊选择。

程序设置的正当性不以准确判断罪犯人身危险性的变化及其程度从而作出正确的假释裁定为目标，而是通过正当程序的运作来保障假释裁定的合法与合理。假释案件的实质化办理，要求对所有罪犯一视同仁，保障罪犯享有平等的假释机会，切实避免出现司法不公的现象。通过合理确定假释犯再犯罪的责任追究机制等措施，切实提高假释适用率。对于罪行较轻、符合法定假释条件的罪犯，依法从宽适用假释；对于既符合减刑条件又符合假释条件的罪犯，优先适用假释。从不同犯罪主体的特征着眼，对于人身危险性较小、再犯罪能力较弱的罪犯（如老病残罪犯、女性罪犯、未成年罪犯）可以适度放宽假释的条件。同时，对假释案件办理程序应作类型化的区分设置，以程序公正为保障，保障实现实体公正的同时切实提高程序效率。

三、坚持维护司法公正防止司法腐败的基本原则

近年来，假释案件备受关注，尤其是违法违规假释案件引发社会公众对假释案件办理结果是否公平公正的担忧。假释是司法实践中容易滋生腐败、产生司法不公的重要环节，实质化办理假释案件的基本原则就是防止司法腐败，维护司法公正，杜绝“关几年托关系、走门子变相出狱”[①] 的现象。

中共中央政法委员会、最高人民法院、最高人民检察院等均对假释案件办理工作高度重视，相继出台相关程序性规定，要求坚决杜绝社会反映强烈的“有权人”“有钱人”假释比例高等现象。因此，要切实加强对毒品罪犯等再犯罪危险性高的罪犯的假释条件审查把关，严格审查相关证据材料，注重实质化审查，深入开展调查核实工作，准确认定罪犯是否确有悔改表现和有无再犯罪危险。罪犯采取不正当手段获取虚假证明材料意图获得假释的，

---

① 茅仲华等：《减刑、假释案件审理程序规范化研究》，中国法制出版社 2017 年版，第 208 页。

表明其主观上未能真诚悔罪，不能认定其确有悔改表现。

当然，虽然假释的对象是罪犯，但是正如在刑事诉讼程序中被告人有权得到公正、平等和人道的对待，享有辩护权、陈述权等诉讼权利一样，假释案件办理程序中的罪犯亦应被赋予相应的诉讼权利。即便是在“奖励说”的语境下，假释已然具有法律性、现实可诉性和求利性等权利属性。假释案件办理程序的实质化，要求对所有罪犯一视同仁，强化对罪犯平等机会的保障。因此，要秉承权力控制与权利保障并重的制度初衷，通过合理预设假释比例、严格适用特殊假释、规范备案审查制度和持续开展案件评查等措施，实现程序控权，防止“暗箱操作”和司法腐败，树立司法权威，切实维护司法公正。

第三节　假释案件程序保障的路径选择

假释案件实质化办理的程序保障路径，不仅要从制度层面重构案件办理程序，实现司法权力结构体系的重新配置，更应关注司法实践所面临的实际问题，以裁判标准规范提请标准，避免整齐划一、操作简单的计分式评价。对于罪犯的改造表现，应当关注罪犯个体特征，结合多重因素进行综合评定，尤其是刑罚执行机关对罪犯改造情况以月为单位进行记载的计分考核累计台账，要逐月审查得分情况、总得分情况以及加扣分、处罚情况，并综合判断罪犯违规违纪行为对其改造表现认定的影响。

一、建构区别于普通刑事案件的特别办理程序

程序定位决定了证据规则和条件设定，明确假释案件办理程序的路径选择和功能定位乃重中之重。我国刑事诉讼程序较为成熟和完善，主要表现在律师的普遍参与、对等的控辩关系、严格的证据规则等方面，这些制度对于我国优化假释案件办理程序以及实现实质化审查具有重要的启发意义，但由

于审判实践所面临的问题不同，假释案件在审理方式、适用规则等方面与普通刑事案件均有很大差异①，刑事诉讼程序设置不能直接用于解决我国假释案件实质化办理存在的问题。

一是缺乏诉讼各方对抗。假释是罪犯主要基于服刑期间良好改造表现而提前获得释放的一项特权，与普通刑事案件的被告人存在自由权甚至是生命权被剥夺的抗争有着显著区别。从程序设计上看，“奖励说”语境下假释案件办理程序缺乏对抗性的一个重要原因是现行制度体系否认罪犯的权利，导致罪犯权利的程序保障处于空白地带。假释案件办理程序通常没有刑事诉讼典型意义上的控辩双方对抗、法院居中裁判的诉讼格局，不符合“两造具备，师听五辞”的基本诉讼构造，而是更多地表现为对刑罚执行机关提请假释的罪犯是否符合法定假释条件的审查与核实。由于各方均是朝着罪犯矫正的方向努力，罪犯与刑罚执行机关、检察机关之间并非对立关系，因此假释案件实质化办理的程序设计应当是包括刑罚执行机关、检察机关、社区矫正机构等多方主体共同参与并且协作配合的运行模式，程序运行的目的在于通过真实可信的证据材料，综合平衡因罪犯的犯罪行为造成侵害而产生的报应需要和基于人道主义矫正产生的功利需要，在充分听取多方意见的基础上得出合理的结论进而作出公正裁判。

二是程序弹性空间更大。假释案件的办理目的是查清罪犯是否确已悔过向善，假释的适用是否符合法律规定，撤回假释建议或者撤销罪犯的假释是否有充足的理由，因而与普通刑事案件办理程序相比，假释案件办理程序相对简单，司法实践中并不依照固有的普通刑事案件办理程序按部就班，“程序的阶段划分、程序的适用方式等不影响程序公正和参与人程序性权利的程序性事项可以不作严格要求”②，庭审程序一般不明确划分法庭调查和法庭

---

① 参见茅仲华等：《减刑、假释案件审理程序规范化研究》，中国法制出版社2017年版，第39～40页。

② 参见茅仲华等：《减刑、假释案件审理程序规范化研究》，中国法制出版社2017年版，第39页。

辩论，通常合并进行，甚至直接省略法庭辩论阶段。

三是法官调查方式特殊。与普通刑事案件的调查不同，为了切实了解罪犯的改造表现，办案人员不仅可以当庭核实刑罚执行机关提供的各种证明材料，一般还要提讯拟假释犯。针对特殊事项，可以采用走访监所实地考察罪犯的具体改造表现等调查措施，由于假释案件还涉及社区矫正机构的调查评估意见或者心理测评专家意见等证据，对于这些证据材料，可以通过庭外访谈或者司法鉴定等形式进行核实，当然，这些调查方式在司法实践中的运用频次并不高。

四是案件证明标准不同。对罪犯而言，假释不是另一种刑罚，而是激励他们积极改造、早日回归社会的措施，因而事实证明标准较低，用于证明罪犯符合假释条件的证据材料主要包括罪犯评审鉴定表、奖惩审批表、罪犯个人情况、同监室罪犯的证言、人身危险性报告等。与普通刑事案件的证明标准不同，排除合理怀疑的严格证据规则在假释案件中没有完全适用的必要。根据法律条文的表述，“排除合理怀疑”的标准适用于证明被告人有罪和对被告人判处刑罚，而假释案件并不涉及定罪量刑问题，而且假释案件的证明对象与普通刑事案件存在差异，在现有的科学水平和技术条件下，对行为人是否“没有再犯罪的危险”等实体条件的证明不可能像对犯罪行为的证明那样达到“排除合理怀疑”的程度，因此假释案件应当采用有别于普通刑事案件的证明标准。

综上所述，假释案件相对于普通刑事案件，无论是实体条件还是运行模式均有独特之处。因此，要参照相对成熟的各大诉讼基本运行模式，探索假释案件办理程序的细化操作流程，同时充分注意到假释案件与普通刑事案件的区别，结合该类案件自身特点，对现行办理程序进行专门的程序设计。

二、弃对抗式诉讼模式改造，转向以协作为主的二元司法模式

假释案件的独立性体现于诉讼构造基础理论，诉讼构造所体现的各方主体基于诉讼行为的相互作用贯穿于诉讼活动始终，并对诉讼进程与终结有着

决定性影响。普通刑事案件办理程序具有强烈的对抗性，突出反映了控辩之间的对立与矛盾。而在假释案件办理程序中，传统的诉讼构造缺乏解释力，因为司法除了对抗的一面，更有协作的一面。犯罪引起被害人、社区、国家乃至罪犯本身产生一系列新的需要，而无论是被害人的倾诉、补偿、安全等需要的满足还是社区安全的修复、国家法秩序的维护抑或是罪犯的矫治帮扶，都离不开各方共同参与的平等商谈。鉴于在假释案件办理程序中各方诉讼主体没有实质性冲突的现状，假释案件诉讼困境的破解之路，应当以协作为基点，寻求有别于传统刑事司法的诉讼路径，转而构建协作式司法模式，从传统对抗向主动寻求合作转变。诉讼各方基于同一目的开展以协作为主的诉讼行为，不仅可以有效避免对抗性刑事司法可能引起和加剧被害人、社区、国家、罪犯之间的矛盾与冲突，而且可以明晰由于罪犯的犯罪行为而引起的各方需要，以确定恢复性司法所指向的未来修复之责。恢复性司法欲修复的被犯罪破坏的社会关系，应当在自愿平等的基础上，由罪犯、被害人、社区等受犯罪影响的各方，围绕犯罪事实、犯罪结果、罪犯应当承担的道义责任等，通过沟通达成协议等措施来实现。

协作式司法为假释案件办理程序的重塑开辟了一条新路径。以协作为基点，刑罚执行机关、检察机关、罪犯和法官之间实现诉讼信息的互通共享，以开放的姿态迎接当事人和社会公众的质疑。协作式司法不仅强调居中裁判的法官要加强与诉讼各方的沟通与对话，以寻求诉讼困境的破解之路，更为重要的是，通过诉讼各方的对话与沟通，取得共识并达成协议。在假释案件办理程序中，各方诉讼主体之间不仅有对抗的因素，更有合作的因素，法官创造条件为诉讼各方的对话提供平台，组织诉讼各方共同参与诉讼程序，在尊重的基础上营造良好的沟通氛围。被害人通过参与诉讼程序得到包括罪犯在内的诉讼参与主体的充分关注和积极回应而逐步摆脱阴影；罪犯在沟通中获得各方诉讼主体对犯罪行为的反应进而激发其对犯罪的认识并承担责任；罪犯的悔改和勇于承担责任的态度在相当程度上修复了被犯罪行为破坏的社会关系，并使罪犯获得被害人及社区人员的谅解；办案人员根据罪犯的悔改表现，在法律范围内对罪犯的刑罚作出适度的调整；罪犯在心悦诚服接受惩罚的过程中经过司法机构或社区的矫治与帮扶而逐步融入社会。

三、实质化办理而非形式化审批的程序定位

当前的假释案件办理程序更多地呈现出非诉讼化的司法审查模式。假释案件办理程序与普通刑事案件办理程序有所不同，通常不具有控辩式诉讼模式中控方与辩方的激烈对抗、法官居中裁判的诉讼格局，而是更多地表现为法官对罪犯是否符合假释条件的审查与核实。[①] 在司法实践中，部分地区的法院将假释案件开庭审理定位为司法审查模式，如北京市第一中级人民法院。该模式易生弊端，既不利于发现虚假的假释，也不利于检察机关有效行使监督权切实防止出现司法腐败现象。有意见认为，“采用开庭审理的方式没有实际意义，用公开听证的方式更能接近实际，也符合诉讼和执行经济的原则”[②]。然而，听证程序和庭审程序有着本质的区别：听证程序是行政机关作出决定之前给利害关系人提供发表意见机会的行政程序；而庭审程序是司法机关根据直接言词原则进行事实认定和法律适用的司法程序，因而更加严谨规范。

根据《刑法》第79条和第82条的规定，对于假释案件，法院应当组成合议庭进行审理。我国立法已将法院办理假释案件的程序定位为审理程序，因此假释案件必须明确采用司法化的案件办理模式。假释案件的裁判依据是事实和法律，在追求司法正义的目标统摄下，我国假释案件办理程序自应对证据运用和审查方式予以调整，启用证据认证规则，确保法庭在查明事实、认定证据、保护诉权、公正裁判中发挥决定性作用。刑罚执行机关、社区矫正机构等出具的奖惩考核表、调查评估意见等材料，应当作为案件证据严格

---

① 参见宫鸣、黄永维主编：《最高人民法院关于减刑、假释司法解释理解与适用》，人民法院出版社2014年版，第285页。

② 宫鸣、黄永维主编：《最高人民法院关于减刑、假释司法解释理解与适用》，人民法院出版社2014年版，第276页。

进行审查而非直接作为裁判的决定性依据。在证据认证过程中，应当对罪犯的奖励来源、形成过程是否合理等进行重点审查。摒弃社区矫正机构出具的调查评估意见在假释案件办理中“一票否决”的做法，对仅有结论而不说明理由或者理由不充分的调查评估意见，应当要求社区矫正机构补充说明理由依据，理由不充分或者不合理的，不得作为定案证据使用。

四、以程序控制为中心，坚持依法全面审查原则

首先，坚持全面审查原则，严格审查罪犯是否符合假释的条件。假释的适用，既有对已然事实的调查，也涉及对未然事实的判断，特别是罪犯再犯罪风险的高低，应当坚持证据化、可视化，通过确立评估规则来确保结果的精准。在具体操作上，不能采用个别要素对罪犯的人身危险性进行评价，而应当进行综合认定，既要审查罪犯的具体改造表现，也要审查罪犯的犯罪性质、犯罪情节、社会危害程度、原判刑罚情况、财产性判项履行情况等因素。坚持主客观改造并重，既要审查罪犯的客观改造行为，也要审查罪犯的思想改造情况，全面判断罪犯的改造表现；既着眼于罪犯的自身特点，也充分考虑释后监管等外部因素，准确判断罪犯的再犯罪风险程度。在严格审查罪犯是否符合假释条件的基础上，切实贯彻宽严相济刑事政策，以刑罚个别化为指导，关注罪犯个体特点，注重具体案件具体分析，相同情况同等对待、不同情形区别对待，改变过去对故意杀人、抢劫、强奸等严重暴力犯罪罪犯与过失犯罪等轻罪罪犯不加区别地适用假释的做法，对罪刑较轻且服刑期间改造表现好的罪犯可以优先予以假释，对主观恶性深且拒不悔改的罪犯一律不予假释。

其次，落实以审判为中心的要求，坚持实体与程序并重原则。“发达的程序规则既为当事人提供了借助于程序正义来实施实体正义的手段和机会，也同时限制了他们在程序外任意行动的自由，所以，在制度正义这里，实体

正义的实施是和平进行的，决定事情结果的是逻辑的力量，而不是力量的逻辑。”① 严格执行各项程序规定，充分听取诉讼各方的意见和建议，规范案件办理流程，是保证实体正义的必然要求。假释案件办理同样要贯彻落实证据裁判原则，要对证据材料进行实质化审查。同时，随着公正的理念和内涵不断发生变化，假释案件的数量扩张和类型多样化要求基于公正这一首要价值形成案件办理程序的多元化，因为简单案件的复杂化办理显然有违实体公正，向诉讼主体提供“菜单式”可选择的办理程序并实现“选择权”公正已是程序公正的应有之义。落实司法责任制，严格定案把关，规范权力行使，通过对自由裁量权的规范限制使用来杜绝“人情案”“关系案”“金钱案”，确保案件办理公平公正，增强社会公众对司法公正的信心。

① 郑成良：《法律之内的正义：一个关于司法公正的法律实证主义解读》，法律出版社2002年版，第187页。

第四章　假释案件实质化办理之实体层面的改革

——假释条件的阶层化重构

假释条件的审查标准和办理程序是贯穿制度始终的主线，实质化办理的关键是严格审查假释的条件。从程序运行结果来看，假释适用率低与裁定准予率高同时并存的局面主要根植于案件办理结果与假释条件审查之间存在强逻辑勾连。尽管刑法和司法解释均对假释的条件作了规定，但假释的条件仍为主客观综合判断标准，尤其是如何审查认定罪犯“没有再犯罪的危险”，实难把握，司法的随意性难以杜绝。由于担心罪犯被假释后再次违法犯罪，影响对案件办理质量的评价，形成了“不愿办理假释、有限的假释比例适用不足”的尴尬局面。因此，应当对假释的条件进行重构，重新审视并确定假释各个条件之间的博弈关系，在此基础上规范解释技术和办案逻辑，提高办案人员的法律运用技术和解释能力。

第一节　假释条件的确立原则

合理的决策需要知识，并要在各种可选方案中作有意识的选择。为了作出合理的选择，必须了解各种可选的方案。[①] 规范我国假释案件办理程序，不可避免地要进行历史考察并对域外不同法律制度中假释条件的立法设置和

① 参见［德］柯武刚、［德］史漫飞：《制度经济学：社会秩序与公共政策》，韩朝华译，商务印书馆2000年版，第64页。

司法解释技术进行认真而细致的分析，通过各种理念和思想的变化与碰撞，扬长避短。通过梳理研究域内外主要理论，结合对域内外改革经验的展示，以我国现行制度体系为出发点，对我国假释的法定条件和司法解释技术进行深度透视，研究确立假释条件的综合评估机制，找寻符合我国实际的审查标准规范化路径。

一、假释条件综合评估机制的确立基础

（一）历史考察——法制传统的理性回归

1. 中国古代的恤刑程式和“移乡避仇”制度

唐律有重罪十条，“一曰反逆，二曰大逆，三曰叛，四曰降，五曰恶逆，六曰不道，七曰不敬，八曰不孝，九曰不义，十曰内乱”①，对于“十恶犯人”不得或者限制适用刑罚优待办法。《唐律疏议》有“诸犯十恶、故杀人、反逆缘坐，狱成者，虽会赦，犹除名”②，即便“十恶犯人”得到赦免，仅是主刑免除、从刑犹在。我国西周时期在“明德慎罚”的思想背景下已有较为具体的赦免制度，对罪犯实行区别对待原则，“赦免的对象是行为过失、罪行可疑及情有可原的犯人。例如，《周礼·秋官·司刺》曰：‘掌三刺、三宥、三赦之法，以赞司寇听狱讼。’注：‘赦，舍也……一宥曰不识，再宥曰过失，三宥曰遗忘。一赦曰幼弱，再赦曰老耄，三赦曰蠢愚’”③。“《尚书·吕刑》曰：‘五刑之疑有赦，五罚之疑有赦，其审克之’。”④ 唐律及此后的历代刑法中均有宽宥老年人犯罪的规定。我国古代社会赦免制度在初期往往限于对一些事实不清和过失犯罪案件的处理。两汉时期，由于种种现实需求以及特定的思想背景，赦的使用频率、名目和范围大大增加，“汉

① 《隋书·刑法志》，中华书局 1973 年版，第 706 页。

② 刘俊文点校：《唐律疏议》，法律出版社 1999 年版，第 47～48 页。

③ 胡晓明：《大赦渊源考论》，载《南京社会科学》2002 年第 4 期。

④ 胡晓明：《大赦渊源考论》，载《南京社会科学》2002 年第 4 期。

代之赦已著为常典矣"①。赦免主要是作为统治者"施德""布惠于民"的方式，也是滥用刑罚导致囚犯增多情况下释放囚犯、安定人心的必要措施。

"移乡避仇"思想最早可以追溯至西周。《周礼·地官·调人》载："凡和难，父之仇辟诸海外，兄弟之仇辟诸千里之外，从父兄弟之仇不同国。君之仇比父，师长之仇比兄弟，主友之仇比从兄弟。弗辟则持瑞节而以执之。"②《唐律疏议·贼盗律》规定了"移乡避仇"制度的主体和运作程序，"诸杀人应死会赦免者，移乡千里之外，其工、乐、杂户及官户、奴，并太常音声人，虽移乡，各从本色。部曲及奴，出卖及转配事千里之外。若群党共杀，止移下手者及头首之人。若死家无期以上亲，或先相去千里外，即习天文业已成，若妇人有犯及杀他人部曲、奴婢，并不在移限，部曲、奴婢自相杀者，亦同。违者徒二年"③。《元典章新集·刑部·禁奸恶》"迁徙遇革不赦"条规定："今之迁徙，即古者移乡之法，给予流囚事例不同。"④

古代关于赦免的法律规定主要呈现以下特点：

一是强调对国家和社会秩序的维护。反逆、判、降、不敬等罪名的设立目的在于维护国家的政治安全。"移乡避仇"制度的设置是为了防止被害方与罪犯的互相仇杀，要求异地安置，"辟诸千里之外"，通过立法强行将罪犯与被害方分开居住，避免他们因生活在同一个地方而成为社会不稳定因素，体现出对社会秩序的维护。

二是关注罪犯的主观恶性。例如，唐代十恶罪名的内容非常丰富，谋反、谋大逆、谋叛均强调"谋"的动机和行为，恶逆强调谋杀父母长辈的犯罪故意。十恶关注的不是犯罪行为的社会危害性，而是行为人的主观恶性，尤其强调犯罪动机和目的的卑劣。

三是强调对基本人性的维护。中国传统文化的核心是伦理纲常，恶逆、

---

① （清）沈家本撰：《历代刑法考》，中华书局1985年版，第747页。

② 张洁：《唐至明清时期移乡避仇制度的演变》，载《理论界》2011年第7期。

③ 张洁：《唐至明清时期移乡避仇制度的演变》，载《理论界》2011年第7期。

④ 张洁：《唐至明清时期移乡避仇制度的演变》，载《理论界》2011年第7期。

不孝、内乱的设立初衷在于维护家庭伦理和秩序。“安忍残贼，背违正道”①，罪犯对社会的威胁必须受到谴责甚至被铲除，从而展示出对生命安全的重视和对灭失人性行为的否定。

2. 古代恤刑的现代发展

首先，对群众要求保释劳改犯人等法律文件关于假释的条件作了适当调整，乃基于安定人心的现实需要。根据1964年1月最高人民法院、最高人民检察院、公安部《关于甘肃省公安厅劳改局请示对群众要求保释劳改犯人问题的批复》的规定，对于被判处有期徒刑、执行原判刑期1/2以上的罪犯，确有悔改表现，因家中有实际困难，群众要求放回，当地公社或公安机关来信证明，且放出以后不致再危害社会治安的，可以假释。

其次，对未成年人、老年人和妇女等特殊对象予以特别关照，彰显司法的人性关怀，实现了法治传统的理性回归。例如，被判处有期徒刑的女性罪犯不属于数罪并罚的，因丧偶或者丈夫不具备抚养子女的条件，有不满10周岁子女确需其抚养，符合假释条件的，可优先假释。根据2021年11月山东省高级人民法院、山东省人民检察院、山东省公安厅、山东省司法厅《关于办理减刑、假释案件的实施细则》的规定，对于主观恶性不深，被判处有期徒刑且不属数罪并罚，直系亲属、配偶因患病等原因，长期生活不能自理，确需本人照顾的罪犯，以及系不满14周岁子女的唯一抚养人的罪犯，符合假释条件的，可比照其他罪犯优先适用假释。

（二）域外考察——合理决策的优选方案

域外各国和地区办理假释案件较为普遍采取的模式是审理模式和听证模式。

《德国刑法典》没有明确规定假释制度，第57条规定的“有期自由刑余刑的缓刑”类似于我国的假释制度，即具备下列条件时，法庭可将有期自

---

① （宋）宋敏求编：《唐大诏令集》，中华书局2008年版，第479页。

由刑余刑的执行予以缓刑并交付考验：（1）所判刑罚已执行 2/3，但至少已执行 2 个月；（2）有利于公共安全利益；（3）经被判刑人同意。在决定缓刑时，应特别注意被判刑人的人格、履历、犯罪情节、再犯罪时被威胁的法益的重要性、执行刑罚期间的态度、生活情况和缓刑可能对其产生的影响。此外，对于被判刑人是首次服刑且此次的刑罚期限为 2 年以下，或对被判刑人的人格和其在刑罚执行期间的发展的总体评价表明存在特殊情况，且符合其他先决条件，有期自由刑已执行 1/2，至少已执行 6 个月，可将余刑的执行予以缓刑并交付考验。①

根据《俄罗斯联邦刑法典》第 79 条的规定，如果法院认定罪犯不需要服满法院所处的刑罚即可以得到改造，可以假释。罪犯实际服满以下刑期之后才得假释：（1）因轻罪或中等严重的犯罪被判刑的，不少于刑期的 1/2；（2）因严重犯罪被判刑的，不少于刑期的 2/3；（3）因特别严重的犯罪被判刑的以及以前被假释后被撤销假释的，不少于刑期的 3/4。罪犯实际服满剥夺自由的期限不得少于 6 个月，但正在服终身剥夺自由刑的人实际服满不少于 25 年剥夺自由才可以得到假释。“与过去的刑法典不同，现行刑法典没有指出根据哪些标准可以确定被判刑人不必服满法院所处的刑罚即可以完全得到改造，但是显而易见，这样的标准只能是被判刑人在服刑期间的行为和他履行义务的态度。被判刑人的行为根据刑罚执行机关的评价应该是模范的（没有受过纪律处分，受过奖励），而履行义务的态度应该是认真的。模范行为和履行义务的认真态度如果能够在相当长时间内保持下去，就可以证明被判刑人得到很大程度的改造。”②

《意大利刑法典》第 176 条规定，“被判处监禁刑的人在刑罚执行期间表现良好，令人确信有所悔改的，如果至少已服刑 30 个月或者至少已服满

① 参见《德国刑法典》，徐久生译，北京大学出版社 2019 年版，第 28 页。

② 俄罗斯联邦总检察院编：《俄罗斯联邦刑法典释义》（上册），黄道秀译，中国政法大学出版社 2000 年版，第 200 页。

所判刑期的一半并且剩余的刑期不超过5年，可以获准假释。如果属于第99条后几款规定的累犯情况，为获准假释，被判刑人应当至少服刑4年并且至少服满所判刑期的3/4。被判处无期徒刑的人，在至少服刑26年后，可以获准假释。获准假释以履行因犯罪而承担的民事责任为条件，除非被判刑人证明自己处于不能履行该责任的状况”[①]。据此，假释的条件为：（1）刑罚执行期间表现良好，令人确信其有所悔改；（2）已履行因犯罪而承担的民事责任；（3）服满最低执行期限，其中针对部分累犯有更高要求。

《韩国刑法》第72条将假释的条件设定为：（1）正在执行惩役或禁锢中的人，无期需经过10年、有期需经过刑期的1/3；（2）行为状况良好、悔改之心明显；（3）如有罚金或科料的并科时，应缴清其金额。[②] 据此，“必须能够预测，即使针对罪犯不执行余刑，也没有再犯的危险性。对此的判断应当以单纯的特别预防的观点为基准，而且应当参酌在监狱内的纪律遵守、生活态度等”[③]。

《西班牙刑法典》第90条第1款规定，对于符合下列条件的服刑人员可以实施假释：（1）被判处轻刑者。（2）已经执行原判刑量的3/4者。（3）根据国家监狱管理法草案第67条的要求，服刑者在服刑期间表现良好，能重新融入社会。第91条规定，对于符合第90条第1款第1、3目规定的罪犯，已服刑2/3的，只要其并非触犯《西班牙刑法典》第二卷第二十二编第七章规定的恐怖组织、恐怖团伙和恐怖犯罪，以及有组织犯罪、团伙犯罪，征得检察部门、服刑机构和其他各方意见后，可以对剥夺自由刑的服刑人员予以假释，只要假释有利于其继续进行劳动、（学习）文化及职业活动，刑事监察法官可以例外地对其实施假释。第92条规定，虽然不符合前条规定，

---

① 《最新意大利刑法典》，黄风译，法律出版社2007年版，第67页。

② 参见［韩］金日秀、［韩］徐辅鹤：《韩国刑法总论》，郑军男译，武汉大学出版社2008年版，第770页。

③ ［韩］金日秀、［韩］徐辅鹤：《韩国刑法总论》，郑军男译，武汉大学出版社2008年版，第770页。

但如果服刑人年满 70 岁或者在服刑期间将年满 70 岁，并符合除已服完 3/4 或者 2/3 之刑罚以外的各项规定的，可以假释。对于经医学证明属于不能治愈的极严重的疾病的，亦适用以上规定 ①。

此外，美国、日本、瑞士、巴西等国均对假释作出相应规定。通过比较研究可以发现，假释的对象范围均被限制为已执行部分刑期且有悔改表现的罪犯，对不同的罪犯实行区别对待原则。虽然由于受到不同文化背景和法律传统的影响，域外各国和地区对假释条件的规定并不一致，审查重点也有所不同，但在对待关涉假释的关键问题的处理上，却承载着人类社会共同的普遍的智慧。

1. 关注罪犯在服刑期间的改造表现

龙勃罗梭在《犯罪人论》中写道，“获得自由是一种梦想，囚犯总是为此而思虑。如果他们看到有一条比逃跑更保险和更可及的阳关大道，他们会立即奔向那里；他们做好事仅仅是为了获得自由，但他们毕竟是在做好事。不断重复的运动会变成第二种本性，它可能使人养成习惯”②。而“如果服刑人员在监禁的状态下尚不能遵守纪律、接受改造，就无法想象其在恢复自由后的自律程度；而一个不遵守监规、不服从改造的人的悔过程度和再犯的危险性都是值得关注的”③。为了达到防卫社会和对罪犯进行改造的目的，域外国家或地区大多设置了最低服刑期限的限制。罪犯在服刑期间的行为表现被高度重视，裁决是否对罪犯予以假释时的普遍做法是关注罪犯在服刑期间的改造表现，而这也是假释案件的审查重点。《德国刑法典》提出要特别注意罪犯在“执行刑罚期间的态度”④。《意大利刑法典》提出假释的适用前

---

① 《西班牙刑法典》，潘灯译，中国政法大学出版社 2004 年版，第 36 ~ 37 页。

② ［意］切萨雷·龙勃罗梭：《犯罪人论》，黄风译，中国法制出版社 2000 年版，第 352 页。

③ 董邦俊、赵聪：《假释的实质条件及其评估保障机制研究》，载《政法论丛》2019 年第 5 期。

④ 《德国刑法典》，徐久生译，北京大学出版社 2019 年版，第 28 页。

提是罪犯“在刑罚执行期间表现良好”[①]。《西班牙刑法典》同样要求假释的罪犯必须是“服刑期间表现良好”[②]。

2. 关注罪犯适应社会的能力

域外国家和地区在适用假释时一般考虑罪犯回归社会的生活保障和帮教条件，尤其是罪犯的谋生能力。如果罪犯不具备自力更生的能力，很可能再次走上违法犯罪的道路。《德国刑法典》要求特别注意被判刑人的“生活情况和缓刑可能对其产生的影响”[③]。在法国，罪犯能够被假释的关键条件是具有“社会再适应的严肃保证”，即根据罪犯的个人、家庭与社会情况，考虑其回归社会的前景，判断其在社会再适应道路上可以取得进步。[④] 巴西和奥地利均将罪犯可以寻得正常的职业作为假释的前提条件。[⑤]

3. 关注社会对罪犯假释的承受能力

部分犯罪行为的社会危害性较大，有些犯罪（如严重危害人身安全的犯罪）的手段残忍甚至超出了社会公众的容忍限度。因此，在设计假释条件时，社会承受能力是必须考量的因素。《德国刑法典》要求在裁决“有期徒刑余刑的缓刑”时，不仅特别注意罪犯“再犯罪时被威胁的法益的重要性”，而且必须“有利于公共安全利益”。[⑥] 特别需要提出的是，域外国家和地区的司法实践一度引发对如何适用刑罚的反思，典型案例是韩国“素媛案”[⑦] 原型罪犯刑满出狱引发社会抗议，社会公众对此极度不认可。假释的适用不仅要考察客观方面的社会监管条件，而且要充分考察社会公众的心理

① 《最新意大利刑法典》，黄风译注，法律出版社 2007 年版，第 67 页。

② 《西班牙刑法典》，潘灯译，中国政法大学出版社 2004 年版，第 36 页。

③ 《德国刑法典》，徐久生译，北京大学出版社 2019 年版，第 28 页。

④ 参见黄永维：《中国减刑、假释制度的改革与发展》，法律出版社 2012 年版，第 50 页。

⑤ 参见陈兴良：《刑法适用总论》，中国人民大学出版社 2006 年版，第 591 页。

⑥ 《德国刑法典》，徐久生译，北京大学出版社 2019 年版，第 28 页。

⑦ 基本案情：2008 年 12 月 11 日，罪犯在韩国京畿道安山市檀园区厕所用极其残忍的手段强奸了时年 8 岁的女童，后被判处有期徒刑 12 年，于 2020 年 12 月 12 日出狱。该案件后来被翻拍成电影《素媛》。

效应，已成必然。

4. 关注被害人的损失修复情况

犯罪行为给社会和被害人造成了损害，罪犯因此受到刑罚处罚。当决定对罪犯以一种更加人性化的方式执行刑罚时，自然应当关注被害人损失的修复情况。美国假释委员会十分重视听取被害人的意见，了解罪犯对被害人造成的伤害情况、罪犯对被害人的补偿情况和被害人现在对罪犯的态度。①《意大利刑法典》明确规定，“获准假释以履行因犯罪而承担的民事责任为条件，除非被判刑人证明自己处于不能履行该责任的状况”②。上述举措既能使被害人的损失得到一定程度的修复，也可以在相当程度上体现罪犯的悔过态度。

5. 关注罪犯的个体特征

“再犯罪的风险”预测需要综合罪犯的婚姻家庭情况、受教育程度、职业性质、性格特征、交友状况、瘾癖情况以及对待假释的态度等多方面因素进行全方位评价。《德国刑法典》提出“应特别注意被判刑人的人格、履历、犯罪情节”③。域外国家和地区关于禁止假释和特殊假释的制度规定也凸显了对罪犯个体特征的关注。例如，美国 1994 年颁布的《暴力犯罪控制与执行法》规定了著名的“三振出局法”，即对于已经是两次严重犯罪的重刑犯，或者是曾经犯有一次严重犯罪的暴力重刑犯和曾经犯有一次严重犯罪的毒品罪犯，如果其再犯一次暴力性的严重犯罪，法院将对罪犯判处终身监禁，且不得假释。④

二、假释条件综合评估的主要内容

“法律不是靠明确的条文来表现，而是在一个个案件的判决中清晰地展

---

① 参见黄永维：《中国减刑、假释制度的改革与发展》，法律出版社 2012 年版，第 60 页。

② 《最新意大利刑法典》，黄风译注，法律出版社 2007 年版，第 67 页。

③ 《德国刑法典》，徐久生译，北京大学出版社 2019 年版，第 28 页。

④ 参见黄永维：《中国减刑、假释制度的改革与发展》，法律出版社 2012 年版，第 55 页。

示出来。”[①]“大部分的法律都是经过不断的司法裁判过程才具体化，才获得最后清晰的形象，然后才能适用于个案，许多法条事实上是借裁判才成为现行法的一部分。”[②] 而办案人员对法律的解释，“绝非一个局限于事实的判断问题，更是一个涉及价值的选择问题”[③]。1990 年《联合国非拘禁措施最佳限度标准准则》提出假释等非拘禁措施的适用“应力求在罪犯的个人权利与受害者的权利和社会对于公共安全和预防犯罪的关注之间达到妥善的平衡”。与决定判处刑罚的封闭性刑事司法不同，假释的适用需要综合评估报应责任和道义责任，既要注重实现传统的修复正义属性，也要实现规范矫治罪犯的功能和对罪犯再犯罪风险的分流控制机能[④]，因此应当综合评估罪犯的再犯罪危险、国家利益、社会安全、财产保护、人心安定五大因素。

（一）罪犯的再犯罪危险

假释的适用需要坚持主客观相结合的标准，不仅要关注罪犯的客观改造表现，更要重视罪犯的人身危险性。即便罪犯经过改造已经达至行为良好的状态，但是假释条件的符合性尤其是罪犯的人身危险性仍需通过办案机关的综合判断才能实现。由于主观判断存在误判的可能，加之罪犯的人身危险性程度处于持续变动状态，为了防止罪犯被假释后给社会造成危害，对假释犯仍需通过社区矫正机构进行监管，而这正是办案机关已经认定罪犯“没有再犯罪的危险”之后仍需对罪犯进行监管的必要性所在。

---

① ［美］安东尼·刘易斯：《言论的边界：美国宪法第一修正案简史》，徐爽译，法律出版社 2010 年版，第 3 页。

② ［德］卡尔·拉伦茨：《法学方法论》，陈爱娥译，商务印书馆 2003 年版，第 20 页。

③ 梁云宝：《我国犯罪论体系的阶层化改造》，法律出版社 2020 年版，第 9 页。

④ 参见李川：《修复、矫治与分控：社区矫正机能三重性辩证及其展开》，载《中国法学》2015 年第 5 期。

【案例】

◎ 罪犯确有悔改表现、没有再犯罪危险，依法予以假释

罪犯魏某某因犯招摇撞骗罪于2012年11月被判处有期徒刑3年6个月。魏某某服刑1年9个月后，刑罚执行机关提请对其假释。法院经审理查明，罪犯魏某某在服刑期间认罪悔罪、积极改造，获得表扬1次、记功1次。《社会调查评估报告》证实，魏某某家在农村，父母常年身体不好，家庭经济条件困难，其本人及家人平常无不良嗜好，与邻居关系相处和睦。其居住地村委会、邻居及其家属均表示愿意协助对其进行监管教育。刑事判决书及谅解书证实，魏某某虽在犯罪中骗取他人一定数量的钱款，但案发后与被害人达成和解协议，全部退还所骗款项，取得了被害人的谅解，社会影响不大。魏某某具有较高文化程度，假释后有能力凭借自身的劳动获取生活来源。据此认为，魏某某确有悔改表现且假释后再犯罪的可能性较小，符合法律规定的假释条件，予以假释。①

【案例】

◎ 对涉毒恶习难改的罪犯，依法不予假释

罪犯胡某某因犯非法持有毒品罪、贩卖毒品罪于2015年12月被判处有期徒刑4年6个月，并处罚金人民币10,000元。2018年2月刑罚执行机关提出假释建议。法院经审理查明，罪犯胡某某自入监以来，能认罪悔罪，认真遵守法律法规及监规，接受教育改造，积极参加学习和劳动，获得表扬奖励2次。另查明，罪犯胡某某因吸食毒品于2008年5月被行政拘留15日并强制戒毒6个月，因犯容留他人吸毒罪于2013年12月被判处拘役4个月，并处罚金人民币5000元，2014年1月19日刑满释放。罪犯胡某某婚姻状况为离异，父母均年事已高。据此认为，罪犯胡某某有吸毒史，且有毒品犯罪前科，本次入监服刑又是因毒品犯罪，可见其涉毒恶习难改；其家中妻子已离异，父母均为高龄，家庭监管帮教条件不佳。如将其假释，难以把握其

---

① 该案系最高人民法院发布的案例，案号为（2014）安中刑执字第611号。

“没有再犯罪的危险”，不予假释。[①]

（二）国家利益

特殊假释体现了功利价值中的国家利益优先。《刑法》第 81 条规定，“如果有特殊情况，经最高人民法院核准，可以不受上述执行刑期的限制”。《2017 年减刑假释规定》第 24 条将“特殊情况”解释为“是指有国家政治、国防、外交等方面特殊需要的情况”，以体现对国家利益的关注和保护。“特殊情况”下的假释依法可以不受执行刑期的限制，即特殊假释仅限“执行刑期”特殊，对假释其他条件的把握不能打折扣。立法之所以设立特殊假释，其实是在假释制度的公正价值与功利价值之中进行选择与权衡，目的是增强假释适用的灵活性，避免在需要对一些情况作特别处理时陷入于法无据的局面。针对国家政治、经济、军事、外交等方面出现的特殊情况，考虑到现实的复杂性，特殊假释制度可以满足国家的政治需要，具有弥补法律不足、缓和刑罚严苛的功能。就特殊假释制度而言，立法显然采取了国家利益优先原则。

【案例】

◎ 服刑期间取得重大科研成果，适用特殊假释

罪犯和某某是女真语言文字硕士研究生，原系某研究所讲师。1985 年因犯强奸罪被判处有期徒刑 15 年，剥夺政治权利 5 年。服刑期间减刑 2 年。刑罚执行机关以罪犯和某某在服刑期间确有悔改表现并取得重大科研成果为由提出假释意见。法院经审理查明，罪犯和某某在服刑期间除了完成监狱规定的各项任务，写出学术论文 100 余篇，其中 85 篇被国家鉴定为在学术领域取得突破性的重大进展，填补了我国 20 世纪 80 年代后期在这一学科领域的空白，某些方面已达到国际水平。据此认为，罪犯和某某在服刑期间做出

---

① 参见周瑞平：《让减刑假释在法治阳光下运行》，载《人民法院报》2018 年 11 月 25 日，第 3 版。

了有益于国家利益的突出成绩和重大贡献，虽未达到实际刑期的二分之一，予以假释。①

【案例】

◎ 非原单位重要生产、重大科研的特殊需要，不得适用特殊假释

罪犯徐某某因受贿、贪污、交通肇事罪于1992年3月被判处有期徒刑10年。1992年12月，遂昌县成屏一级电站以“徐某某对该坝建设和管理有一定经验”、电站“工程技术人员紧缺”、要罪犯徐某某“出来做些技术工作”为由，向浙江省劳改局、司法厅、十里丰劳改支队等单位出具《关于保释徐某某的报告》，后丽水电业局、遂昌县公安局签署同意电站保释请求的意见。经刑罚执行机关提请，衢州中院裁定对罪犯徐某某予以假释。检察机关抗诉认为，罪犯徐某某原判有期徒刑10年，从羁押之日起到裁定假释时止，实际只执行刑期2年7个月，未超过原判刑期的1/2，裁定书认定罪犯徐某某具有“特殊情节”不能成立。遂昌县成屏一级电站的保释理由虚假，保释罪犯徐某某并非“原单位重要生产、重大科研的特殊需要”；罪犯徐某某被假释后，成屏一级电站并未及时安排其工作，造成脱管3个月之久，直到检察机关追查时才安排罪犯徐某某做一般的技术工作；成屏一级电站关于要求假释罪犯徐某某的报告是电站个别领导应罪犯徐某某之妻请求起草并由其妻寄发。遂昌县公安局、丽水电业局虽签署了意见，但两单位均未对报告内容进行核实，也未集体研究，只是一般地履行手续。法院经再次审查认为，罪犯徐某某不具备法定的特殊情节，裁定撤销假释，将罪犯徐某某收监执行。②

（三）社会安全

禁止假释展示了法律制度以保护社会秩序为首要目标的价值权衡。对假

---

① 参见官鸣、黄永维主编：《最高人民法院关于减刑、假释司法解释理解与适用》，人民法院出版社2014年版，第193～194页。

② 参见牛正良：《纠正罪犯徐法根被违法假释案》，载《中国法律年鉴》1997年第1期。

释对象的严格限制、对未成年犯和老残病犯采用不同的假释标准以及将罪犯假释后的社会接纳和防范情况作为适用假释与否的重要参考，则从另一个角度体现了假释适用的社会安全评估因素。例如，法定的假释对象仅限于有期徒刑罪犯和无期徒刑罪犯，但是死缓罪犯减刑后可以假释，相较之下，累犯不能假释的正当性何在？法律禁止对累犯和严重暴力犯罪罪犯予以假释，全面彰显了国家对此类犯罪和罪犯的极其严厉的谴责和否定的态度。“假释制度的规定反映了在罪犯的个人权利与被害人的权利和社会对于公共安全和预防犯罪的关注之间达到妥善的平衡。我国规定假释的禁止性规定，表明国家在罪犯的个人权利与被害人的权利和社会秩序的维护的价值权衡中，更多地关注了后者。”[①] 从程序设置来看，法律之所以规定假释案件需要向社会公示并允许社会公众提出异议，正是因为犯罪侵害了社会公共利益，刑罚变更执行与其他社会公众有着利害关系。

【案例】

◎ 对有吸毒史、假释后有再犯罪危险的涉毒品罪犯，依法不予假释

罪犯陈某某因犯贩卖毒品罪于2013年11月被判处有期徒刑14年，并处罚金人民币140,000元。判决生效后交付执行。期间减刑1年9个月，已执行刑期9年5个月。刑罚执行机关以罪犯陈某某确有悔改表现、假释后没有再犯罪危险为由，报请对其假释。法院经审理查明，罪犯陈某某在服刑期间，能够认罪悔罪，遵守法律法规和监规，接受教育改造；考核期间共获得考核分4847.5分。另查明，该犯有吸毒史。据此认为，虽然罪犯陈某某确有悔改表现，已执行原判刑期1/2以上，但该犯有吸毒史，余刑2年10个月，假释后有再次涉毒犯罪的危险，不予假释。[②]

① 参见宫鸣、黄永维主编：《最高人民法院关于减刑、假释司法解释理解与适用》，人民法院出版社2014年版，第202页。

② 该案例系2021年青岛市中级人民法院通报的典型案例。参见《青岛中院通报2021年减刑、假释典型案例》，载快资讯2021年12月9日，https://www.360kuai.com/pc/945d98f69660ab113?cota=3&kuai_so=1&sign=360_57c3bbd1&refer_scene=so_1。

【案例】

◎ 对实施暴力犯罪、有再犯罪危险的罪犯，依法不予假释

罪犯杨某某因犯抢劫罪于2013年11月被判处有期徒刑9年6个月，并处罚金人民币8000元。服刑期间减刑3个月。2019年3月经再审改判有期徒刑8年6个月，并处罚金人民币8000元。已执行刑期7年2个月。刑罚执行机关以罪犯杨某某确有悔改表现、假释后没有再犯罪危险为由，报请对其假释。法院经审理查明，罪犯杨某某在服刑期间，能够遵守监规纪律，接受教育改造；考核期间共获得表扬奖励7次；罚金人民币8000元已全部缴纳。另查明，该犯曾因犯抢劫罪于2004年被判处有期徒刑4年6个月。据此认为，罪犯杨某某在服刑期间虽能认真遵守监规，接受教育改造，符合“执行原判刑期二分之一以上”的法律规定，但该犯2004年因犯抢劫罪受到刑事处罚后不思悔改，又入户抢劫，说明其主观恶性较深，人身危险性较大，假释后有再犯罪的危险，不予假释。①

（四）财产保护

对抢劫等严重侵害财产犯罪可以适用死刑是从“事前”彰显国家对于此类犯罪的严厉谴责态度，而将罪犯的退赃退赔、附带民事赔偿或以其他方式弥补犯罪所造成的损害等情况纳入假释适用考量因素的财产性判项与假释关联机制则彰显了国家“事后”保护公民财产的决心。“根据联合国在世界范围内所做的一项调查，有半数以上的被害人关注的并不是对犯罪人的惩罚，而是如何使自己的物质精神损失得到补偿。”② 办案机关对罪犯假释的主要依据是罪犯在服刑期间的改造表现，如果确有证据证实罪犯有能力履行但拒不履行财产性义务，可以认为其不认罪服法、主观上没有悔改表现，对

---

① 该案例系2019年青岛市中级人民法院通报的典型案例。参见《从严把握“三类犯罪”减刑假释 青岛中院发布十大案例》，载半岛网2019年12月21日，http：//news. bandao. cn/a/320867. html。

② 陈新良主编：《刑事法评论》（第12卷），中国政法大学出版社2003年版，第449页。

该部分罪犯的假释可以从严掌握，以体现法律的严肃性以及刑罚执行的连续性。

【案例】

◎ 职务犯罪罪犯未主动退赃、积极履行财产刑义务，依法不予假释

罪犯黎某某因犯受贿罪于2010年10月被判处有期徒刑8年，并处没收财产人民币50,000元。服刑期间减刑有期徒刑1年4个月。刑罚执行机关以罪犯黎某某在考核期间确有悔改表现为由，报请对其假释。法院经审理查明，罪犯黎某某虽在考核期间共获表扬6次、改造积极分子1次，但原判并处没收财产人民币50,000元，只缴纳10,000余元，另有受贿所得赃款820,000余元未退出。该犯未能提供个人家庭经济困难的证据材料证实其无能力履行财产刑。从黎某某狱内的收支明细看，其服刑期间往来钱款较多，月零花消费超过400元，高于一般狱内消费水平，有一定的退赔履行能力。据此认为，罪犯黎某某虽在服刑期间改造表现较好，但其系职务犯罪罪犯，未通过主动退赃、积极履行财产刑消除其犯罪行为所产生的社会影响，尚不能认定为确有悔改表现，不予假释。①

【案例】

◎ 对犯罪情节恶劣、有履行能力而不履行财产刑义务的罪犯，依法不予假释

罪犯管某某因犯故意伤害罪、赌博罪于2011年10月被判处有期徒刑6年，并处罚金人民币10,000元。刑罚执行机关以罪犯管某某在服刑期间确有悔改表现为由，报请对其假释。法院经审理查明，罪犯管某某在考核期间共被评为改造积极分子2次，但原判并处罚金人民币10,000元未履行。2013年1月1日至2014年12月31日期间，管某某两年内共计消费31,590元，月消费超过1300元，明显高于一般狱内消费水平，应认定为有履行财

① 该案系最高人民法院发布的案例，载中国法院网2015年2月13日，https：//www. chinacourt. org/article/detail/2015/02/id/1555728. shtml。

产刑能力。据此认为，罪犯管某某虽在服刑期间改造表现较好，但其所犯罪行严重扰乱当地社会秩序，影响十分恶劣，且其确有财产刑履行能力而不履行，综合考量管某某的犯罪性质、情节和财产刑履行情况，其尚不符合假释条件，不予假释。①

（五）人心安定

假释的适用必须充分考虑人心安定的需要，职务犯罪的假释限制、最低执行期限的限制、被害人及其亲属态度对假释适用的影响、对罪犯进行假释监管的必要性等均是出自对社会公众安全感的维护与保障。以职务犯罪为例，此类罪犯被取消职务身份后已经基本丧失再犯可能性，对此类罪犯进行假释管控的目的，正是基于人心安定的需要。当前，社会公众对职务犯罪罪犯的假释关注度高，普遍认为职务犯罪罪犯的人脉关系较广，经济条件较好，假释过程中容易滋生腐败。为了消除社会公众的疑虑，对此类罪犯的假释，无论是实体条件的审查认定还是程序运行的管控，自然要求更高。

【案例】

◎ 对行贿犯罪情节特别严重的罪犯，依法不予假释

罪犯高某某原系安徽某律师事务所主任，因犯行贿罪于2015年10月被判处有期徒刑6年。2019年4月，刑罚执行机关提出假释建议。法院经审理查明，罪犯高某某在服刑期间，能认罪悔罪，接受教育改造，积极参加劳动，努力完成劳动任务，至2019年1月获得表扬奖励5次。另查明，罪犯高某某为谋取不正当利益，多次向国家司法机关工作人员行贿，数额达714,000元。据此认为，罪犯高某某在服刑期间虽获得表扬奖励5次，但其为谋取不正当利益，在代理贩卖毒品、销售假冒注册商标、组织卖淫及多起组织、领导传销活动案件中，多次给予国家司法机关工作人员财物，情节特别严重，综合考虑该犯犯罪性质、犯罪具体情节和社会危害程度等因素，对

---

① 参见贵州省铜仁市中级人民法院刑事裁定书，（2015）铜中刑执假字第12号。

其假释可能引起不良社会影响，不予假释。[1]

【案例】

◎ 对虽有一定悔改表现，但犯罪性质恶劣、社会危害性较大的罪犯，从严控制假释

罪犯王某某以介绍工作为由骗取被害人信任，而后采取非法拘禁、暴力、胁迫等手段，强迫二被害人卖淫5次，后果严重。2009年11月山东省胶州市人民法院以强迫卖淫罪判处王某某有期徒刑11年。服刑期间分别减刑有期徒刑1年3个月和1年5个月。刑罚执行机关以王某某确有悔改表现为由，提出假释建议。法院经审理查明，罪犯王某某自上次减刑以来能认罪悔罪，积极改造，受记功1次、表扬1次、嘉奖1次，2013年度被评为省级改造积极分子，2014年度被评为监狱级改造积极分子。法院认为，罪犯王某某在服刑期间虽有悔改表现，但其所犯罪行性质恶劣，其犯罪活动严重影响到社会正常务工秩序，社会危害性较大，故在假释时应从严掌握，不予假释。[2]

第二节　假释条件的阶层化设置

假释是附条件地提前释放，既是罪犯能否顺利回归社会的一种考验和回归社会前的过渡适应期，又因可根据罪犯出监所后的表现予以撤销而具有更

① 该案系安徽省高级人民法院发布的典型案例，载安徽法院网，https：//xw. qq. com/cmsid/20200722A0JEUN00。

② 该案系最高人民法院发布的案例，载中国法院网2015年7月29日，https：//www. chinacourt. org/article/detail/2015/07/id/1676344. shtml。

大的灵活性。根据我国《刑法》第 81 条的规定[①]，假释的条件可以分为对象条件、基础条件、实质条件和参考条件。这 4 个条件各有独立的价值理念，相互之间不是并列关系，既相互补充、均衡互动，同时也存在冲突和位阶的问题。因此，在法律层面明晰假释条件之间的逻辑位阶关系，重构阶层化的条件设置，尤为重要。实质化办理假释案件的重要前提，即明确假释 4 个条件之间的博弈与阶层关系。

一、对象条件——最低执行期限

假释的对象条件既包括刑种、罪种和最低执行期限的限制性条件，也包括"不得假释"的否定性条件，这是假释条件的刚性部分，展示了刑罚公正性需求与功利性设计的有机结合。

（一）取消刑种和罪种的限制

绝大多数国家对有期自由刑和终身自由刑均适用假释，只有极少数国家排斥对终身自由刑适用假释，如德国、法国、丹麦。少数国家对假释对象的罪种作出限制。例如，根据《蒙古国刑法典》，对两次以上因犯盗窃国家或公共财产罪、盗窃罪、抢劫罪或强奸罪被判刑而又犯上述罪中任何一罪的人，不得适用假释。[②] 部分国家的假释适用经历了从限制到放开的历程，如俄罗斯的假释"适用于任何犯罪（过去的刑法典是不允许的）和所有各种

---

① 《刑法》第 81 条规定："被判处有期徒刑的犯罪分子，执行原判刑期二分之一以上，被判处无期徒刑的犯罪分子，实际执行十三年以上，如果认真遵守监规，接受教育改造，确有悔改表现，没有再犯罪的危险的，可以假释。如果有特殊情况，经最高人民法院核准，可以不受上述执行刑期的限制。对累犯以及因故意杀人、强奸、抢劫、绑架、放火、爆炸、投放危险物质或者有组织的暴力性犯罪被判处十年以上有期徒刑、无期徒刑的犯罪分子，不得假释。对犯罪分子决定假释时，应当考虑其假释后对所居住社区的影响。"

② 参见周国强、杨凤宁：《假释制度比较研究》，载《广西民族学院学报（哲学社会科学版）》2001 年第 6 期。

被判刑人”①。

对于假释的对象，在刑种、罪种上是否应当有所限制存在分歧意见，争论焦点集中体现在职务犯罪罪犯是否可以假释。支持者认为，应当从剥夺理论的角度理解假释对象的范围限定。该理论主张，对于人身危险性大、不能改造的罪犯，在刑事政策上宜采取剥夺罪犯自由的方式防止罪犯重新犯罪，限制假释的政策主张符合剥夺理论所提出的剥夺内涵。② 然而，通过对不同对象的问卷调查和座谈，大多数人认为，对因暴力犯罪被判处 10 年以上有期徒刑、无期徒刑的罪犯不得假释的法律规定过于绝对，应当作出调整，原则上应当允许假释，但可以在最低执行期限和假释考验期限上采取比其他罪犯更为严格的设置。

必须承认的是，采用列举式的方式将假释适用的罪种限制过死不利于个别正义的实现。罪犯能否被假释应当主要取决于他在服刑期间的改造表现和提前释放后可能实施的行为，继续监禁已经没有再犯罪危险的罪犯不仅没有价值，而且有违行刑社会化和刑罚宽缓化的发展趋势，对于那些已经不再对社会安全产生威胁的罪犯，即便尚未完成他们的整个刑期，也没有必要将他们继续留在监所，而且如果他们出现行为不端，完全可以撤销假释。因此，不宜也没有必要对假释设置罪种和刑种的条件限制，考虑到某些严重的类罪与个罪所反映的社会危害性以及罪犯的人身危险性，由办案人员依法作出处理更为适宜，没有必要“一刀切”，应当将该部分考量因素纳入假释的实质条件——罪犯是否“没有再犯罪的危险”的判断范畴。

（二）最低执行期限的设置原则

假释的最低执行期限是指罪犯至少服刑多长时间才能获得假释的资格。

---

① 俄罗斯联邦总检察院编：《俄罗斯联邦刑法典释义》（上册），黄道秀译，中国政法大学出版社 2000 年版，第 201 页。

② 参见翟中东：《减刑、假释制度适用》，中国人民公安大学出版社 2012 年版，第 104 页。

一般来说，罪犯假释后的实际执行刑期应当远高于这一底线。纯粹的刑罚目的刑理论认为，只要罪犯没有人身危险性就应该被假释，设置最低执行期限没有意义。刑罚报应刑理论则认为，刑罚的目的首先在于对犯罪的报应，即便罪犯没有人身危险性，仍应通过适当的刑罚对罪犯加以惩戒，以满足社会正义观念。

世界上大多数国家和地区的假释制度均规定了最低执行期限。例如，根据《美国联邦刑事诉讼条例》的规定，被判处无期徒刑或判处 45 年以上刑期的犯人服刑满 15 年后，可以假释；法国对不同罪犯规定了不同的执行期限，初犯需服刑 1/2，重罪服刑 2/3；罗马尼亚根据不同刑罚规定了不同比例，10 年以下监禁者服刑 1/2，10 年以上监禁者服刑 2/3，同时规定对危害国家安全之罪，10 年以下监禁者服刑 2/3，10 年以上监禁者服刑 3/4。①

设置最低执行期限的必要性在于：一是契合刑罚的报应目的，是刑法客观主义和主观主义之间妥协调和的结果。纯粹的刑罚目的刑理论暗含了滥用假释的风险，可能导致有罪不罚、重罪轻罚，进而有损司法公正。设定最低执行期限，可以奠定假释的公正基础，表明国家对犯罪的谴责和否定态度。二是可以平衡刑罚结构，更好地保证有期徒刑、无期徒刑与死刑之间的协调。三是有利于正确适用假释，防止司法擅断。假释的适用以罪犯没有再犯罪的危险为实质条件，而罪犯再犯可能性的消除不可能毕其功于一役，而是需要经过一定时期的监管考察和矫正改造工作。“改造罪犯、消除其人身危险性的时间需要也是假释最低执行期限存在的合理性基础。同时，罪犯是否已不具有人身危险性，是否已具备了相应的社会再适应能力，矫正机关也需要进行一定时期的观察、考验才能确定。”② 设置最低执行期限的重要目的是确保假释的质量，防止罪犯过早回归社会对社会公众的安全形成危害和

---

① 参见周国强、杨凤宁：《假释制度比较研究》，载《广西民族学院学报（哲学社会科学版）》2001 年第 6 期。

② 参见官鸣、黄永维主编：《最高人民法院关于减刑、假释司法解释理解与适用》，人民法院出版社 2014 年版，第 183 页。

威胁。

最低执行期限可以采用如下设置原则：对于符合假释条件的罪犯，根据犯罪“三性”（指社会危害性、刑事违法性、应受惩罚性）的大小深浅而予以分层对待，确定其假释考验期的最长时间。“三性”大而深者，假释考验期限可以相对较短，最低可以设定为原判刑期的1/5；“三性”小而浅者，假释考验期限可以相对较长，最高可以设定为原判刑期的1/2；原判无期徒刑以上的罪犯，如果属于可以假释的类型，可以设定为具体的假释考验期限，如5年。

（三）“不得假释”的范围限定

世界各国和地区关于假释对象限制的规定不同。例如，伊朗、阿根廷均规定对累犯不得假释。[①] 俄罗斯现行刑法典则“对假释规则没有规定例外。它可以适用于任何人，包括特别危险的累犯，也不论犯罪的性质和严重程度”[②]。关于“不得假释”的规定是否有悖假释制度的价值取向，至今存在不同看法。支持者认为，“不得假释”的规定区分假释适用对象并予以限制，有利于发挥刑罚的威慑功能，充分体现刑法对社会治安和社会环境的特别保护，应当予以保留。美国、阿根廷、乌兹别克斯坦、蒙古国等国家都有关于假释的禁止性规定。反对者认为，“不得假释”的规定剥夺了部分罪犯提前释放的希望，不利于促使其接受改造、认罪服法，不利于实现刑罚个别化，也不符合刑罚特殊预防的目的，应当予以废除。[③]

假释在实现对罪犯的行为控制、减轻监狱拥挤的压力、提高罪犯的改造

---

① 参见周国强、杨凤宁：《假释制度比较研究》，载《广西民族学院学报（哲学社会科学版）》2001年第6期。

② 俄罗斯联邦总检察院编：《俄罗斯联邦刑法典释义》（上册），黄道秀译，中国政法大学出版社2000年版，第201页。

③ 参见黄永维：《中国减刑、假释制度的改革与发展》，法律出版社2012年版，第192～193页。

期望等方面确实起到了“安全阀”的作用，但是制度取舍需要一个过程，将特殊情形排除在假释的适用范围之外，在相当长的时期内具有正当化理由。假释的制度目标并非仅有感化和激励，报应和威慑仍是它的重要依据，否则有违公平原则和正义观念。对特定类型的罪犯进行假释限制确有必要，因为它可以通过约束罪犯直到刑期届满的方式来保护社会。实行假释限制正是为了体现对某些严重罪行或者某些特定对象的报应和威慑力度，这种限制使积习难改以及危险的罪犯处于被假释“遗弃”的角落而无能为力，那些在释放后仍需特殊引导和帮助甚至可能进一步实施犯罪的罪犯则被置于严格监管之下。假释限制的范围不宜过宽，以累犯为例，即便罪犯在刑罚执行完毕或者赦免以后5年以内再犯法定之罪，也说明其有较深的主观恶性和人身危险性，但是理论上不能排除部分累犯的主观恶性可能没有那么深，而且该部分因素完全可以归入假释的实质条件“再犯罪的危险”的评价范畴。因此，考虑到“不得假释”法律规定的负面影响，应当对“不得假释”的范围进行严格限制。

一是严重暴力犯罪的再犯。“美国于1994年颁布了《暴力犯罪控制与执行法》，规定了著名的‘三振出局法’，即对于已经是两次严重犯罪的重刑犯，或者是曾经犯有一次严重犯罪的暴力重刑犯和曾经犯有一次严重犯罪的毒品罪犯，如果其再犯一次暴力性的严重犯罪时，那么，法院将对罪犯判处终身监禁，且不得假释。”① 这一做法值得借鉴。对于因杀人、爆炸、抢劫、绑架等暴力性犯罪被判处重刑的罪犯，如果服刑期间故意犯罪或者在假释考验期限内因违法犯罪被收监的，不得假释，以体现国家对此类罪犯的严厉谴责态度。

二是缺乏监管条件的罪犯。罪犯假释后的重点是约束管理、关系修复、社会适应等内容。罪犯在封闭的监所内服刑几年甚至几十年后回归社会，会产生巨大的隔膜和不适应。社区矫正的条件是否具备，社区矫正系统的运行

① 参见黄永维：《中国减刑、假释制度的改革与发展》，法律出版社2012年版，第55页。

状况是否良好，直接关系到假释犯能否通过有效的社区矫正顺利回归社会。因此，罪犯假释后的生活来源和监管条件成为假释适用时必须考量的因素。如果罪犯被假释后缺乏必要的监管条件，罪犯即将回归的社区强烈反对罪犯的假释，由于假释的效果难以预料，加上我国目前的刑事执行机制缺乏对罪犯复归社会能力的维护和培养，罪犯为了满足自己的欲望，很有可能重新实施违法犯罪，在此情况下，一般不得假释。

三是假释撤销后能否再次假释的问题。有意见认为，假释犯因违反法律、行政法规或者有关假释的监督管理规定而被撤销假释的情形存在偶然性，不能直接表明和体现罪犯有较大的人身危险性，除犯新罪外，罪犯被撤销假释后若符合假释条件均可再予以假释。① 但是，假释是对罪犯是否真正改造良好的考验，假释的适用乃基于刑罚执行机关和司法机关对罪犯的足够信任，办案机关因此承担着假释犯可能再次违法犯罪的风险。罪犯在假释考验期限内又犯新罪，说明其人身危险性大，不符合“没有再犯罪的危险”的条件，原则上不能再假释；因违反法律、行政法规或者国务院有关部门关于假释的监督管理规定以及隐瞒漏罪的罪犯，说明其有较大的人身危险性，一般不宜再假释。因此，罪犯不论基于何种理由被撤销假释收监执行，若对其再次适用假释，应当严格加以限制。

二、基础条件——罪犯的改造表现

在阶层化的假释条件体系中，罪犯的改造表现居于重要地位。不少国家重视并将罪犯的改造表现作为假释的重要依据。例如，《俄罗斯联邦刑法典》规定，“只有当罪犯以模范的行为和诚实的劳动态度表明自己已经得到改造时，才能适用假释”②。罪犯的良好改造表现是假释的基础条件，基本

---

① 参见黄永维：《中国减刑、假释制度的改革与发展》，法律出版社 2012 年版，第 219 页。

② 俄罗斯联邦总检察院编：《俄罗斯联邦刑法典释义》（上册），黄道秀译，中国政法大学出版社 2000 年版，第 201 页。

法律和司法解释均对如何认定罪犯的改造表现提供了一定的审查标准：主观上，认罪悔罪，有悔改表现；客观上，认真遵守法律法规及监规、接受教育改造，积极参加思想文化、职业技术教育，积极参加劳动、努力完成劳动任务。罪犯的客观改造表现是假释条件中具体而又现实的部分，罪犯的悔罪表现作为主观要素在假释的判断架构中亦已确立。

（一）罪犯客观改造表现的认定依据

计分考核结果、罪犯评审鉴定表和奖惩审批表等书证，记录了罪犯在服刑期间的实际改造情况和所受奖惩情况，对于假释案件办理具有重要参考价值，既是刑罚执行机关对罪犯改造表现的评价性事实，也是认定罪犯客观改造表现的重要依据。目前，罪犯的假释一般是以分考核、择优呈报、集体研究、逐级审核。以计分考核办法为依据，将罪犯的改造表现纳入量化考核的范畴，是刑罚执行机关经过多年实践摸索而建立的一套行之有效的标准，也得到了司法机关的高度认可与采纳。计分考核直观量化地反映罪犯的改造表现，标准的公开和统一程度较高，罪犯之间能在相对公平的条件下进行比较，以此作为定案依据不易造成罪犯、家属以及社会公众的猜疑和不满。将可量化的计分考核结果与假释标准直接挂钩的方式，也使办案人员在具体操作时更为便捷，因为现实状况是除刑罚执行机关的计分考核之外，没有其他可操作的量化标准，办案人员在审查认定罪犯的改造表现时，除直接采纳刑罚执行机关的考核标准外，绝大多数情况下别无选择。

认识误区在于：计分考核结果等于罪犯的改造表现吗？答案当然是否定的。单纯的计分考核不能全面反映罪犯的改造表现，而且计分考核结果是监所干警以刑罚执行机关的名义对既往事实——罪犯在监所服刑期间的改造表现所作的记录，在很大程度上具有主观性，它让案件事实成为一种变量，增减改易成为可能，因而存在虚假的可能性，而虚假的证据则会导致案件事实认定错误。正因如此，基本法律和司法解释均未将计分考核结果直接等同于罪犯的改造表现。

对罪犯改造表现的司法认定不能仅凭计分考核结果，仍需坚持法定证明标准，主要从证据的真实性和关联性两个角度对计分考核结果进行效度分析，要严格审查以下内容：（1）罪犯服刑改造的具体岗位及其相应的考核计分标准，考核分数的来源、合理性以及与计分考核累计台账等基础材料的对应性，对于月得分波动较大或者明显高于监所平均得分的，要进一步调查具体原因并综合认定罪犯改造表现；（2）监管改造、教育和文化改造、劳动改造的得分情况以及总得分是否符合奖惩评定条件，加扣分情况是否与明细和奖惩情况一致，加扣分事由、性质、时间、次数以及得分情况，审批程序是否规范；（3）罪犯因警告、记过或者禁闭处罚被扣减积分的，受到处罚的时间、次数、具体事由以及处罚后的悔改情况，综合判断罪犯违规违纪行为对其悔改表现认定的影响程度。如果存在考核分数与考核期不对应、加扣分与奖惩不对应或者缺少相应事实依据等情况，应当要求刑罚执行机关在规定的期限内作出说明或者补充；在规定期限内刑罚执行机关不能做出合理解释的考核材料，不得作为认定罪犯确有悔改表现的依据。

需要注意的是，对于特殊对象的考核条件应作适度调整。以未成年犯为例，根据《1997 年减刑假释规定》第 13 条的规定，对犯罪时未成年的罪犯的假释，在掌握标准上可以比照成年罪犯依法适度放宽。从司法实践来看，未成年罪犯在假释时基本被与成年罪犯同等对待，甚至假释比例更低。黑龙江省统计数据显示，2007 年至 2009 年，监狱罪犯的假释比例为 0.25%，未成年罪犯的假释比例为 0.03%。重庆市统计数据显示，2007 年至 2009 年，监狱罪犯的假释比例为 0.14%，未成年罪犯的假释比例为 0。河南省焦作市统计数据显示，2003 年至 2007 年，监狱罪犯的假释比例为 0.17%，未成年罪犯的假释比例为 0.03%。[①] 未成年罪犯假释比例过低的现象，既可能源于未成年人实施犯罪不计后果因而呈现出更大的人身危险性，也可能源于未成

① 参见黄永维：《中国减刑、假释制度的改革与发展》，法律出版社 2012 年版，第 104～105 页。

年罪犯在“积极参加劳动，完成生产任务”这一要求上居于劣势故而难以符合司法机关审查认定的“确有悔改表现”，还有可能源于办案人员在减刑与假释选择适用上的司法偏好。因此，应当严格贯彻2010年2月最高人民法院《关于贯彻宽严相济刑事政策的若干意见》(法发〔2010〕9号) 第34条第3款的规定，在决定假释时，对于未成年犯和老残病犯等特殊对象应当主要根据悔罪表现并予以从宽掌握，尤其是既符合法定减刑条件又符合法定假释条件的，优先适用假释。

(二) 罪犯主观上“有悔改表现”的评价体系

罪犯的客观改造表现是主观上“有悔改表现”的存在根据，但是罪犯具有良好的改造行为通常只是原则性地推定“有悔改表现”，一旦存在其他的正当性理由，则应否定罪犯“有悔改表现”。计分考核结果是审查认定罪犯客观改造表现的主要根据，也是认定罪犯是否“有悔改表现”的重要依据，但单纯的考核得分与罪犯的改造表现特别是思想改造表现并不一致，计分考核存在重行为、轻思想的评价失衡现象，罪犯改造表现与“确有悔改表现”之间并非完全的对等关系，不足以评价罪犯是否“认罪悔罪”“有悔改表现”。因此，罪犯有无悔改表现的评价体系需要进一步拓展，不能将罪犯的客观改造情况与悔改程度甚至再犯罪可能性直接画等号，罪犯确有悔改表现不应仅表现为计分考核明细表（台账)，更应该通过罪犯的思想转化、行为矫正以及再犯罪倾向的消除等具体事实予以体现。对于服刑期间通过或者试图通过不正当手段获得假释机会的罪犯，不认定其“确有悔改表现”。因此，应当设计出一套客观完整的评价体系，确立罪犯思想转化和有无悔改表现的审查认定标准。

1. 精准识别罪犯的伪装性改造和欺诈性改造

悔改表现是对罪犯内心主观状态的审查判断，离不开对罪犯外在客观行为的考察，但是罪犯的客观行为表现可能具有欺骗性。客观行为表现良好的罪犯，如果其犯罪心理没有得到根本性矫治，很有可能重新犯罪。办理假释案件的重要工作之一就是要精准识别罪犯的伪装性改造和欺诈性改造。

【案例】

◎ 罪犯在服刑期间通过他人伪造证据材料，不认定“有悔改表现”

罪犯唐某因犯贩卖毒品罪被判处有期徒刑10年，并处罚金人民币30,000元。刑期至2024年11月19日止。2022年4月，刑罚执行机关对罪犯唐某拟提请假释征求检察机关意见。检察机关经审查发现，案卷中存在一份公安机关于2019年8月19日出具的证实唐某无吸毒史的证明材料，还有一份该公安机关于2021年9月29日出具的上述证明材料作废的《声明》。检察机关经调查核实，认定唐某虽在服刑期间基本能够遵守监规纪律，但其明知自己有吸毒史，却多次与哥哥唐某甲通讯、会见，要求唐某甲获取其无吸毒史的证明。唐某甲明知唐某有吸毒史，为使其获得假释，到公安派出所开具唐某无吸毒史的证明。罪犯唐某未婚未育，姐姐外嫁，唐某明确表示出狱后要随唐某甲外出工作和生活。鉴于唐某甲在本案中使用不正当手段获取派出所虚假证明文件，又曾因犯交通肇事罪被检察机关作出不起诉处理，不宜由其承担协助监管唐某的责任。另外，唐某系贩卖毒品案件的主犯，有吸毒史，社会危害程度较高，再犯罪可能性较大。2022年10月26日，检察机关向刑罚执行机关出具不同意对罪犯唐某提请假释的检察意见。刑罚执行机关采纳了检察机关的意见。①

对于在服刑期间多次违反监规、抗拒改造且经教育后仍无明显改正的，伪造老病残、立功、重大立功证据材料等情形的，均不认定“有悔改表现”。对于在服刑期间通过贿赂或者利用个人影响力和社会关系等不正当手段意图获得假释的，职务犯罪、破坏金融管理秩序犯罪、金融诈骗犯罪和组织、领导、参加、包庇、纵容黑社会性质组织犯罪等罪犯不积极退赃、协助追缴赃款赃物、赔偿损失的，一般不认定“有悔改表现”。对于罪犯的认罪

① 该案系最高人民检察院发布的第四十九批指导性案例之一（检例第199号）。

悔罪书、自我鉴定等材料，也要结合罪犯的文化程度、成长经历等进行一定的实质性审查，如果无特殊原因非本人书写或者结合其他材料足以认定内容虚假的，一般也不认定罪犯“有悔改表现”。

2. 对罪犯有重大立功表现的区别处理

重大立功表现只是作为特殊假释的一种例外情形，适用于对国家、社会做出特别贡献的罪犯。在条件方面，应当是在科技、国防、外交等方面做出不可替代的直接贡献，而不是刑法意义上的重大立功，特别是应当排除检举揭发他人重大犯罪等通常意义上的重大立功，除非该检举与国防、外交密切关联。

首先，区别行为重大立功与结果重大立功。行为重大立功包括“阻止他人重大犯罪活动的；协助司法机关抓捕其他重大犯罪嫌疑人的；在抗御自然灾害或者排除重大事故中，有特别突出表现的”。行为重大立功不仅是罪犯对社会做出了重大贡献，也反映出其主观上的改造成果和人身危险性的降低，因此可以纳入特殊假释的认定范畴。结果重大立功主要是指“有发明创造或者重大技术革新的”。结果重大立功不能证明罪犯人身危险性降低，应当限制其对假释适用的影响程度，而且应当仅限于重大发明创造，而不应包括一般改进型的发明或者实用新型专利。此外，还应当排除对“检举监狱内外重大犯罪活动，经查证属实”的检举型重大立功等情形的假释适用。检举型立功与罪犯的原犯罪行和社会危害性、罪犯的人身危险性、再犯可能性均无关系，不得据此认定罪犯符合假释的条件。

其次，严格审查罪犯重大立功表现的证据材料。对于技术革新、发明创造，虽然不能要求办案人员进行专业性审查判断，但仍要审查重大立功的评定过程和程序是否规范，涉及重大立功的事实是否符合法定情形，特别是对罪犯是否具备该技术革新、发明创造的专业能力和条件等情形要进行实质性审查，罪犯明显不具备相应的专业能力和条件的，不认定罪犯有重大立功表现。对于阻止他人实施犯罪活动，协助司法机关抓捕其他犯罪嫌疑人，在日常生产、生活中舍己救人，在抗御自然灾害或者排除重大事故中有积极或者突出表现的，除审查有关部门出具的证明材料外，还应当注重审查能够证明上述行为的其他证据材料，一旦发现证据材料存在可疑之处，应当及时进行核查并审慎作出认定，对于罪犯明显不具备实施上述行为的能力和条件的，不认定罪犯有重大立功表现。

3. 将财产性判项履行与假释关联并纳入罪犯“有悔改表现”的评价范畴

在司法实践中，不同司法机关对于财产性判项履行与假释关联存在不同的看法①。法院倾向于确立假释与财产刑和附带民事赔偿等财产性判项履行情况之间的关联关系。其主要理由包括：一是有利于解决有财产执行内容的生效裁判“空判”的现象，平息由犯罪行为带来的矛盾和怨恨，树立生效裁判的权威；二是罪犯主动执行财产性义务，表明其接受惩罚，一定程度上也表明其有悔罪的心态，人身危险性有所降低；三是假释与财产性判项履行的关联不会造成“花钱买刑”的印象。司法部和监狱系统的意见比较统一，均对此持否定态度，主张将财产性判项履行情况与假释脱钩。其主要理由包括：一是刑法没有将财产性判项履行情况作为假释的限制性条件，财产性判项履行情况与假释之间的联动于法无据；二是刑罚执行机关执行的是自由刑，财产性判项的执行主体是法院，财产性判项履行情况与假释的挂钩实际上是让刑罚执行机关承担了法院的职能；三是从监狱管理秩序的稳定和罪犯改造的角度看，对符合假释条件但履行财产性义务确有困难的罪犯不予假释，会让罪犯产生抗拒改造的心理，不利于罪犯改造和监狱的安全稳定；四是要求罪犯本人及其家属证明罪犯无财产履行能力，实践中无法操作，监所在押罪犯中有相当数量是外省籍罪犯，刑罚执行机关或者法院对于罪犯及其家庭的财产状况难以掌握，当地有关部门出具的证据材料的可信度也难以保证。

国外对此已有相关规定，如“意大利法律有关于假释制度与财产刑挂钩

① 参见黄永维：《中国减刑、假释制度的改革与发展》，法律出版社2012年版，第203页。

的规定，‘假释以履行附带民事义务为条件，但证明受刑人无履行能力者，不在此限’”①。我国司法实践中已有相关判例。

【案例】

◎ 罪犯不如实申报财产，不认定“有悔改表现”

罪犯多某某因犯合同诈骗罪于2009年5月25日被判处有期徒刑15年，剥夺政治权利3年，并处罚金人民币200,000元，继续追缴犯罪所得，退还工商银行某某支行。执行法院出具证明：该犯追缴犯罪所得尚未履行完毕，该犯名下无不动产。2018年4月25日，刑罚执行机关认为该犯符合假释条件，拟提请为该犯办理假释，并向检察机关征求意见。检察机关经核实，该犯在提请假释前进行的财产申报中，申报自己名下没有房产，自己书写的保证书中亦声明名下无房产等财产，与其名下有房产相矛盾。财产刑未履行完毕，监狱要求其如实申报财产，该犯不如实申报，不能认定其确有悔改表现，建议监狱不予提请假释。监狱采纳了检察意见。②

该案的指导性意义在于明确了罪犯的财产申报义务对假释条件认定的影响。根据罪犯对本人财产状况或者赃款赃物去向的说明情况，分别按照下列情形处理：（1）无正当理由拒不申报或者经检察机关、法院查实系不如实申报个人财产的，视为故意隐瞒财产以逃避执行，不予假释。（2）对赃款赃物的去向应当作出说明；无正当理由对赃款赃物去向拒不作出说明的，不予假释；对赃款赃物去向的描述过于简略，导致检察机关、法院无法据以核查或者与犯罪数额差距较大而不能作出合理解释的，一般不予假释；经检察机关、法院查实系隐瞒、回避事实的，不予假释。（3）对尚未追缴的违法所得或者尚未返还被害人的合法财物，应当提供相关证据或者线索；无正当理由不能提供相关证据或者线索的，一般不予假释；经检察机关、法院查实罪犯故意逃避、阻碍追缴或者拒不退赔的，不予假释。

---

① 黄永维：《中国减刑、假释制度的改革与发展》，法律出版社2012年版，第50页。

② 该案系北京刑事执行检察指导案例2018（10）（总第25）。

将财产性判项履行情况与假释关联并纳入罪犯“有悔改表现”的评价范畴确有必要，但是反对论者的观点也不无道理。对此，应当重构财产性判项履行情况与假释之间的关联关系，即不将是否履行或者完全履行财产性义务作为罪犯是否获得假释的必要条件，可以将罪犯在假释考验期限内是否努力工作获取报酬以尽力履行财产性义务作为其改造表现的内容之一加以考核。对确有证据证明假释犯有履行能力而不尽力履行财产类义务的，进行反向评价，缩短罪犯的假释考验期，对于被缩短的部分，罪犯需要回监所服刑。对于罪犯财产性判项履行能力的审查认定，可以采取如下原则：罪犯未履行或者未全部履行财产性判项，同时具有拒不交代赃款赃物去向，隐瞒、藏匿、转移财产或者有可供履行的财产却拒不履行情形之一的，不认定罪犯有悔改表现；对于罪犯未履行或者未全部履行财产性判项，监所内消费无特殊原因明显超出规定额度标准的，借用其他罪犯的账户超出规定额度标准进行消费的，不认定罪犯有悔改表现。当然，如果罪犯改造表现良好，系因治疗疾病等原因超出规定额度标准，则不影响对罪犯悔改表现的认定。

4. “确有悔改表现”与罪犯申诉权的保障

（1）申诉是罪犯的法定权利，为罪犯设置必要的救济途径乃是必然。《监狱法》第 21 条规定：“罪犯对生效的判决不服的，可以提出申诉。对于罪犯的申诉，人民检察院或者人民法院应当及时处理。”《2017 年减刑假释规定》第 3 条第 3 款规定：“罪犯在刑罚执行期间的申诉权利应当依法保护，对其正当申诉不能不加分析地认为是不认罪悔罪。”因此，当罪犯认为其合法权益受到侵害时，其有权在假释的提请、撤回、审理和撤销等环节提出申诉。对罪犯的申诉要具体情况具体分析，不能一概认为是罪犯没有“悔改表现”。

（2）区分正当申诉与无理缠诉。结合罪犯提起申诉的目的、有无值得保护的合法权益、是否具有滥用申诉权的主观故意等因素，对罪犯的申诉进行精准识别、综合判断，规范罪犯申诉权利的行使，将无理缠诉行为排除在假释的适用范围之外。首先，对于服从管理、不抗拒改造的罪犯，即便在服刑期间对罪名和量刑持有异议，只要罪犯通过合法途径进行申诉，不能仅据此认为罪犯不认罪悔罪。其次，对于不承认犯罪事实或者虽然承认犯罪事实但做无罪申诉的，根据罪犯的申诉理由、内容、依据、相关证据情况以及间隔时间等因素，综合认定罪犯是否认罪悔罪。最后，罪犯拒不认罪悔罪甚至无理缠诉的，不予假释。

三、实质条件——再犯罪的危险

假释的适用离不开价值评价，即便罪犯确有良好的改造表现，仍有排除假释适用的事由存在。在假释的条件体系中，罪犯改造表现和再犯罪危险具有本质上的差异，因此需要作结构性区分。罪犯改造表现所要解决的是对罪犯应否予以法律上的肯定性评价，再犯罪危险所要解决的是能否给予罪犯刑罚执行方式变更的肯定。因此，罪犯改造表现与再犯罪危险之间不是选择或者并列关系，而是一种递进式关系，二者之间需要遵循严谨的程序逻辑。罪犯有良好改造表现是假释适用的客观基础，罪犯获得假释的实质条件是罪犯“没有再犯罪的危险”；罪犯是否“没有再犯罪的危险”，是结合罪犯的客观改造行为和主观悔改表现等多重因素对罪犯的行为矫正与犯罪倾向消除进行综合评判后得出的结论。

（一）观点论争——是否取消“没有再犯罪的危险”这一假释条件

根据《美国联邦刑事诉讼条例》的规定，“有充分理由证明罪犯在社会上居住和生活不会违反法律，如果该（假释）委员会认为他的释放不会给社会福利带来危害，那么该委员会有权对该犯予以假释”。《俄罗斯联邦刑法典》规定的假释条件是“法官认为他不需要服满法院所处的刑罚即可以得到改造”。《德国刑法典》第 57 条要求考察假释的实质条件时，“特别注意被判刑人的人格、履历、犯罪情节、再犯罪时被威胁的法益的重要性、执行刑罚期间的态度、生活期间的态度和缓刑可能对其产生的影响”①。根据《巴西刑法典》第60条的规定，假释的实质条件是证实犯罪危险性已消失或终止并在监禁期间表现良好和具有从事正当职业谋生能力。② 日本将假释的实质要件设定为有悔改表现，判断标准主要包括四个方面：具有改造的愿望、具有悔改的情节、无再犯之虞、社会上一般人认为应当予以假释。③ 域外相关规定表明，假释的条件基本上被设置为主观上认为罪犯没有再犯罪的危险。

我国许多学者认为，“没有再犯罪的危险”这一规定过于笼统，缺乏现实可操作性，容易造成假释适用的随意性，因而提出了各种完善建议。实务界甚至有观点认为，应当取消“没有再犯罪的危险”这一假释条件，避免出现伪装性改造等情形，也避免给办案人员出难题。但是现行刑法对于假释实质条件的设置有一定的合理性，而且司法的本质是判断，诉讼活动最终都归结为司法裁判，取消“没有再犯罪的危险”这一假释条件并非良策，合理调整假释案件的证明标准——侧重于办案人员认知水平的主观描述而非证明标准的客观描述才是解决问题的关键。

（二）法定标准而非客观要求——全面审查后有理由认为罪犯没有再犯罪的危险

关于假释的条件，罪犯的人身危险性无疑是极为重要的因素。参照其他国家、地区的相关规定，可以将假释的实质条件修改为“全面审查后有理由认为罪犯没有再犯罪的危险”。

1. “没有再犯罪的危险”并非罪犯必然不再犯罪的定论

首先，罪犯的再犯罪危险具有可变性和复杂性。人身危险性具有变化的

---

① 《德国刑法典》，徐久生译，北京大学出版社2019年版，第28页。

② 参见柳忠卫：《假释制度比较研究》，山东大学出版社2005年版，第160页。

③ 参见［日］大谷实：《刑事政策学》，黎宏译，中国人民大学出版社2009年版，第277页。

特质，假释犯的再犯罪是罪犯自身的人身危险性和社会监管考察不到位等因素综合作用所致。复归理论认为，“犯罪是社会诸多因素综合作用的产物，犯罪的发生不仅仅是个人的主观意志的选择，同时也是社会中诸多不良因素交互作用的产物，因此，对罪犯处遇的重要方面是利用社区资源来帮助罪犯复归社会”①。罪犯被假释后，可能引发犯罪的社会因素和个人因素均会发生一定的变化，进而影响罪犯的行为模式和行为选择。假释前的风险评估并非罪犯必然不会再犯罪的定论，因此对“没有再犯罪的危险”不能作绝对的、僵化的理解。

其次，对假释犯进行监督管理的必要性正是源于社会因素对个体的影响。犯罪是外因与内因共同作用的结果。“如果将罪犯仅仅看成是孤立的个人，犯罪完全出于个人意志，那么事实上就是否认了外因特别是社会因素对个人主观因素的影响，否认了社区执法人员工作的必要性，否认了开展社会治安综合治理工作的必要性和可行性。”② 罪犯被假释后，可能引发犯罪的社会因素和个人因素均会发生一定的变化，影响罪犯的行为模式和行为选择进而可能引发重新犯罪，而这正是对被认定为“没有再犯罪的危险”的罪犯实行社区矫正的正当性基础所在。

2. “没有再犯罪的危险”是办案人员经法定程序对罪犯的再犯可能性作出的合理预判

拟假释犯的“再犯罪的危险性”是指办案人员在办理假释案件时，根据罪犯已经实施的行为或者已经发生的事实对其将来再次实施犯罪的可能性作出预测，并对适用假释后可能出现的不利结果作出风险评估。③ “没有再犯罪的危险”实际上是办案人员对于罪犯再犯可能性的预判，是全面审查证

---

① 汤道刚：《社区矫正制度分析》，中国社会出版社 2010 年版，第 7 页。

② 宫鸣、黄永维主编：《最高人民法院关于减刑、假释司法解释理解与适用》，人民法院出版社 2014 年版，第 178 页。

③ 参见吴之欧、方翌：《基于数据挖掘技术的社区矫正人员再犯风险评估》，载《贵州社会科学》2016 年第 7 期。

据材料后“有理由认为罪犯没有再犯罪的危险”。办案人员对罪犯是否“没有再犯罪的危险”的判断是“点”的判断，是在罪犯被假释前根据罪犯的犯罪性质、犯罪情节、原判刑罚、在刑罚执行中的一贯表现，同时考量罪犯的年龄、身体状况、性格特征以及假释后的生活来源和监管条件等多重因素，经过法定程序，综合判断认为罪犯没有再犯罪的危险。这种主观判断虽有一定的现实合理基础，但是并非客观结果，不是罪犯绝对不会再次实施犯罪的客观要求，因为罪犯的人身危险性是动态的、可变的。通过经验推论认定的事实的高准确性源于经验法则和逻辑规则，根据法律规定、已知事实和日常生活经验法则必然能够推定出的另一事实无须举证证明，但是罪犯的再犯罪危险性显然不属此列。基于司法理性，应当降低办案人员对于罪犯的再犯罪危险的预判难度，允许在合理的范围内出现失误，而不能仅以客观结果进行事后归责。

3. 主观判断需要具备的客观性基础

“没有再犯罪的危险”是假释适用的法定条件，科学正确的人身危险性评估既是假释质量的有力保证，也是制订个别化矫正方案的依据，是对罪犯进行风险管理的客观要求。因此，应当完善再犯罪风险预断机制，建立拟假释犯的再犯罪风险量化评估体系，以罪犯的改造表现、人格调查、社区环境为主要内容，综合罪犯的年龄、身份、性格特征、原判罪行、服刑期间的改造表现、奖惩情况以及刑罚执行机关的评定意见等因素，对拟假释犯的人身危险性进行科学量化。

对于司法机关来说，主观的判断需要相对确定的依据。主观判断的客观性基础，既包括证据的质，也包括证据的量。“所谓‘证据质’是指证据的内容能否正确地证明案件事实，既包括证据的关联性与合法性，也包括证据的真实可靠性，且以后者为要点。所谓‘证据量’是指证明案件事实的证据数量，既包括证据的种类和件数，也包括证据内容所指向的案件事实要素的数量。”[①] 只有基础事实存在和推定事实有高概率才能立体化地建构案件事实。对于已经实施过犯罪行为并被执行过一定期限刑罚的罪犯来说，根据其已经实施的犯罪行为，结合其在刑罚执行过程中的具体表现以及假释后的监管条件等因素，对其再次犯罪的可能性作出预测，确有足够的事实根据。

一是罪犯自身的个体因素。结合预防刑因素和社会防卫因素，对罪犯的生理和心理状况进行综合考量。在此可以借鉴美国的做法，“考虑罪犯的个性，如责任感、成熟度、守法性等；承担义务的能力；家庭状况；职业状况；酗酒、吸毒方面的记录；精神或者是身体状况方面的缺陷；犯罪记录等”[②]。评估因子一般包括：罪犯的年龄、受教育程度、违法犯罪经历、身体健康状况、性格、品行、生活经历、婚姻状况、社会交往、日常表现、是否具备谋生能力以及罪犯是否属于未成年犯、老病残犯等特殊主体；犯罪前的一贯表现，成瘾状况（类型、程度等）、人格缺陷等。稳定的生活来源在拟假释犯有无再犯罪危险的评估中至关重要，应当结合罪犯的年龄、身体状况、教育程度以及此前从事过的职业等进行判断。

二是原判犯罪事实和刑罚情况。已经发生的犯罪事实是评估罪犯再犯罪风险、矫正可能性和矫正需要的依据。办理假释案件，不仅要考虑罪犯的改造表现，还要考虑犯罪的具体情形、原判刑罚等情况，综合考虑是否属于未成年犯、初犯、过失犯，是否防卫过当或者避险过当，是否系中止犯、胁从犯，是否属于激情犯罪，以及是否属于累犯或者严重暴力性犯罪罪犯等情形。罪犯有无再犯罪的危险虽然是一种未然状况下的判断，判断标准往往离不开已然状况下的实然犯罪。罪犯的人身危险性必然通过其犯罪动机、目的手段以及悔罪态度等予以体现。原判犯罪事实和刑罚情况是判断不同罪犯在刑罚执行时人身危险性的初始标准，以此为起点，可以衡量罪犯在刑罚执行

---

① 何家弘：《司法证明方法与推定规则》，法律出版社 2018 年版，第 7 页。

② 美国法学会编：《美国模范刑法典及其评注》，刘仁文等译，法律出版社 2005 年版，第 264～265 页。

过程中人身危险性是否发生了改变以及改变的程度。

三是罪犯的改造表现。罪犯的具体改造表现特别是罪犯的心理状态和主观改造情况，是判断再犯罪危险的重要依据。以罪犯在服刑期间的现实改造表现和生理心理状况为依据，结合罪犯的犯罪性质、犯罪情节、社会危害程度、原判刑罚以及生效裁判中财产性判项的履行情况等，可以综合判断罪犯被假释后有无再犯罪的危险性。

四是假释后的社会环境因素。罪犯的再犯风险与其生活环境特别是家庭、社区、学校或者工作单位、伙伴关系等微观环境密切相关。罪犯被假释后是否具备回归社会的有利条件是判断罪犯人身危险性的重要内容。假释后的社会环境因素主要是指罪犯被假释后的社会接纳和防范情况，包括所居住社区能否对假释犯进行必要的行为矫正和心理矫治、能否提供适当的生存技能培训、能否对罪犯进行有效的监督教育等内容。罪犯所居住社区制定的假释监管计划和罪犯重返社会计划等个性化矫治方案，不仅有利于对假释犯的人身危险性进行风险控制，也有利于细化对假释犯的监管措施。

四、参考条件——假释后对所居住社区的影响

犯罪乃身处社区中的个人侵害社区中的个人的斗争。《刑法修正案（八）》第16条第3款规定，“对犯罪分子决定假释时，应当考虑其假释后对所居住社区的影响”。以法律的形式正式确立了社区矫正制度，而且将罪犯假释后对所居住社区造成的影响作为假释的重要条件。《2012年减刑假释规定》在总结吸收各地实践经验的基础上，增加规定“提请假释的，应当附有社区矫正机构关于罪犯假释后对所居住社区影响的调查评估报告”，将“假释后对所居住社区的影响”这一假释适用时应当考虑的重要因素以社区矫正机构出具调查评估报告的形式确定下来。据此，司法机关对罪犯适用假释时应当充分考虑并评估罪犯假释后的社区可控性风险，如果罪犯被假释后在社区可以得到有效的管控、矫治与帮扶，则不需要继续适用监禁措施。

(一)“假释后对所居住社区的影响”与“没有再犯罪的危险”的关系

假释的实质条件是罪犯“没有再犯罪的危险”,对“没有再犯罪的危险”的判断需要结合罪犯假释后的生活来源和监管条件等因素,罪犯所居住社区是否具备监管条件和能力是判断罪犯有无再犯罪危险的重要依据。即便对罪犯的再犯罪危险作出否定性结论,仍需进一步思考罪犯被假释后对所居住社区的影响。罪犯被假释后“对所居住社区的影响”,不仅包括罪犯被假释后对社区居民是否造成安全威胁,还应当体现为社区居民对罪犯假释的评价和反应,罪犯的假释是否可以为社区的绝大多数居民所接受等。判断罪犯是否符合“没有再犯罪的危险”这一法定假释条件乃办案机关的职责,社区矫正机构出具的调查评估报告的重点在于罪犯假释对所居住社区造成的影响。如果社区管控、矫治及帮扶能力强,则控制、弱化乃至消除假释犯的再犯罪危险的能力越强,假释的适用就越能得到社会公众的支持和赞成;反之,假释的适用可能使原本公正的量刑结果遭受质疑。

(二)“假释后对所居住社区的影响”的判断基础

根据《社区矫正法实施办法》第 14 条第 2 款的规定,受委托的司法行政机关应当根据委托机关的要求,对罪犯的居所情况、家庭和社会关系、一贯行为表现、犯罪行为的后果和影响、居住地村(居)民委员会和被害人意见、拟禁止的事项等进行调查了解,形成评估意见。社区矫正机构应当全面评估罪犯的个体因素、被假释后的家庭条件和社会环境以及周边关系等因素,据此形成关于罪犯假释后对所居住社区影响的书面意见。

调查评估意见至少应当包括以下内容:

一是拟假释犯的家庭及亲属情况。融洽和谐的家庭关系不仅有利于罪犯顺利回归和融入社会,从而降低对社区的威胁,而且可以减轻罪犯假释给所居住社区带来的工作负担。调查内容包括拟假释犯有无稳定的居所和家庭、罪犯假释后有无稳定的生活来源、罪犯的家庭及亲属是否愿意接纳罪犯、有无能力提供必要的生活保障、是否愿意配合社区矫正机构对罪犯进行必要的监督和帮教等。拟假释犯的居所、家庭等符合社区矫正条件对于假释犯的有效改造具有至关重要的作用，家庭生活背景情况、家庭成员的素质以及对罪犯的态度等均将对罪犯假释后的生活产生重要影响。

二是被害人及其亲属的态度和情绪。“当某种不良行为妨害了个人的利益时，对此首先作出反应的是被害者及其亲属、朋友等与被害者有密切关系的人。”① 被害人及其亲属或是遭受了犯罪行为的直接侵害，或是间接承受了犯罪行为的危害后果，往往对罪犯心存怨恨。罪犯被假释时虽然可能距离作案已过去多年，但是如果被害人对罪犯不能谅解，可能对罪犯假释产生不满甚至寻求私力报复导致矛盾升级，给社区安全带来隐患。

三是社区的社情民意状况。罪犯被假释后的周边关系是评估再犯罪危险的关键指标，应当着重审查罪犯的家庭关系、亲戚关系、朋友关系等可能影响罪犯生活环境的各种因素，包括社区的治安状况、社区居民的违法犯罪情况、罪犯与所居住社区居民的关系是否融洽、罪犯的犯罪行为是否属于影响恶劣或者民愤极大的情形、被害人及其亲属是否居住在该社区等。如果罪犯属于“无家可归、无业可就、无亲可投”的“三无人员”或者是民愤极大、居住在相同社区的被害人及其亲属对于罪犯的假释表示强烈反对的案件，一般不宜假释。

第三节　通过立法明确假释的类型和比例

假释被定位为一种稀缺型的机会资源，既是制度功能发挥不畅的重要根

---

① ［日］西原春夫：《刑法的根基与哲学》（增补版），顾肖荣等译，中国法制出版社 2017 年版，第 139 页。

源，也是腐败产生的重要原因。因此，必须坚持系统观念，通过顶层设计与问题导向的统一，从制度层面系统化地推进假释类型和假释比例的立法设定。

一、综合考虑罪名和罪犯品格等因素实行假释分级

（一）双轨制的假释类型模式

域外国家和地区的假释主要包括强制性假释与裁量性假释两种类型。强制性假释是指罪犯服满一定刑期必须假释。根据 2009 年 11 月《法国监狱法》的规定，强制性假释主要适用于以下两种情形：一是判决时罪犯未被关押且判决刑期较短的（2 年以下）；二是判决时罪犯已被关押但是判决刑期或者剩余刑期较短的（2 年以下）。强制性假释的适用不是基于罪犯的悔改表现抑或其再社会化的努力，而是由法律直接予以规定，不需要法官经过司法程序进行裁定，而是由检察官直接建议刑罚执行法官批准，因而属于司法行政程序。① 裁量性假释是指罪犯服满原判刑罚的一定刑期之后，司法机关根据罪犯的人格状况、服刑期间的悔改程度等决定对其附条件提请释放。“与现代中国以激励罪犯改造为目的通过考评假释的制度不同，很多国家推行法定到期提前释放的假释制度，将假释作为罪犯权利，而不是对于罪犯的恩惠。”②

基于人性趋利避害的考虑，我国应当构建双轨制的假释类型模式，增加设置强制性假释，针对过失犯罪、偶发性犯罪、中止犯等罪犯，设计权利型、普惠式的假释制度，从“司法机关主观判断加选择性准予”的模式过渡到“情形法定、罪犯自身努力保持”的模式，将稀缺性资源转变为普遍性资源。继续监禁过失犯等罪犯是否具有价值和合理性一直是学者思考的问

---

① 参见张亚平：《法国减刑、假释程序司法化之演进及其启示》，载《法商研究》2014 年第 5 期。

② 翟中东：《减刑、假释制度适用》，中国人民公安大学出版社 2012 年版，第 79 页。

题，此类罪犯的主观恶性较小，一般而言悔罪表现较明显，再犯可能性不大，因此可将“没有再犯罪的危险”设置为反向条件，即除非罪犯有再犯罪的危险，否则应当予以假释。同时，探索构建信用假释制度，对于法定享有假释考验期限的罪犯，根据其在服刑期间的具体改造表现，采取负面减分制的考核办法，罪犯如果违反预先设定的改造规则，则相应地扣减分数，当扣减分数达到一定额度时即相应缩减其原先享有的法定假释考验期限，相应地延长其在监所的服刑时间。如果罪犯在服刑期间出现行为不端甚至恶意实施违法犯罪，足以改变对其主观恶性和人身危险性的评价的，可以撤销其假释资格。假释类型的变化必然带来审查内容和程序运作的相应转变，审查内容从罪犯“没有再犯罪的危险”向“确有不良行为”转变，程序运作则由“奖励享受型”向“权利剥夺型”转变，“不仅有利于强化审判机关裁定权对刑罚执行机关提请权的制约，而且有利于实现‘公民犯罪人’权利对国家权力的有效制约”①。法庭由此可以成为获取案件信息据以认定案件事实的主要场所，通过庭审实质化实现审判机关裁决权对刑罚执行机关提请权的有效制约。

（二）假释考验期限的分级设置

对于那些已经不再对社会安全产生威胁的罪犯，即便尚未执行完毕他们的全部刑期，如果已经缺乏继续留在监所改造的必要性，将他们提前释放并置于假释监督之下，不失为一种良策。罪犯被释放的日期，至少应当部分地取决于他对监所改造的反应以及释放后可能作出的行为选择。因此，针对不同的罪犯，应当实行假释考验期限的分级设置。

首先，根据罪犯所犯罪行区别设置假释考验期限。在同等条件下，对过失犯、中止犯、胁从犯、防卫过当或者避险过当的罪犯等，可以较惯犯、累犯、黑恶犯罪罪犯、重长刑犯等更早地适用假释。对未成年罪犯、70 周岁

---

① 曾娇艳：《减刑、假释腐败风险的制度防范》，载《山东警察学院学报》2019 年第 5 期。

以上的老年罪犯等人身危险性相对较小的罪犯，实行假释优待。具体操作规则是：未成年罪犯的假释时间比照同等条件的成年罪犯适当放宽；符合假释条件的老病残罪犯、女性罪犯的假释条件比照一般罪犯适度放宽；对于危害国家安全的罪犯，犯罪集团首要分子，组织、领导、参加黑社会性质组织及入境发展黑社会性质的组织的罪犯，累犯，毒品犯罪的再犯等，设置更长的假释考验期限。

其次，假释考验期限和原判刑罚之间的比例设定。以罪犯人身危险性为主要依据，兼顾罪犯自身的特殊情况（包括原判刑期、服刑期间的改造表现、剩余刑期的长短等），建构有梯次的假释考验期限。累犯若系被判处有期徒刑，实际执行原判刑期 2/3 以上，若系被判无期徒刑，实际执行 15 年以上，可以假释。因杀人、爆炸、抢劫、强奸、绑架等严重暴力犯罪被判处 10 年以上有期徒刑的罪犯，实际执行原判刑期 2/3 以上可以适用假释，因以上暴力犯罪被判处无期徒刑的罪犯实际执行 15 年以上可以假释。过失犯罪的罪犯，实际执行原判刑期 1/3 以上，可以假释。未成年罪犯，若系被判处有期徒刑，实际执行原判刑期 1/3 以上，可以假释；若系被判处无期徒刑，实际执行 7 年以上可以假释，但累犯和被限制假释的暴力犯罪罪犯不在此列。丧失作案能力的老病残犯，若系被判处有期徒刑，实际执行原判刑期 1/3 以上可以假释；若系被判处无期徒刑，实际执行 7 年以上方可适用假释，但累犯和被限制假释的暴力犯罪罪犯不在此列。其他罪犯仍可执行现行法律关于有期徒刑实际执行原判刑期 1/2、无期徒刑实际执行 10 年以上的规定。

二、假释比例的立法设定与动态调整

我国假释案件没有量化的评估标准，各种不科学的考核指标使办案机关及其工作人员的执法司法行为与自身利益直接挂钩，“形成一个具有自身独立利益的群体”[1]。为了维护自己以及同行的利益，只有以牺牲罪犯的利益为代价。由于惧怕责任倒查追究，司法行政机关宁可控制假释数量，事先设定假释比例，将假释控制适用于有确实把握不会再犯罪的罪犯。关于假释比例是否应当取消的问题，支持者认为假释比例应当取消，理由是人为设置假释比例的做法突破了法律规定，打破了罪犯的心理预期，客观上造成不同监所罪犯之间的不公平，是提请程序提前裁判化的表现形式。[2] 而否定者认为假释比例应该保留，理由是各地刑罚执行情况不尽相同，为维护司法统一，在现阶段设置假释适用比例符合我国客观实际。[3]

从长远来看，假释的比例限制应当取消。“刑罚的目的是减少、预防犯罪，而不是为了惩罚而惩罚，更不能为了完成某种指标而惩罚行为人。如果不是以刑罚目的为指导办理刑事案件，刑事司法就丧失了正当性、合法性。”[4] 假释制度设立的初衷不支持行政性地设立比例，假释所依据的是罪犯的改造表现，比例限制不利于肯定每一个服刑罪犯的良好改造表现，影响罪犯的改造积极性。刑法和司法解释等均无对假释的比例限制是取消比例限制的法律基础，国际上通行的做法也是不设定假释比例，一般是以罪犯的改造积分结合改造等级等因素作为判断罪犯能否假释的标准。Z 省监狱管理局的相关信息显示，我国数个省市已经取消假释比例限制。从短期来看，即便不能立即取消假释比例限制，亦应首先通过立法确定全国性假释比例的调整基础，再根据实践状况动态调整假释比例。如此，既不存在突破法律规定、限制罪犯法定权利的问题，也不会因为政策的频繁变化打破罪犯的心理预期，影响罪犯的改造积极性，更不会在客观上造成不同监所罪犯之间的不平

---

① 张明楷：《妥善对待维权行为避免助长违法犯罪》，载《中国刑事法杂志》2020 年第 5 期。

② 参见茅仲华等：《减刑、假释案件审理程序规范化研究》，中国法制出版社 2017 年版，第 232～233 页。

③ 参见熊焱主编：《减刑、假释制度改革实证研究》，法律出版社 2020 年版，第 93 页。

④ 张明楷：《妥善对待维权行为避免助长违法犯罪》，载《中国刑事法杂志》2020 年第 5 期。

衡甚至引发腐败现象。至于假释比例的设定依据可关注以下几点：一是假释撤销率和假释犯的重新犯罪率，此乃假释案件办理质效的基础性指标数据。假释撤销率是指一定时期内被撤销假释的人数与同期被假释的人数比值，假释撤销率越高说明假释条件把握越宽，对假释犯的人身危险性把握不准。假释犯的重新犯罪率是指一定时期内重新犯罪的假释犯人数（包括假释考验期已满和假释考验期未满）与同期被假释人数的比值，重新犯罪率越高说明假释效果越不好。据此，可将近 5 年的假释撤销率和假释犯的重新犯罪率纳入设定假释比例的基础因素。二是社会对假释整体效果的认同度，这是假释案件办理质效的评价性指标数据。评价内容主要包括：假释的适用是否公正，不公正的主要表现是什么；对假释犯的矫正是否有效果，没有效果的原因何在；假释犯在社区矫正是否影响社会公众的安全感，以及社会公众感到不安全的原因为何。三是其他能够反映假释案件办理整体效果的因素，主要是各诉讼主体的职能发挥情况，如检察监督是否到位，考察监管是否严格，等等。

第五章　假释案件实质化办理之程序层面的改革

——多元诉讼程序的重构

“对于描述和刻画司法公正的结构来说，实体正义与程序正义也是一对非常重要的分析性范畴。”① 实体正义是指结果的正义，即个案的处理结论应当使利害关系人“各得其所”；程序正义是指过程的正义，即无论个案处理的具体结论究竟是什么，处理过程应当受到实体正义之外的其他正义原则的限制与指引。扩大假释比例的前提是规范假释案件程序运作，因此必须坚持正当程序标准。程序公正是实体公正的前提和基础，只有公正规范的办案程序才能保障实体正义的实现。我国刑事诉讼模式属于传统的职权主义模式，刑事立法顺应时代要求，逐渐吸收了当事人主义的诉讼程序，1996 年《刑事诉讼法》新增简易程序，2018 年《刑事诉讼法》将认罪认罚从宽制度写入总则并在原有简易程序的基础之上增设速裁程序，由此形成了多元化的诉讼格局，诉讼程序更加科学、规范、有序，“法律正当程序”理念深入人心，司法模式的转型已是势在必行。“就司法活动而言，我们不仅要关注其运作的结果是不是公正的，而且也应关注这一结果是以何种方式得出的。”② 落实以审判为中心的刑事诉讼制度改革要求，探索推进假释案件的实质化办理，建构保留职权主义、合理吸收对抗因素的诉讼新构造，将协商民主理论导入假释案件办理程序，适度弱化程序运作过程中的国家干预角色，积极构

① 郑成良：《法律之内的正义：一个关于司法公正的法律实证主义解读》，法律出版社 2002 年版，第 169 页。

② 叶青：《刑事审前程序诉讼化问题研究》，法律出版社 2017 年版，第 65 页。

筑权力与权力、权力与权利、权利与权利之间对话与协作的平台，通过诉讼程序对证据材料展开实质性审查，真正实现证据核查在法庭、事实认定在法庭、意见发表在法庭、裁判结果形成于法庭，这不仅是一种理论的借鉴，更是一项实践的选择。

第一节　协作为主司法模式下的权能配置

从规范层面来看，在假释案件办理程序中，各方诉讼主体的职能定位是清晰的：刑罚执行机关提请，法院裁判，检察机关监督。当前假释案件办理程序面临的突出问题是刑罚执行机关、检察机关和法院之间配合有余、制约不足，法院裁判权让位于刑罚执行机关提请权，实质化办理的缺位导致法院极有可能作出错误的假释裁定。庭审实质化往往是以有对抗性的两造对垒为前提。从法理上分析，罪犯的刑罚源自检察机关的求刑权，检察机关负有监督刑罚正确执行的职能，如果罪犯可以随意被假释，求刑权就会落空，在这个意义上，检察机关与刑罚执行机关之间确实存在诉求冲突，但是并非所有假释案件检察机关均会发表不同意见，只有部分有争议的案件才会有相当程度的对抗性。因此，假释案件实质化办理的关键不是人为制造“两造对垒”，而是在顺利推进诉讼进程的前提下，通过各方诉讼主体之间的交流对话与合作磋商，推动建构协作式的司法运行模式，“赋予司法公正以更多可视化的、实践性因素”①。与传统的对抗性司法不同，协作式司法模式的哲学根基包括：一是建立在趋利避害基础上的实用主义哲学；二是建立在诉讼合作基础上的司法正义观念；三是独立于正当程序和控制犯罪之外的第三种

---

① 严本道、张俊：《合作司法：司法公信力的社会治理谱系——基于福柯权力谱系学的展开》，载《山东警察学院学报》2014 年第 4 期。

价值理念——社会关系的修复和司法的和谐。[①] 在协作式司法模式下，各方诉讼主体由对抗到合作、由对立到和解，既展示了案件处理的实体结局，又体现了程序运行的正义价值。[②]

一、假释提请权的双重配置

假释程序能否顺利启动，直接关系到制度功能的发挥。从立法设置来看，刑罚执行机关在程序启动上的主体作用更为明显。假释案件程序启动方式有两种：一是刑罚执行机关单方依职权启动，对于刑罚执行机关的提请，罪犯享有“同意权”，可以选择同意或者拒绝；二是根据罪犯的申请，刑罚执行机关裁量决定是否启动程序，如果认为罪犯不符合假释条件，可以直接决定不启动程序。由此可见，在程序启动方式上，刑罚执行机关或是直接的决定者，或是申请的审核者，职权因素在程序启动上占有绝对优势。罪犯本人无权直接启动假释程序，立法甚至没有为罪犯设置必要的救济途径，对于自认为符合假释条件但是刑罚执行机关怠于启动程序的罪犯来说，根本无从寻求制度框架内的救济途径。根据现行制度安排，罪犯在程序启动中仅享有“同意权”或者程序申请权，虽然从表象上看，罪犯有一定的程序参与和选择的因素，但是前述有限的权利在诉讼参与度和处分权能上显然与程序启动权有本质区别。

假释事关罪犯的切身利益，但是罪犯在程序的启动上完全处于被动和弱势地位。在司法实践中，刑罚执行机关由于认识原因或者其他因素，对于符合假释条件的罪犯没有启动程序的现象大量存在，导致假释未能得到普遍适用，既影响制度功能的发挥，也使罪犯遭受不平等对待。“一个人在对自己的利益有着不利影响的裁决或者决定制作过程中，如果不能向裁决者提出自

---

① 参见陈瑞华：《司法过程中的对抗与合作——一种新的刑事诉讼模式理论》，载《法学研究》2007 年第 3 期。

② 参见茅仲华：《刑罚代价论》，法律出版社 2013 年版，第 279 页。

己的诉求，不能与其他各方及裁判者展开有意义的论证、说服和交涉，就会产生强烈的不公正感，这种感觉源于其权益受到裁判者的忽视。”① 关于假释提请权，法国和西班牙均规定罪犯本人可以提出假释申请。俄罗斯规定刑罚执行机关和罪犯本人均可以申请启动假释案件的审理。在意大利，刑罚执行机关、检察机关、罪犯及其辩护律师均可以申请启动假释程序。以法律的形式保障罪犯的权利具有进步意义，为保障假释适用的公正与平等，应当赋予罪犯本人以程序启动权，实行假释提请权的双重配置，让刑罚执行机关与罪犯共享程序启动权。

二、假释裁决程序的权能配置

假释裁决权的配置决定着假释的标准由谁掌握。关于假释裁决权的归属，各国规定不一。“从世界各国立法情况来看，主要存在由法院审查的司法模式和行政机关（通常是假释委员会）审查的行政模式两种。”② 法国和德国由法官负责假释案件的审理，英国和美国由假释委员会负责假释工作。就中国而言，假释裁决权属于法官，但是法官的职能作用应当作适当调整，法官主要是作为法律问题的裁判者：一是对证据进行审查，包括指挥引导庭审进程，组织证据开示和举证质证工作，全面审查各类证据并对在案证据进行认证采信，等等；二是对照法律规定，通过形式审查确认罪犯是否符合假释的条件并依法作出裁决。为了辅助法官作出科学合理的假释决定，还应当重新设置刑罚执行机关、检察机关和社区矫正机构的职能作用。

（一）刑罚执行机关的作用——提供证据材料和进行法庭“答辩”

刑罚执行机关有义务将其掌握的罪犯改造表现情况向法庭说明，如果同时作为假释的提请机关，还应当一并说明提请的事实和理由。刑罚执行机关

---

① 陈瑞华：《刑事审判原理论》，北京大学出版社 1997 年版，第 63 页。

② 黄永维：《中国减刑、假释制度的改革与发展》，法律出版社 2012 年版，第 138 页。

应当全面客观反映罪犯的具体改造表现，不能仅提交有利于罪犯的证据材料而不提交不利于罪犯的证据材料。刑罚执行机关还要承担假释案件“实质化办理”的答辩任务，要将罪犯的监区分配、岗位安排、计分考核、提请假释等关键信息进行网上录入、全程留痕，从制度和技术上保障所提供证据材料的真实性。如果存在考核分数与考核期不对应、加扣分与奖惩不对应、奖惩缺少相应事实和证据等情况，应当向法庭作出说明或者补充。

（二）检察机关的作用——审查“罪犯改造表现”的真实性并对诉讼程序进行监督

目前，检察机关在假释案件办理程序中的职能定位仍有模糊之处。由于缺少诉讼两造的对抗，假释案件的庭审过程往往一团和气，容易导致关键事实未经查证，矛盾和疑点被轻易放过。随着假释案件实质化办理进程的推进，必须重新定位检察机关的职能作用，检察机关除依法监督刑罚执行机关和法院正确履职这一合法性监督职能外，更要着重发挥对“罪犯改造表现”真实性审查这一办案职能。检察机关代表国家在“假释诉讼活动中派员出庭或者书面发表意见，重在‘挑刺’质询而非赞同，重在对抗而非附和”①。厘清检察机关职能作用的关键在于：（1）发挥办案职能，将检察机关对证据材料的调查核实作为裁判的前置程序，刑罚执行机关依法提请假释后，由检察机关先行行使调查权，通过调阅刑罚执行机关的书面资料、询问拟假释犯的同监罪犯以及相关证人等方式对证据材料的真实性、合法性进行调查核实，对社区提交的调查评估意见等材料有疑问的，可以要求调查评估人员出庭说明情况。检察机关调查核实的情况应当提交法庭质证确认，在庭审程序中“设置检察机关单独发表意见程序，由检察官针对提请裁决程序是否合法以及基于原控诉方的地位对于罪犯的罪行的社会危害程度和其人身危险性之

---

① 陈卫东：《对推进减刑、假释案件实质化审理工作的两点思考》，载《人民法院报》2021年12月11日，第2版。

改善综合平衡考量结果进行意见陈述”①。(2) 强化监督效力，明确检察建议、纠正违法通知书等文书的法律效力，赋予检察机关以抗诉权，确保对裁决结果的有效救济。假释裁定作出后，如果罪犯在假释考验期限内故意违法犯罪或者严重违反监督管理规定，检察机关有权启动假释撤销程序。

(三) 社区矫正机构的作用——出具调查评估意见和制订释后监管计划

罪犯假释对所居住社区的影响是假释适用的重要参考依据，因此在假释案件办理过程中，社区矫正机构的重要职责之一就是出具调查评估意见。然而，必须强调的是，判断罪犯是否符合法定的假释条件尤其是罪犯是否“没有再犯罪的危险”，此乃办案机关的职责而非社区矫正机构的职责。因此，办案人员对于社区矫正机构出具的调查评估意见不能直接采纳，而应当将其作为定案的重要证据进行实质性审查。社区矫正机构的另一项重要职责是制定拟假释犯的释后监管计划。社区代表通过参与假释案件办理程序，不仅可以深度了解拟假释犯的基本情况和具体改造表现，必要时还可以向办案人员表达对于罪犯假释的顾虑和担心，可以对罪犯假释后的监管条件和释后监管计划等作出必要的说明，以此增强办案人员适用假释的信心，也有利于假释裁定作出后实现罪犯的顺利交接，防止出现脱、漏、管现象。

三、被害人的角色设定与介入机制

虽然被害人参与假释案件办理程序的必要性和正当性因与假释的条件设置相悖而引发争议，但是通过对制度规范的分析，结合司法实践，可以发现，被害人在事实上可以参与一定的假释活动。② 首先，被害人有权在假释

---

① 孙琳:《减刑假释程序研究》，中国人民公安大学出版社 2011 年版，第 32 页。

② 参见宋久华:《被害人参与减刑假释程序问题探讨——以减刑假释案件实质化审理为背景》，载《广西警察学院学报》2023 年第 4 期。

公示期间提出异议。根据最高人民法院《关于审理减刑、假释案件审理程序的规定》第3条的规定，法院应当在立案后5日内将执行机关报请假释的建议书等材料依法向社会公示。对于公示期间提出异议的人员，法院应当通知出庭作证。据此，被害人可以在公示期间提出异议，并以证人的身份参与假释案件办理程序。其次，被害人意见对罪犯是否符合假释条件具有一定的影响。根据《社区矫正法实施办法》的规定，社区矫正机构出具罪犯假释对所居住社区影响的调查评估意见，应当对包括被害人意见在内的相关情况进行调查了解。此外，在财产性判项与假释关联的情况下，被害人的财产损失挽回和获赔情况也对罪犯假释有一定的影响。

对被害人的诉权保障可以有力推动假释案件实质化办理的进程。犯罪首先表现为罪犯与被害人之间的刑事纠纷，回应或者尽可能地满足由犯罪引起的被害人乃至社区的正当需要是罪犯本应承担的道义责任的内容。连被害人的面都不见就盲目同意刑罚执行机关的假释建议，显然不符合实质化办理案件的要求。罪犯的认罪悔罪表现以及原判刑罚的履行情况在很大程度上与被害人密切相关，如罪犯有无对被害人真诚道歉并取得被害人的谅解、判处返还被害人的财物是否到位、有无赔偿被害人的经济损失等。在假释案件办理程序中引入被害人参与诉讼，“吸纳在一个特定的案件中的利害关系人参与司法过程，以求共同地确定和承认犯罪所引发的损害、由该损害所引发的需要以及由此产生的泽恩，进而最终实现最大程度上的对于损害的补救的目标”①，确有必要。被害人参与诉讼程序有利于办案人员审查确定上述事实，保障被害人的诉讼权利，可以在情感上给予其抚慰，通过程序吸纳不满情绪，也使其能够了解假释案件办理的具体程序，了解罪犯的改造表现等情况。公正透明的案件办理程序不仅可以消解被害人对假释的对抗和仇视情绪，而且在财产性判项与假释关联的情况下，确有督促罪犯积极履行财产性

① 狄小华、李志刚编著：《刑事司法前沿问题：恢复性司法研究》，群众出版社2005年版，第46页。

判项的实际效果，可能促成罪犯与被害人之间的矛盾化解，钝化社会矛盾。

被害人的角色应当设定为“无独立请求权的第三人”。被害人介入机制存在现实瓶颈，罪犯被报请假释时可能距离案发已过去多年，拟假释犯所居住社区难以了解被害人对于罪犯假释的态度，被害人可能联系不上或者不愿介入案件办理程序；被害人对作为假释基础条件的“罪犯的改造表现”不够了解，甚至可能仅因情绪性对抗而不利于矛盾的化解。被害人与罪犯之间的对抗更多的是情绪上的对抗而非法律意义上的对抗，被害人常常担心罪犯通过不正当手段可以很快被释放因而一味要求对其适用重刑。虽然假释案件办理结果与被害人有法律上的利害关系，应当依法保障被害人在假释案件办理程序中的知情权、参与权以及其他诉讼权利，但是被害人提出异议乃或然性事件，因此可以借鉴民事诉讼中第三人制度，将提出异议的被害人纳入案件办理程序，赋予其“无独立请求权的第三人”的诉讼地位，允许其在庭审中发表意见，并在文书中对其意见予以阐明论述，以保障其异议权的实现。但是，作为“无独立请求权的第三人”，经法院传票传唤，无正当理由拒不到庭或者未经法庭许可中途退庭的，不影响案件的办理。

第二节　假释案件办理程序的改造路径

假释案件办理程序是否坚守诉讼化原则，直接影响到罪犯的权利保障水平和假释制度功能的实现程度，应当着力“构建一套既合乎理想又切实可行，既满足公开公正等程序正义的基本要求，又兼顾审判效率与司法效益，既规范、统一办案标准和尺度，又考虑到未成年短刑犯、老年犯等特殊需求”[①] 的假释案件办理程序，在促使假释的司法属性得以回归的同时，有效

① 茅仲华等：《减刑、假释案件审理程序规范化研究》，中国法制出版社 2017 年版，第 2 页。

防止罪犯的自由权利遭受不当侵害，实现程序正义与诉讼经济的价值平衡。

一、落实繁简分流，构筑多元诉讼程序

司法运作既要揭示真相实现实体正义，也要通过正当程序保障诉讼权利。“世界各国的刑事诉讼制度中都设有多元的诉讼程序，以满足、适应不同案件的应然要求和实然需要。”① 面对高涨的公正要求，我国司法实践不仅难以应对由于普通程序正当化不可避免地带来办案效率下降进而引发日趋严重的“案多人少”问题，更加难以回应不同类型案件通过不同程序处理所体现的个案公正的要求。“每种解纷方式都兼有长处和短板，对具体的纠纷类型都呈现出不同的适应性，解纷方式的单一主义在实践面前已是土崩瓦解。”② 有必要“在司法运行机制上简化不必要的程序流程并拓展相关程序，根据案件性质实现程序的‘繁简分流’”③，“将庭审实质化改革适用的对象限制在那些案情相对复杂、疑难、重大的案件，而对于案情简单、双方争议不大的案件则应当通过简易化的程序流程予以解决”④。

相对普通程序而言，无论是简易程序还是司法确认程序，程序的简化看似弱化了假释案件的真相查明机制，但如果罪犯对刑罚执行机关的假释提请没有异议，检察机关、社区矫正机构甚至被害人均认同罪犯被假释，在此期间，亦没有任何其他人提出异议，那么原本为揭示真相和公正裁判而设计的诸多程序就会显得多余。根据假释案件的类型和特点，从公正的角度设计或者选择不同的案件办理程序，可以有效地避免完全基于效率取向所设计的制度可能造成的不公正难题。从立案审查、案件办理、定案把关、文书起草及

---

① 卞建林、韩旭主编：《刑事庭审实质化和有效性问题：第九届中韩刑事司法学术研讨会论文集》，法律出版社 2018 年版，第 23 页。

② 刘加良：《司法确认程序的功能诠释》，载《政法论丛》2018 年第 4 期。

③ 严本道、张俊：《合作司法：司法公信力的社会治理谱系——基于福柯权力谱系学的展开》，载《山东警察学院学报》2014 年第 4 期。

④ 卞建林、韩旭主编：《刑事庭审实质化和有效性问题：第九届中韩刑事司法学术研讨会论文集》，法律出版社 2018 年版，第 28 页。

审签校、文书送达、案件监督等程序上，全面规范不同诉讼节点的运行程序，坚持差别化原则，注重具体案件具体分析、不同情形区别对待。对于绝大多数无争议的案件，只要符合程序公正原则，完全可以简化案件办理程序，优化司法资源配置；反之，如果发现案件存在特殊情况，如检察机关、被害人或者所居住社区反对罪犯被假释，此时可将案件纳入普通程序的办理范畴。

二、围绕案件类型，重塑证据规则体系

证据规则是借由调整证据采纳、采信、证据负担等内容实现对裁判者主观心证的约束，既有较大的裁量和解释空间，又具有广泛的例外性规定，才能在证据的自由判断与法律的合理规制之间取得平衡。① 在诉讼活动中，不仅要赋予办案人员自由裁量权，还要对办案人员的证据质证认证活动进行规范。假释案件办理程序实质化改造的关键，就是在司法正义的目标统摄下，围绕案件类型，重塑证据规则体系。在原有职权主义模式的基础上，可以吸收借鉴协作式司法的合理理论与制度，从规范证据的运用入手，对举证和质证活动予以引导和规制，从而探索建立假释案件的特殊证据规则体系。

（一）证明责任

诉讼的发生起源于利益冲突，而诉讼的过程是发现并确立真相的过程，需要通过明确且合理的原则在诉讼主体之间分配证明责任。“证明责任分配使案件事实的证明具有了内在动力。负担证明的当事人自始至终都背负阐明案件事实的压力，并且需要使其举证证明达到法定证明标准。”② 为了维护本方的利益，诉讼主体不仅要向法院提出诉讼主张，而且要通过行使诉讼权

---

① 参见纵博：《刑事证据规则的漏洞填补研究》，载《国家检察官学院学报》2021 年第 3 期。

② 胡学军：《中国式举证责任制度的内在逻辑——以最高人民法院指导案例为中心的分析》，载《法学家》2018 年第 5 期。

利说服法官接受本方主张，从而作出有利于本方的裁决。因此，各诉讼主体均要从事司法证明活动，向法院提出证据并论证待证事实的真实性，否则可能承担不利的法律后果。

针对不同的证明对象，应当确定证明责任适用的基本顺位。一般来说，“承担举证责任的是主张者，而不是否认者”①。按照“谁主张，谁举证”的原则，假释提请主体负有证明罪犯符合假释条件的责任，由于刑罚执行机关具有了解罪犯改造表现的天然优势，因此无论是刑罚执行机关提请假释还是罪犯本人提请假释，一般情况下均应由刑罚执行机关承担证明责任。办案人员经审查，认为刑罚执行机关移送的材料不齐备的，应当通知补送；逾期未补送的，不予立案。对证据材料存有疑问的，应当要求刑罚执行机关在合理期限内作出说明，不能作出合理解释的，一般不作为证据使用。如果是罪犯本人提请假释而刑罚执行机关未予提请的案件，由于证明责任离不开特定的诉讼主张，此种情况下罪犯应当对其诉讼主张承担正向证明责任，刑罚执行机关负有证明罪犯不符合假释条件的反向证明责任。根据利益衡量原则，在特殊情况下可以将证明责任直接分配由罪犯本人承担，如无财产性判项履行能力的证明责任，根据“证明责任倒置”的原则，主要由罪犯本人承担。

（二）证明方法

诉讼的过程是依靠证据寻找和确认真相的过程。无论是发生在过去的事实，还是对罪犯将来行为进行的预测，办案人员都只能通过各种证据去间接地认识。大陆法系一般采用“职权探知 + 司法裁判”的模式，法官可以依职权调查与罪犯假释相关的证据材料和具体情况。以协作为主司法模式下的证明方法，应当同时涵盖法官主导下的真相查明活动和多元诉讼主体参与的司法证明活动，诉讼各方主体要论证本方主张的真实性，法官也要对这种论证进行验证。在真相查明过程中，法官不仅充当裁判者的角色，还可以调查

---

① 陈瑞华：《刑事证据法学》，北京大学出版社 2014 年版，第 260 页。

收集新的证据、发现新的案件事实，并直接将这些证据和事实作为定案的根据。①

实质化办理假释案件，首先要明确刑罚执行机关提请假释时报送材料的范围和具体要求，包括但不限于以下内容：一是提请、审核材料，包括提请假释建议书、假释案件呈报表、提请假释审核表。二是罪犯原判刑罚、入监、历次减刑及身份等基本信息材料，包括原审法院生效裁判文书，宣判笔录或者送达回证，执行通知书，罪犯入监登记表，罪犯调监的相关材料，历次刑罚执行变更文书以及上一次减刑裁定书送达回证，未成年罪犯、老年罪犯的身份证明材料，老病残罪犯认定表以及相关病残诊断、鉴定证明材料。三是罪犯改造表现材料，包括罪犯考核周期内的计分考核累计台账、加扣分登记表，罪犯奖惩审批表，罪犯评审鉴定表，罪犯认罪悔罪书，罪犯改造小结，证明罪犯确有立功、重大立功表现具体事实的书面材料。四是罪犯财产性判项履行情况以及履行能力的证明材料。五是假释调查评估材料，包括拟假释罪犯的再犯罪风险评估表，拟假释罪犯的社会调查评估相关材料。六是其他材料，包括罪犯报请假释前，刑罚执行机关在公示期间收到的异议材料以及对异议的核实、处理情况的说明；检察机关对报请假释案件提出意见的，提供具体意见的材料；其他与罪犯假释相关的材料。

对于假释案件，要注重建构证据的行刑衔接机制。“由于我国行政权力与刑事司法权力紧密配合协作的传统，导致了行政证据在刑事诉讼中使用时会忽视两者间的界限，行政权力易僭越司法权力，冲击并破坏刑事诉讼的基本原则与制度。”② 但是，由公权力机关出具的证据材料并不当然具有真实性和合法性，因此“并非所有行政机关在行政执法办案中收集的证据都应当在刑事诉讼中转化使用。行政证据应当满足实质和程序两方面的要件方可在

---

① 参见陈瑞华：《刑事证据法学》（第2版），北京大学出版社2014年版，第258页。

② 程龙：《行政证据在刑事诉讼中使用问题研究》，法律出版社2018年版，第154页。

刑事诉讼中使用”①。即便行政证据在行政诉讼中具备证据能力，但在假释案件中，由于行政证据的证明力审查判断规则与其他证据的审查判断规则有所不同，其证明力的有无和大小仍需要进一步论证研究。“证据能力和证明力判断规则的结合，方可构成完整意义上的行、刑证据衔接。”② 对于假释案件，既要考察刑罚执行机关提供的罪犯考核分数的来源和合理性，也要审查判断考核材料的逻辑性和真实性，防止瑕疵证据、违法证据蒙混过关，甚至误导法官作出错误的裁判。

（三）证明标准

证明标准涉及法官作出假释裁决时的主观判断问题。“所谓证明标准是指承担证明责任的一方提出证据论证待证事实存在的可信程度，也就是裁判者对待证事实的真实性和可靠性所达到的内心确信程度。”③ 而“证明标准的高低与错案风险的大小正相关。所有案件适用统一证明标准，就是意图将不同案件的错案风险控制在相同水平。而轻重不同的案件，错案后果显然有别”④。出于保障罪犯权利的考虑，多数国家和地区对于证明罪犯是否符合假释条件的证明标准作了较为宽缓的规定。我国立法对于假释案件的证明标准没有作出明确的规定，但是不同于普通刑事案件一律采用“排除合理怀疑”的证明标准，假释案件显然应当采用层次化的证明标准，以适应多元诉讼程序，因为案件办理程序的简化必然影响证据审查的力度，“案件的复杂性要求有多样的印证标准与之相适应，强求统一的证明标准只会导致理论、立法与实践的关系紧张”⑤。

---

① 程龙：《行政证据在刑事诉讼中使用问题研究》，法律出版社2018年版，第154页。

② 程龙：《行政证据在刑事诉讼中使用问题研究》，法律出版社2018年版，第157页。

③ 陈瑞华：《刑事证据法学》（第2版），北京大学出版社2014年版，第260页。

④ 秦宗文：《认罪案件证明标准层次化研究——基于证明标准结构理论的分析》，载《当代法学》2019年第4期。

⑤ 秦宗文：《认罪案件证明标准层次化研究——基于证明标准结构理论的分析》，载《当代法学》2019年第4期。

审查认定罪犯是否符合假释条件，应当综合考量假释4个条件的整体情况，将对象条件作为假释审查的前提条件，在满足这一前提条件的前提下，对罪犯改造表现的客观基础和是否“没有再犯罪的危险”的实质条件进行综合判断，此外还要参考罪犯假释对“所居住社区的影响”方能作出裁决。罪犯是否符合假释的实质条件“没有再犯罪的危险”是案件办理的关键和核心，不少国家和地区的法律均对此作出了详细而明确的规定，《美国联邦刑事诉讼条例》规定的是“有充分证据证明”罪犯在假释出狱后不致危害社会福利，《俄罗斯联邦刑法典》规定的是“法官认为他不需要服满法院所处的刑罚既可以得到改造”。在此应当明确，拟假释犯“没有再犯罪的危险”不是客观的结果，而是更加注重和强调办案人员的主观判断，只要办案人员有理由相信拟假释犯“没有再犯罪的危险”即可。

三、实行要素式审查与实质化审查相结合

根据案件的类型和复杂程度，对假释案件可以分别采取要素式审查和实质化审查的方式。

对于简单案件，诉讼各方主体之间没有意见分歧的，可以采用要素式的审查方式。要素式审查的关键在于梳理出影响罪犯假释的基本要素，对罪犯是否符合假释的条件进行形式审查，同时关注相关诉讼主体对拟假释犯的态度。要素式审查的重点是，刑罚执行机关的提请事实和理由是否符合法律规定，刑罚执行机关内部各层级的审核意见是否一致，假释的提请程序是否合法以及有无经过公示、备案等程序，对于应当报请上级机关审核的，有无列明上级机关的具体审核意见；驻监（巡回）检察的意见与刑罚执行机关的意见以及检察机关的出庭意见是否一致；社区矫正机构的调查评估意见；被害人及其亲属对罪犯假释的意见；等等。

对于疑难复杂案件，诉讼各方主体之间存在严重意见分歧的，应当采用实质化的审查方式。假释案件的实质化审查，要求充分发挥审判职能作用，以审判为中心，坚持主客观改造表现并重，切实防止“唯分是举、以分折

刑”，实现监管标准与裁判标准的有机统一。落实证据裁判原则，审查认定罪犯符合假释条件，不仅要有相应证据予以证明，各项证据材料还要有真实性和关联性；对于没有证据证实或者证据不确实、不充分的，不得假释。要重点解决如何在假释案件中合理运用计分考核结果这一行政性证据以及如何实现对罪犯是否“没有再犯罪的危险”的科学审查认定。鉴于罪犯因有重大立功表现被假释在司法实践中更容易出现问题，因此应当明确重大立功的审查认定标准。对于刑罚执行机关基于罪犯有重大立功表现提请假释的，应当着重审查重大立功的评定过程和程序是否规范，所涉事实是否符合法定情形。对于阻止他人实施犯罪活动，协助司法机关抓捕其他犯罪嫌疑人，在日常生产、生活中舍己救人，在抗御自然灾害或者排除重大事故中有积极或者突出表现的，除审查有关部门出具的证明材料外，还应当着重审查能够证明上述行为的其他证据；对罪犯明显不具备实施上述行为的能力或者条件的，不认定罪犯有重大立功表现。对技术革新、发明创造型的重大立功，要注重审查该技术革新、发明创造与罪犯的专业能力是否匹配，罪犯明显不具备相关专业能力或者条件、不能说清技术革新或者发明创造的原理及过程的，不认定罪犯有重大立功表现。

四、构建二审终审诉讼救济机制，提升检察监督质效

司法的核心价值在于寻找真相和实现正义，而诉讼救济途径的不畅使本来可以通过司法途径解决的法律问题可能演变成社会问题甚至政治问题，本应成为社会“减压阀”的司法程序失去吸纳不满、减少冲突的功能，罪犯对法律失去信心，司法的权威遭到破坏。司法救济功能的缺失使司法腐败在罪犯寻求私力救济的过程中找到了广泛的活动空间。假释案件办理程序的实质化，不仅要改变证据审查和裁决的方式，更要完善程序运行的方式。在程序设计上，应当建构以权利救济为中心、诉讼各方主体充分参与的程序运行模式。

首先，赋予罪犯以上诉权，通过权利限制权力。在假释案件办理程序

中，不仅要赋予罪犯程序启动权和诉讼参与权，对于那些自认为合法权益受到限制或者剥夺的罪犯，还应当赋予其上诉权。罪犯对假释裁定结果不服的（包括对准予撤回假释建议的裁定、准予假释的裁定和撤销假释的裁定不服的），有权提出上诉，此乃司法救济的应有之义。在法国，罪犯、检察机关对于假释决定可以提出上诉或者抗诉。在意大利，罪犯、辩护人、检察机关对于法院裁决不服，均可以提出上诉或者抗诉。考虑到罪犯对于假释资格、假释考验期限长短等可能有异议，还应设置一定的申诉、救济程序。

其次，提升检察监督的有效性，赋予检察机关以抗诉权，通过权力制约权力。注重发挥假释制度和减刑制度的不同价值功能。在办理假释案件过程中，可以将罪犯执行的刑期、服刑期间的改造表现、财产性判项履行情况等作为基本要素，运用大数据监督模型，通过数据比对分析，发现可能既符合减刑又符合假释条件的案件线索。通过调查核实，认定罪犯既符合减刑条件又符合假释条件，刑罚执行机关没有优先提请假释的，检察机关应当监督刑罚执行机关依法优先提请假释。检察机关如果认为假释裁定不当，在收到裁定书副本后，有权提请上一级检察院向上一级法院提出抗诉，上一级法院收到抗诉书后应当组成合议庭进行审理。被害人及其亲属对假释裁定不服的，亦有权申请检察机关提出抗诉。

第三节　多元诉讼程序的分流与衔接

刑事诉讼的首要价值是公正，但是由于司法资源的有限性，在案件数量不断增长的情况下，公正与效率之间的矛盾日趋尖锐。基于诉讼目的多元化，在实现普通程序正当化的同时，建构规范化、多层级的程序运行体系，推进诉讼程序多元分流，是假释案件办理程序的未来必然发展趋势。虽有学者对最高人民法院推动的速决程序存在质疑，认为“实质化审判其中部分案件，对于另一部分案件则简化其庭审过程。这是一种相当自我矛盾的现象”①，然而经过认真和细致的论证即可发现，多元诉讼程序与案件办理的实质化并非天然对立、相互排斥，而是相辅相成、相互促进的关系。

一、多元诉讼程序的价值目标与路径选择

诉讼程序的分流与衔接是立法者和司法者人为选择的结果，可以优化配置司法资源，尽可能地提高诉讼效率，最大限度地维护和实现司法公正。为了严格规范假释案件办理工作，确保案件办理结果公平公正，应当对假释案件实行多元诉讼程序的分流与衔接，通过优化诉讼程序确保公正高效地办理假释案件，及时有效地维护当事人的合法权益。

（一）要求对所有假释案件一律开庭审理，既不可行也无必要

虽然庭审形式化备受指责，但是期待裁判结果一律通过庭审形成的司法运作模式却忽略了审判任务艰巨以及与之相应的审判资源有限的制约因素。庭审实质化之后，无论是刑罚执行机关还是检察机关、审判机关，工作任务均会加重，所有案件均适用普通程序审理并不可行，而且绝大多数假释案件的事实清楚，证据材料简单，在所有假释案件中平摊司法资源，也无必要。合乎理想而又切实可行的庭审程序，应当是既满足程序正义的基本要求，又兼顾到审判效率与司法成本。

司法的生命力在于公正。程序分流是诉讼公正的必然要求，追求的是诉讼过程中公正与效率的价值共赢。只有在保障诉讼公正的前提下，尽可能地投入较少的司法资源，才能最大限度地实现公正。程序分流是针对不同案件所作的选择、取舍的结果，是根据案件不同情况合理分配使用司法资源：对于案情复杂的案件分配投入更多的司法资源，适用严格复杂的诉讼程序；对于案情简单的案件则分配投入较少的司法资源，适用简单弹性的诉讼程序。如果抛开实体和程序的正义，片面追求案件审限的缩短、诉讼效率的提高，

---

① 张建伟：《审判中心主义的实质内涵与实现途径》，载《中外法学》2015年第4期。

这样的繁简分流程序设计无异于舍本逐末，设计出的诉讼简化程序不可能具有持续性，针对不同案件分配投入不同的司法资源才是诉讼程序分流的功能和价值所在。

案件的多样性是程序分流的现实基础。假释案件纷繁复杂的样貌决定了在诉讼程序中不可能、不应该，也没必要对所有案件投入同等的司法资源、运行同样的诉讼程序。相反，应该针对不同案件，有所取舍、有所选择。罪犯一经假释就回归社会，司法审查自是应当严格把关，扩大开庭审理的案件范围是加强假释案件实质化办理的必然要求，但是如何确定开庭审理的案件范围是需要关注和解决的重点。一律公开开庭的诉讼化审理模式忽略了罪犯处于封闭监管场所导致一律公开开庭审理的高风险和高成本。基于案多人少的司法现实和开庭审理的必要性、有效性，对所有假释案件一律开庭审理的工作量太大，特别是在当前审判力量薄弱、案多人少矛盾突出的情况下，不仅难以操作和应对，而且极有可能导致假释适用率进一步降低，不符合司法改革的要求。假释设有考验期限，如果事后发现罪犯有不符合假释条件的情形，仍有司法救济途径——可以撤销假释。因此，没有必要对所有假释案件一律开庭审理。

（二）简案快审、难案精审，程序分流方能实现实质化办理

随着经济社会发展，社会公众对司法机关的解决纠纷能力和水平提出了更高的要求，期待司法更加公正权威、诉讼更加多元高效，原有的诉讼机制亟须优化调整以适应诉讼的复杂性和多样性。建构分层次、多类别的假释案件办理程序，优化司法资源配置，精准匹配办案程序而非平均用力、空耗浪费，是推进社会治理体系和治理能力现代化的基本规律和内在要求。

从近年来暴露出的典型案件来看，绝大多数问题出现在一些重点罪犯的假释上。因此，根据案件类型、难易程度等因素，灵活设置假释案件办理程序，严格规范审理复杂案件和重点案件，对于没有太大争议的简单案件依法快速审理，推进案件繁简分流、轻重分离、快慢分道，实现简案快审、类案

专审、繁案精审，促进司法资源与司法需求的合理有效配置，可以在相当程度上解决假释案件实质化办理所面临的案多人少困境。

当然，推进诉讼程序繁简分流的内在动因，不是仅为司法机关卸负减压，更不是以牺牲罪犯的合法权益作为代价，而是追求实现司法的更高正义要求，因此必须坚持正当程序原则。效率作为一种法律价值，只有在公正得到有效保障的条件下，才可能被选择。因此，应当充分尊重当事人的程序选择权，强化办案人员的释明和告知义务，推动实现办案质效和司法公信力的同步提升。

二、多元诉讼程序的基本类型

“程序之基本功能的设定，是程序要素设计与规则供给的前提和基础，也是程序有效适用的力量源泉和矫正纠偏的关键依据。”① 根据司法规律和诉讼原理，对司法资源的投入程度和选择适用何种案件办理程序具有决定性影响的因素主要有两个方面：一是案件事实本身，属于客观范畴。如果案件事实清楚，证据确实、充分，就不需要投入过多的司法资源，可以采用司法确认程序或者简易程序进行办理；反之，则应当适用更加复杂严格的普通程序进行办理。二是相关诉讼主体的态度，属于主观范畴。如果相关诉讼主体对刑罚执行机关的假释提请不持异议，也就意味着案件办理不需要投入过多的司法资源；反之，则要采用更加复杂严格的程序进行办理，既是为了防止刑罚执行机关的假释提请有误，也是为了对相关诉讼主体的异议作出回应，通过实质化办理就罪犯是否符合假释条件形成符合客观事实的正确认知和裁判。

（一）司法确认程序

党的十八届四中全会通过的《中共中央关于全面推进依法治国若干重大

---

① 刘加良：《司法确认程序的功能诠释》，载《政法论丛》2018 年第 4 期。

问题的决定》对健全社会矛盾纠纷化解机制、完善多元化纠纷解决机制作出了部署。2015 年 10 月 13 日，中央全面深化改革领导小组第十七次会议审议通过《关于完善矛盾纠纷多元化解机制的意见》，明确了完善矛盾纠纷多元化解机制的指导思想和基本原则，要求发挥司法在矛盾纠纷多元化解机制中的引领、推动和保障作用，而实现矛盾纠纷化解目标的重要机制就是司法确认程序。

司法确认程序本是中国特色的创新性民事诉讼程序，具有便捷高效的优势。就假释案件而言，对于属于强制性假释的罪犯，一般应当适用司法确认程序；对于属于裁量性假释的罪犯，尤其是针对短刑犯难以获得假释的问题，司法确认程序可以被创设用于解决短刑犯的假释，即对于余刑在 1 年以下的一般裁量性假释案件，罪犯、检察机关对刑罚执行机关的假释提请均无异议，社区矫正机构同意接受罪犯进行社区矫正，被害人及其亲属对罪犯的假释无异议，公示期间也没有任何其他人提出异议的，可以适用司法确认程序。

司法确认程序是针对诉讼各方主体均无争议的假释案件进行审查确认的程序，应当坚持“实体条件从宽”“办理程序从简”的指导思想，设置相对宽松的实体条件以及更加独立的程序规则，原则上不必遵循辩论主义、公开原则和直接言词原则等诉讼原理，在相当程度上可以遵循非讼原理（不适用辩论主义而实行职权探知主义；公开原则和直接言词受到限制；当事人的程序保障较弱①）。当然，此类案件不开庭审理，因此要切实强化对相关材料的实质性审查。为了查明案情，法官应当充分听取当事人的意见，给予当事人一定程度的程序保障（如适用引导、程序告知）。经审查，认为案件事实清楚，证据确实、充分，诉讼各方主体之间不存在分歧，符合适用司法确认程序的案件，可以通过前置程序向刑罚执行机关和拟假释犯发送《司法确认程序推荐适用确认书》，引导选择适用司法确认程序。经刑罚执行机关或者拟假释犯的申请，决定适用司法确认程序的，应当向刑罚执行机关和拟假释

① 参见刘敏：《论优化司法确认程序》，载《当代法学》2021 年第 4 期。

犯送达《司法确认程序告知书》，列明办理方式、权利义务等事项。刑罚执行机关或者拟假释犯对于适用司法确认程序有异议的，应当说明正当理由并提供相应的线索或者材料。符合程序转换情形的，裁定转换诉讼程序；不符合转换情形的，予以驳回并记入笔录。司法确认程序可以采用多个案件集中办理的方式进行，实行一审终审。

（二）简易程序

简易程序的合理扩大适用是深化案件繁简分流、促进司法资源优化配置的重要手段。对于余刑在 1 年以上的一般裁量性假释案件，罪犯、检察机关对刑罚执行机关的假释提请均无异议，社区矫正机构同意接受罪犯进行社区矫正，被害人及其亲属对罪犯的假释无异议，公示期间也没有任何其他人提出异议的，可以适用简易程序。

简易程序适用的案件类型为诉讼各方主体的意见基本一致并能提供可靠的证据材料，不需要法院调查收集证据即可判明案件事实的案件，案件办理的主要任务是审查并确认刑罚执行机关的提请意见，因此可以优化程序规则。一是简化办理方式。根据案件具体情况，可以采取要素式审查，不受庭审程序的限制。对于庭前已经完成的程序性告知事项，庭审时可不再重复。对于庭前无争议的事实和证据，避免重复认定。需要注意的是，诉讼程序的简化是以保障当事人的诉讼权利为前提，相关环节流程可以简化合并或者以简便的方式行使，但不得直接省略。原则上应当一次开庭审结，可以当庭作出裁判。二是简化裁判文书。根据案件具体情况，可以采用令状式、表格式、要素式等简式裁判文书，围绕争议的特定要素直接载明诉讼各方主体的意见、证据以及法院裁决的理由和依据。裁判过程经庭审录音录像或者庭审笔录完整记录的，制作裁判文书时可以不载明裁判理由。

（三）普通程序

此类案件的适用范围应当作严格限定。一是疑难复杂的假释案件。这主要包括：适用“特殊假释”的；本属强制性假释的案件类型，但因存在现实的反向条件，罪犯可能被不予假释的；对于法定享有假释考验期限的罪犯，刑罚执行机关根据信用假释规则，拟撤销罪犯的假释资格或者延长罪犯的假释考验期限，罪犯本人对此不认可并自行提请假释的。二是社会关注度高、案件影响重大的假释案件，包括罪犯系外国籍罪犯、涉港澳台罪犯、重大职务犯罪罪犯等特殊对象的案件，以及犯罪行为在当地有重大影响的案件等。三是其他应当适用普通程序办理的案件。这包括：合议庭意见与刑罚执行机关的提请意见或者检察意见不一致的；合议庭对案件处理存在分歧，可能不予假释的；检察机关、罪犯本人或者被害人、社区代表提出异议的；证人对证据有意见的；公示期间收到不同意见的。

适用普通程序办理的假释案件，刑罚执行机关负责提供罪犯的现实改造表现材料，检察机关主要对服刑人员的不良改造表现或者犯罪行为进行控告，法官居中裁判，由此形成诉讼化对抗模式。同时，邀请被害人以及社区代表等诉讼主体参与庭审，充分听取上述人员的意见，综合考虑判断是否对罪犯裁定假释。罪犯对假释的程序和实体有异议的，赋予罪犯获得律师帮助权，可以由辩护律师当庭提出抗辩。犯罪时未满 18 周岁罪犯的假释案件，可以通知罪犯的父母参加庭审①，既有助于更好地调查假释案件事实，客观准确地适用法律，保障罪犯合法权益，督促罪犯假释后社会帮教责任的落实，也有利于发挥司法机关、家庭和社会对罪犯改造帮教的合力作用，促进罪犯的权益保护和改造教育，实现办案的政治效果、法律效果和社会效果的

---

① 例如，罪犯康某假释监督案是最高人民检察院发布的第十九批指导性案例之一（检例第 71 号），该案的指导性意义在于将未成年罪犯父母到庭制度引入假释案件审理。基本案情：罪犯康某系未成年罪犯，因犯抢劫罪被判处有期徒刑 3 年，并处罚金人民币 1000 元，刑期至 2018 年 11 月 13 日止。2018 年 6 月，刑罚执行机关拟对康某提请减刑。检察机关通过对康某改造表现、原判犯罪情节、假释后是否具有再犯罪危险、康某家庭是否具有监管条件和能力等进行考量，认为康某符合法定减刑条件，同时符合法定假释条件，可以优先适用假释。刑罚执行机关接受检察机关的意见，于 2018 年 6 月 28 日向法院提请。为增强假释庭审效果，督促罪犯父母协助落实帮教措施，检察机关提出让康某的父母参加假释庭审的建议并被法院采纳。2018 年 7 月 30 日，法院依法对罪犯康某裁定假释。

有机统一。

严格程序规则，听取多方阐述事实，兼听多方不同意见，在激烈的抗辩和意见交换中，通过反向信息查明罪犯在服刑期间的真实改造表现。一是全面审查证据材料。着重审查罪犯的身份情况、原判情况、改造表现、奖惩情况、财产性判项履行情况等是否与相关证据材料一致，奖励的合理性与罪犯计分考核累计台账等基础材料的对应性；载明评估项目、评估结论等内容的再犯罪风险评估表，特别是社区矫正机构对罪犯假释提出异议的，要根据调查评估情况结合异议理由，综合判断罪犯是否具备社区矫正条件。二是充分发挥庭审功能。要使庭审能够对案件处理结果产生实质性影响，重点围绕罪犯的实际服刑表现、财产性判项履行情况、罪犯假释对所居住社区的影响等进行法庭调查，充分听取刑罚执行机关、检察机关以及社区矫正机构的意见。对于存有疑问的证据材料，应当重点进行核查，可以要求有关机关或者罪犯本人作出说明。根据案件办理的需要，可以通知公示期间提出异议的人员，证明罪犯确有悔改或者重大立功表现的证人、管教干警、同监室罪犯等相关人员出庭作证。鉴于“辩护是审判中心主义的助推剂”①，条件具备的地区应当向拟不予假释的罪犯提供律师辩护，畅通辩护意见对裁判结果发挥实质影响的机制。三是有效行使庭外调查核实权。对刑罚执行机关提供的罪犯确有悔改、重大立功表现等证据材料存有疑问的，根据案件具体情况，可以采取讯问罪犯、询问证人、调取相关材料、与监所干警座谈、听取检察人员意见等方式，在庭外对证据材料进行调查核实。四是强化审判组织的职能作用。除承办法官需要阅卷外，合议庭其他成员也应当查阅案件卷宗材料；评议案件时，合议庭所有成员均应围绕罪犯是否符合假释条件充分发表意见。对重大疑难复杂的案件，必要时可以提请院长提交审判委员会讨论决定。五是完善财产性判项的审执衔接机制。法院刑事审判部门作出载有财产

---

① 卞建林、韩旭等主编：《刑事庭审实质化和有效性问题：第九届中韩刑事司法学术研讨会论文集》，法律出版社 2018 年版，第 5 页。

性判项的刑事裁判后，应当及时移送法院的执行部门。刑罚执行机关提请对罪犯假释时，可以向负责执行财产性判项的法院调取有关材料。刑罚执行机关提交的关于罪犯财产性判项履行情况的材料，可以作为认定罪犯财产性判项履行情况和判断罪犯有无履行能力的依据。

三、多元诉讼程序的衔接与转化

在合理界定各种诉讼程序适用范围的基础上，应当促成司法确认程序、简易程序与普通程序在立法设置与实践运行上的有序衔接。部分假释案件由于自身的特殊性，如果一味适用速决程序追求司法效率可能适得其反，不仅不利于保护当事人的正当权益，还可能造成诉讼的不当拖延。

（一）完善程序转换机制

合理设置案件办理期限并完善延长办理期限的规定，充分发挥多元诉讼程序分流的功能作用，推动司法确认程序、简易程序与普通程序的办理期限之间形成合理梯度，实现不同诉讼程序办理期限之间的有效衔接，是完善程序转换机制的关键所在。基于程序主体性原则，首先应当赋予罪犯程序选择权。为了确保罪犯对诉讼程序的选择权特别是对体现公正审判要求的正式审判程序的选择权，不仅要赋予罪犯有初始的选择权，还应确保他们在诉讼过程中的重新选择权和对速决程序的否决权。[①] 假释案件究竟采用何种办理程序，不宜由办案人员依职权直接决定，而是应当充分尊重当事人对程序的选择。“任何人基于程序上的基本人权，对于关涉其利益、权利、地位或责任的审判而受听审请求权之保障，是即所谓程序主体性原则。程序主体性原则的重要意义在于使那些与法院裁判结果有利害关系的当事人能因此拥有独立的诉讼主体地位，能够积极参加诉讼进程，并对裁判结果产生积极影响，因

---

① 参见卞建林、韩旭主编：《刑事庭审实质化和有效性问题：第九届中韩刑事司法学术研讨会论文集》，法律出版社2018年版，第23页。

此，程序主体性原则要求确保冲突主体以及他们之间有关改变冲突解决方式或程序的要求或合意，如果不与法律的规定相违背，也能够得到司法者的支持。”① 当事人对适用司法确认程序或者简易程序提出异议，经审查认为异议成立，以及适用司法确认程序或者简易程序办理案件过程中发现案件不符合该程序适用范围的，可以将司法确认程序或者简易程序转为普通程序。

司法确认程序和简易程序不必遵从普通程序那般复杂冗长的诉讼程序，在诉讼目的上更加青睐于诉讼便利与效率。当事人可以充分行使程序选择权，省去一些不必要的程序性事项，通过简化庭审、文书制作与送达等诉讼环节，促使法庭在查明案件事实的基础上作出有利于本方的裁判。这种选择是权利而非义务，法官亦应尊重当事人的这种权利。关于当事人行使程序选择权的期限，当事人提出选择适用司法确认程序或者简易程序的最迟期限为开庭审理前。从保障当事人的程序选择权出发，应当准许当事人在庭审前提出选择司法确认程序或者简易程序，但在案件已经开庭审理后，则不应允许当事人再选择适用司法确认程序或者简易程序。开庭审理是普通程序中最基本和最主要的阶段，适用普通程序审理的案件一旦开庭审理，则意味着已经按照普通程序走完了主要诉讼阶段，此时已无法再通过转为司法确认程序或者简易程序对上述阶段进行简化处理，无法实现降低诉讼成本、节约司法资源的功能。而且，如果案件在开庭审理后转为司法确认程序或者简易程序，会增加当事人的诉讼负担，占用更多的司法资源。

关于程序转换的要求，需要关注以下几点：首先，严格控制程序转换。对于适用司法确认程序或者简易程序办理的案件，除非有特殊情况，一般不允许向普通程序转换，以保证诉讼程序的稳定性。其次，确立程序转换的单向性。如果案件的疑难复杂程度和法律适用难度增加，应当由司法确认程序

① 最高人民法院修改后民事诉讼法贯彻实施工作领导小组编著：《最高人民法院民事诉讼法司法解释理解与适用：条文主旨·条文理解·审判实务》（上），人民法院出版社 2015 年版，第 682 页。

或者简易程序转入普通程序，但是为了避免因程序频繁转换而增加讼累，已由司法确认程序或者简易程序转为普通程序审理的案件，即便不符合适用普通程序办理的案件范围，也不得再转回原先的办理程序。由司法确认程序或者简易程序转为普通程序办理的案件，转为普通程序前已经进行的诉讼行为原则上仍然有效，除非有正当理由和依据；对于诉讼各方主体已经确认的无争议事实，可以不再进行举证、质证。由于不同办理程序在审判组织、庭审方式、办理期限等方面存在诸多差异，为了避免随意性，程序转换一般应当以裁定的形式作出；至于是口头裁定还是书面裁定，在所不问。程序转换意味着案件办理期限的延长，涉及当事人的程序性利益，因此决定转换办案程序时，应当向当事人书面告知相关事项。

（二）规范裁决程序

首先，确立在线诉讼规则。智慧法院的建设为在线诉讼提供了实践基础，诉讼繁简分流改革为在线诉讼提供了合法性保障。[①] 特别是新冠疫情防控的需要，推动“线上审理”呈迅猛发展之势。与传统的案件办理方式相比，“线上办理”具有便捷高效、成本低廉等特点，可以适用于绝大多数假释案件。根据 2021 年 8 月最高人民法院施行的《人民法院在线诉讼规则》（法释〔2021〕12 号）第 3 条的规定，法院综合考虑案件情况、当事人意愿和技术条件等因素，可以对假释案件适用在线诉讼。因此，并非所有案件均能适用在线诉讼。对于适用普通程序办理的案件，由于一般属于疑难复杂等特殊案件，部分案件的事实存在争议，因而涉及举证、质证的问题，不宜适用在线诉讼方式；对于适用司法确认程序或者简易程序办理的案件，由于案件事实清楚，诉讼各方主体没有异议，原则上可以适用在线诉讼，但亦应明确例外情形，主要是当事人主观上不愿意、客观条件不具备或者案件本身不宜采取在线诉讼方式（如罪犯虽已成年但犯罪时系未成年人的案件）。在线

---

① 参见左卫民：《后疫情时代的在线诉讼：路向何方》，载《现代法学》2021 年第 6 期。

诉讼的启动需要经历两个步骤：一是必须符合在线诉讼的案件范围；二是尊重当事人的选择权，在线诉讼与线下诉讼是当事人可供选择的诉讼方式，在线诉讼的适用以当事人同意为前提。

其次，规范运用信息化办案平台。信息化办案平台的建设将司法活动与现代科技深度融合，应当充分利用既有的云平台大数据和人工智能建设成果，采用大数据和区块链技术，推出由服刑人员大数据监督平台和面向公众的查询系统等子系统共同组成的现代化智慧查询信息平台，形成由大数据、云计算、人工智能为支撑的24小时运转“最强”大脑。法官在作出裁决前，可以通过该系统审查罪犯的日常表现和学习情况，并通过在线视频向罪犯本人、监区民警以及其他罪犯了解情况，通过实时数据接入及动态数据管理，实现数据共享。同时，顺应案件办理方式的信息化潮流，改变旧的办案模式，运用网上办案平台办理假释案件，实现电子卷宗网上流转、办理流程同步公开、裁判文书网上生成，确保案件办理公开透明、全程留痕，为提升假释案件办理质效和加强权力运行制约监督提供科技支撑。

最后，完善裁判文书的繁简分流。文书质量是衡量假释案件办理质量的重要尺度，假释案件裁判文书应当格式规范、要素齐备、内容准确、说理充分、法条援引全面准确、判项完整，全面载明罪犯的基本身份情况、原判情况、刑罚交付执行时间及历次减刑情况、案件来源及办理过程、诉讼各方主体的意见、查明的事实、文书说理、适用的法律条款和裁定结果。“改革思路是简单案件简单写，普通案件重点写，重大案件详细写。”① 一是修订文书样式。通过司法确认程序或者简易程序审理的案件，可以简写说理部分，甚至可以制作表格式的简式裁判文书；通过普通程序办理的案件，则要有针对性地进行释法说理，详细说明裁判所依据的事实证据、法律条款以及逻辑推演的过程。二是细化事实叙述。对罪犯的重大立功表现、没有再犯罪的危

---

① 卞建林、韩旭主编：《刑事庭审实质化和有效性问题：第九届中韩刑事司法学术研讨会论文集》，法律出版社2018年版，第114页。

险等假释条件的司法认定，既要写明事实依据，同时对罪犯所受奖励和处罚也要准确叙述，避免罪犯之间相互攀比。三是完整展现案件办理过程。在假释裁定书中增加检察机关的意见、拟假释犯的意见以及辩护律师的意见等内容，对于诉讼各方主体之间存在意见分歧或者裁定不予假释的，应当在裁定书中作出有针对性的说理，对诉讼各方主体的意见逐一予以回应，包括采纳与否、部分采纳或者不采纳的理由。

第四节　办案逻辑和程序的规范路径

一、明确监管标准与裁判标准的关系

对罪犯改造表现的司法认定，不能仅凭刑罚执行机关的计分考核结果，仍需坚持法定证明标准，认真审查计分考核结果的证明力，依据一般经验法则或者逻辑法则判断证据的关联性而不得任意决断。切实落实以审判为中心的刑事诉讼制度改革要求，严格审查证据材料的合法性、真实性、关联性，促进监管标准与裁判标准的有机统一。对刑罚执行机关提交的各类证据材料应当进行依法严格全面有序的审查，通过综合考察影响罪犯假释的各类要素，准确认定罪犯是否符合假释条件，在刑罚执行机关报请意见和检察机关意见的基础上，依法作出裁判。

（一）对监管部门提交的考核材料进行形式审查

着重审查监管部门的提请材料是否齐全或者程序是否合法。提请材料至少包括以下内容：提请假释建议书；监所通案记录；终审法院判决书、裁定书；历次减刑裁定书；罪犯奖惩审批表；罪犯评审鉴定表；罪犯改造表现具体事实的证明材料；计分考核累计台账；罪犯改造小结。在提请程序方面，审查提请假释建议是否经过监所审核小组的审议，驻监检察对提请假释有无异议，七类必须报送省监狱管理局审核的案件是否有省监狱管理局的书面审

核意见等。材料不齐全或者程序不合法的，通知监管部门补充或者更正。

（二）对监管部门的考核结果进行实质审查

一是计分考核累计台账。计分考核制要求对罪犯每日具体改造表现进行打分，每月对日常基础分进行累计，将日常基础分转化为奖励分。通过审查计分考核累计台账，可以了解罪犯每日改造表现，进而全面掌握罪犯的阶段性改造动态。二是罪犯的行政奖励。重点审查罪犯所获行政奖励与计分考核情况是否相符，与监管部门提交的罪犯奖惩审批表的记载是否一致，有无经过法定审批程序。三是罪犯在改造期间的具体行为表现。其主要是罪犯有无违规违纪行为，是否受过禁闭或者警告、记过等行政处分。考核分数与假释考核期不对应，加扣分与奖惩不对应或者奖惩缺少对应的事实和依据，刑罚执行机关、罪犯对此未作出合理说明的，不认定罪犯“确有悔改表现”。

二、坚持主观标准客观化的办案逻辑

假释的办案逻辑首先应当是形式化而非实质化的，因为如果将“没有再犯罪的危险”这一假释条件理解为客观要求，不仅“否定了人身危险性的变化特质，将其机械和恒定化违反行刑规律，减损了行刑理性”①，更将面临无法作出合理解释的制度性悖论：对确认“没有再犯罪的危险”的罪犯进行考察监管，必要性和正当性何在？刑罚执行机关提交的罪犯再犯罪危险的评估材料是裁判的重要依据，但仍需综合全案证据进行全面评判，不能过度迷信调查评估报告的证据效力。对于假释案件，更加应该关注的是法官对罪犯是否符合假释条件如何进行主观判断的裁判思路，这一裁判逻辑应当是客观化而非主观化的。裁判标准的主观化和模糊性导致客观上难以查明案件事实，而且无法有效规制办案人员的自由裁量权极易导致假释被滥用。为了限制权力滥用，现行制度体系绕开程序规制，通过计分考核细化假释的实体

① 孙琳：《减刑假释程序研究》，中国人民公安大学出版社2011年版，第158～159页。

条件，但是“细化后实体条件的判断权力主体是提请者监狱而非裁决者法院，造成形式权力与实质权力的错位”①。过于简略的案件办理程序，难以让人相信假释裁定是历经完整办理程序之后作出的公正而富有理性的结论。“罪犯假释后如果出现新的违法犯罪，对公正的质疑往往施于裁决者法官身上，法官将接受诘难。为避免处于不利状态，法官对假释的适用必然陷入谨慎紧张的状态之中。”②

这里的关键在于区分证明标准和证据标准。“证明标准指向案件事实，证据标准指向定案证据。对于司法人员来说，后者更具有可操作性。”③ 就假释案件而言，应当更加强调司法人员根据在案证据对案件事实的认识程度，“把证明标准从确保事实认定准确性的‘错位功能’中解脱出来，发挥其裁判错误分配机制的功能。这种剥离不仅可以使裁判者免受因主观判断导致错误裁判的负担，也可以防止其诉诸个人价值判断恣意裁判，滥用自由心证”④。

办理假释案件时，除了考察罪犯假释后的社区监管条件和罪犯的生活保障，还应当对罪犯的原判罪行和服刑表现进行双重考察。原判罪行可以针对以下几个方面进行考察：犯罪次数，犯罪种类及恶性程度，犯罪动机，犯罪手段及熟练程度，犯罪时的年龄，犯罪以后的态度（是否认罪悔罪、自首、退赃退赔及附带民事诉讼判决部分的履行情况等），犯罪行为造成的社会影响等。服刑表现可以针对以下几个方面进行考察：认罪服法情况，遵守监规情况，计分考核成绩，奖惩情况，健康状况，自主生活能力，对社会事物的认知及判断习惯（世界观和人生观）等。以上考察必须结合罪犯的日常改造表现和个人情况等进行综合判断，在客观真实的结论基础上依法作出裁定，确保假释案件办理质量。

---

① 孙琳：《减刑假释程序研究》，中国人民公安大学出版社 2011 年版，第 157 页。

② 孙琳：《减刑假释程序研究》，中国人民公安大学出版社 2011 年版，第 157 页。

③ 何家弘：《司法证明方法与推定规则》，法律出版社 2018 年版，第 7 页。

④ 王星译：《刑事证明标准的规范功能与实践归宿》，载《环球法律评论》2021 年第 3 期。

三、构建科学合理的证据审查路径

诉讼是运用证据的艺术。证据与真相之间的关系产生了证据裁判原则，如何对证据进行判断与采择，需要坚持最佳证据规则，对证据材料进行真实性和关联性的审查。“对于文书以及记载有思想内容并以此证明案件真实情况的证据，证据法上要求通常必须出示原件，只有当存在可信以为真的理由的情况下，才可以作为例外不出示原件。这一规则就是著名的‘最佳证据规则’（best evidence rule），有时亦被称为‘原本法则’（ original document rule）。”① 对罪犯改造表现的审查认定，不能仅凭刑罚执行机关提供的奖励审批表这个已然具有极强主观性的评价性证据。计分考核累计台账是刑罚执行机关对罪犯改造情况以月为单位进行的记载，应当是审查的主要材料之一，要逐月审查罪犯的得分情况、总得分情况以及加扣分、处罚情况，综合认定罪犯是否确有悔改表现。对罪犯履行财产性判项能力的审查，不能仅凭刑罚执行机关提供的履行情况登记一览表或者法院出具的执行结案通知书，要着重审查罪犯履行上述义务时相关机关出具的票据或者被害人出具的收条、收据等原始证据。对证人证言的审查，要重点关注证言内容是否为证人直接感知，证人与案件当事人、案件处理结果有无利害关系，证言是否存在格式化现象等。判断一项证据是否具有关联性，应当遵循以下思路：其一，该证据用来证明什么问题？其二，所证明的对象是否属于案件的实质性问题？其三，该证据对问题有无证明性以及能否帮助确认该实质性问题？如果答案全部是肯定的，那么该证据与待证事实之间就具有关联性。罪犯的管教干警能否作为证人，关键之处在于：证人的身份与其自身的狱警身份是否存在角色冲突？由于假释的提请主体是刑罚执行机关，而管教干警是刑罚执行机关这一提请主体的一部分，因此如果管教干警仅仅是程序性获取证据并以此向法庭说明情况，则可以作为证人，如果属于实体性提供证言而非程序性

① 易延友：《最佳证据规则》，载《比较法研究》2011 年第 6 期。

获取证据，则不宜作为证人。

就假释案件而言，一般可以采用以下审查路径：(1) 审查罪犯交付执行及历次刑罚变更执行情况，认定罪犯是否符合最低执行期限。通过原审法院的裁判文书、宣判笔录或送达回证、执行通知书、入监登记表、历次减刑裁定书及送达回证等证据材料，审查罪犯本次报请假释的实际服刑刑期是否符合法律规定。(2) 审查假释审核表、奖惩审批表、评审鉴定表、计分考核累计台账及加扣分明细表、证人证言等证据材料，综合认定罪犯改造表现。着重审查上述材料是否相互印证；是否按照程序逐级审核，各层级审核意见是否一致以及不一致的理由。对于证人证言，还应当着重审查证人证言的来源，与案件当事人、案件处理结果有无利害关系，证言是否存在格式化现象。(3) 审查再犯罪风险评估表的各项评估得分情况等，综合判断罪犯的再犯罪风险。结合罪犯的年龄、身份、性格特征、原判罪行、主客观改造表现、奖惩情况以及执行机关评定意见，综合判断罪犯评估分值及评估结论是否准确、客观。再犯罪风险评估结论不明确的，应当要求执行机关进一步说明情况，综合判断罪犯是否符合假释条件。(4) 审查社区调查评估报告以及相关证人证言，确定假释对所居住社区的影响。着重审查制作调查评估报告的主体是否符合规定，罪犯是否具有稳定的居所和家庭，居住地村（居）民委员会是否具备帮教条件，假释后是否有稳定的生活来源。调查报告意见不明确的，应当要求社区矫正机构进一步说明情况，综合判断罪犯是否符合社区矫正条件。

第六章　假释案件实质化办理之关联层面的改革

——配套制度机制的重构

假释案件实质化办理的实现，不仅需要实体层面和程序层面的改革，配套制度的重塑也不可或缺。“以审判为中心的诉讼制度改革是一个系统工程，牵一发而动全身，改革的成功依赖于相关制度资源的协助、支撑与配套。否则，单纯的庭审制度改革将如同‘孤军深入’，战略上被动而战术上难以为继。”[①] 财产性判项履行与假释关联的配套机制新构造，不仅要求明晰财产性判项的范围、内容以及审查路径，规范对罪犯履行能力的审查认定标准，而且应当合理建构财产性判项履行与假释之间的关联关系。假释案件办理程序与社区矫正的有效衔接，不仅能够有效避免罪犯脱、漏、管现象的发生，更让对罪犯再犯罪危险的判断和罪犯假释对所居住社区影响的判断具有现实基础和依据，社区矫正机构亦能通过实质性参与假释案件办理程序从而对罪犯情况形成更加全面的了解和掌握，据此亦可更有针对性地为假释犯制订个性化的释后监管计划。假释撤回和假释撤销的程序建构，特别是对于罪犯在程序运行中的申辩权的保障，不仅对于保障罪犯的合法权利不受侵害有着重要意义，而且能够通过诉讼程序的有效运转保障公正裁决结果的形成。容错免责为主基调下的监督纠错机制则能有效免除办案人员的后顾之忧，进而推动我国刑罚执行变更逐步转向以假释为主，改变长期以来减刑适用占据绝对优势的局面。

---

① 卞建林、韩旭主编：《刑事庭审实质化和有效性问题：第九届中韩刑事司法学术研讨会论文集》，法律出版社 2018 年版，第 28 页。

第一节　财产性判项履行与假释关联的机制新构造

“财产性判项”是指判决罪犯承担的附带民事赔偿义务判项，以及追缴、责令退赔、罚金、没收财产等判项。生效裁判中财产性判项的“有判无执、执而不力”一直是困扰我国司法实践的顽疾。为了有效解决“空判”难题，激励罪犯在刑罚执行期间继续履行财产性义务，彰显生效裁判的权威性，财产性判项履行与假释关联机制在此背景下得以建立。财产性判项履行与假释关联是将生效裁判中财产性判项的履行情况、罪犯的履行能力与罪犯的假释资格挂钩的机制。该机制的正当性依赖于实体公正和程序公正的结合，前者保证结果的正当性，后者保证过程的正当性。

财产性判项履行与假释关联在制度规范层面已得到确立，但实践运行却呈现另一幅场景。财产性判项履行与假释关联本应是一种激励机制，在实践中却逐渐异化成假释适用的限制性因素，“正向激励不足，负向激励被片面强调或放大，成为一种惩罚模式”①。过于宏观、原则的制度设计导致实践运行陷入困境：一是部分生效裁判对财产性判项的表述不明甚至不作表述，导致罪犯财产性义务的内容和范围不能确定；二是有关财产性判项履行情况和罪犯履行能力的证据规则仍是法律缺失地带，司法实践难以把握；三是财产性判项履行情况和假释的具体关联关系尚不明确，特别是罪犯的履行时间、履行比例与假释适用的关联性之间缺乏统一的适用规则，不可避免地带来司法适用的差异和不均衡。财产性判项履行与假释关联机制的诉讼化运行需要着力解决三个问题：一是如何确定财产性判项的范围和内容；二是如何审查认定财产性判项履行情况和罪犯的履行能力；三是如何认定财产性判项履行情况、罪犯的履行能力与假释适用之间的具体关联关系。

---

① 劳佳琦：《财产性判项与减刑假释的联动机制》，载《中外法学》2018年第3期。

一、财产性判项的范围和内容的审查确定

虽然财产性判项履行情况的审查认定程序是基于刑事诉讼程序而衍生的程序，但在涉案财物种类繁多、数额巨大，甚至由于涉及案外人利益而需对相关财物进行确权等特殊情况下，法院对于部分案件实难在法定期限内作出裁决，此类情况在涉众型犯罪、网络犯罪中尤为明显。公检法在刑事案件办理流程中缺乏对涉案财物来源、权属、性质以及罪犯财产状况的足够关注，往往造成涉案财物的性质和权属不明，罪犯是否具备履行能力、共同犯罪案件中各罪犯的退赃退赔比例等重要事实处于模糊状态，导致财产性判项的后续执行工作陷入困境甚至造成无法执行的局面，也让假释程序运行陷入被动。

（一）财产性判项以生效裁判文书确定的范围和内容为限

生效裁判文书的财产性判项，既包括生效刑事裁判确定的财产性判项，也包括被害人等另行提起的生效民事裁判确定的财产性判项，因此要通过多类法律文书审查确定与假释关联的财产性判项的内容。审查范围包括：生效刑事裁判文书，刑事案件中达成的调解、和解协议，被害人及其法定代理人、近亲属另行单独提起民事诉讼后的生效民事裁判文书等。

【案例】

◎ 罪犯被判处两种以上财产性判项，仅履行完毕部分财产性判项的，不予假释

罪犯吴某某因犯走私普通货物罪被决定执行有期徒刑 10 年，并处罚金人民币 200, 000 元。曾因故意伤害罪被判处有期徒刑 3 年，缓刑 3 年。服刑期间被减刑 2 次，共 14 个月，获得表扬 5 次，计分考核等级 A 级。刑罚执行机关报请假释。法院经审理查明，该犯与他人共同走私油料 844 吨，偷逃应缴税款人民币 2, 290, 000 余元。服刑期间罚金人民币 200, 000 元已经履行完毕，但是该犯的走私行为给国家关税造成 2, 290, 000 余元的损失未能履

行。综合罪犯吴某某的具体犯罪情节、原判刑罚及历次减刑等情况，裁定对罪犯吴某某不予假释。①

该案例中，罪犯吴某某的走私行为给国家关税造成2,290,000余元的损失。虽然罚金刑已经履行完毕，但是罪犯吴某某没有将因走私犯罪给国家造成的关税损失予以退缴。罪犯吴某某被判处两种以上财产性判项，仅对其中的部分财产性判项予以履行完毕，而没有全部履行财产性判项，不认定具有悔改表现，不予假释。

办理假释案件时，要严格把握财产性判项的审查依据。根据生效裁判文书载明的有关附带民事赔偿以及追缴、责令退赔、罚金、没收财产等财产性判项，全面查明罪犯应当履行的财产性义务的范围、内容和具体金额。财产性判项的范围和内容，以生效裁判文书确定的范围和内容为限，重点审查罪犯涉及何种财产性判项以及财产性判项的具体履行情况。对于没有在生效裁判文书中确定的事项，一般不予审查。

（二）生效裁判对财产性判项的范围和内容表述不明时的处理路径

生效裁判除应对随案移送的财物作出处理外，还应当写明需要继续追缴尚未被足额查封、扣押的其他违法所得，以及其他财产性判项（如罚金、没收个人财产）。在司法实践中，侦查机关一般专注于调查定罪量刑事实，普遍忽视对涉案财物和罪犯财产状况的调查，而侦查阶段恰恰是全面掌握上述情况的最佳时机。如果侦查机关的前期调查工作不到位，导致涉案财物的来源、性质或者权属不清，罪犯的财产状况不明，案件的后续处理工作只能是举步维艰。加之现行法律仅对部分案件（如涉黑涉恶案件）的涉案财物处置程序提出专门要求，对于其他案件并没有要求法庭围绕涉案财物处置和罪

---

① 上海市第二中级人民法院刑事裁定书，(2019) 沪02刑更816号。转引自蒋晓燕、王正阳：《财产性判项与减刑、假释关联机制运行的困境检视与裁判规则》，载《中国监狱学刊》2023年第4期。

犯财产状况展开法庭调查和法庭辩论，财产性判项在缺乏有效质证辩论的情况下，不仅是法院的“一家之言”，更是“无源之水”“无本之木”。法官不能拒绝裁判，但在涉案财产可能存在来源、性质和权属不明的情况下，裁判文书对财产性判项的精准表述无疑面临极大风险，此时选择作模糊表述甚至不作表述似乎是法官回避风险的唯一路径。

办理假释案件时，如果生效裁判文书关于财产性判项的范围和内容不明确，但是依据生效裁判文书认定的事实，经过一般计算即可明确的，或者原判法院对于财产性判项的范围和内容作出了补充解释的，仍应予以审查。生效裁判文书关于财产性判项的范围和内容不明确（如判处罪犯承担“共同退赔”责任，但是没有明确罪犯各自承担的具体数额和比例），鉴于上述财产性判项系由原判法院依法作出，应当由原判法院对此作出权威解释。原判法院可以针对上述事项作出书面说明，必要时通过补正裁定等方式予以明确。需要注意的是，因财产性判项的范围和内容不明确而不作为假释资格关联事项予以审查的，在确定起始时间、间隔期、假释考验期限时，仍应从严掌握。

二、财产性判项履行情况和罪犯履行能力的审查认定

财产性判项履行情况和罪犯履行能力的审查认定，需要结合侦查机关、检察机关移送的关于涉案财物的性质和权属等证据材料，原判法院出具的票据、中止或者终结执行的裁定，以及被害人、附带民事诉讼原告人出具的收条、收据等证据材料，全面审查罪犯是否及时全部履行财产性判项。财产性判项没有履行或者没有全部履行的，还应当着重审查未履行财产性判项的性质、数额以及罪犯的履行能力。在假释案件诉讼化运行模式下，财产性判项履行情况和罪犯履行能力的审查认定程序以及与此相关的证据规则，尤为重要。

（一）增设“财产性判项履行的审查认定程序”

财产性判项履行情况已被纳入假释案件审查事项的范畴，但是现行法律

缺乏对财产性判项履行的审查认定专门程序，导致案件办理程序普遍虚化，法庭基本不会围绕财产性判项履行展开专门的法庭调查和法庭辩论，庭审主要围绕罪犯的改造表现展开，财产性判项履行通常只是作为影响假释适用的一个因素，罪犯有无履行能力，是否存在迟延履行、拒绝履行的情况，俨然成为法庭审理中“被遗忘的角落”。财产性判项履行的审查认定沉潜于罪犯是否符合假释条件的调查和辩论程序当中。在这种“合一型”的庭审模式下，刑罚执行机关一般仅对罪犯实际履行财产性判项的情况作客观表述，而不对罪犯是否具备履行能力、财产性判项是否存在被不当迟延履行或者部分履行等情况提出具体意见，相关证据材料的缺失导致检察机关缺乏有效监督路径，当然也不会有明确的态度。法官除了选择性地回避对财产性判项履行和罪犯履行能力的认定，似乎别无他途。

财产性判项履行已被纳入假释案件审查范围，在此情况下，即应逐步完善现行法律关于假释案件办理的程序性规定，在假释案件庭审程序中增设“财产性判项履行的审查认定程序”，将财产性判项履行与假释关联机制纳入诉讼化轨道，确立对罪犯财产性判项履行和罪犯履行能力的审查认定规则和程序运行方式。首先，体现程序的相对独立性，增设围绕财产性判项履行进行审查认定的专门程序。在案件办理过程中，应当对与财产性判项履行有关的事实、证据进行法庭调查和法庭辩论。刑罚执行机关、检察机关对财产性判项履行进行审查甄别，提请假释和提出检察意见时均应对财产性判项履行和罪犯履行能力提出处理意见。其次，建构以权利救济为中心、诉讼各方主体充分参与的程序运行模式。诉讼化运作的最低限度保障是对当事人的权利救济应当采用诉讼的方式进行。在财产性判项履行的审查认定程序中，不仅要赋予罪犯诉讼参与权和上诉权，对于那些认为自身合法权益受到限制或者剥夺的利害关系人，还应当赋予其提出异议权和上诉权。诉讼各方主体在庭审中可以围绕财产性判项的范围和内容、财产性判项履行情况、罪犯履行能力等进行举证、质证并展开辩论；案外人提出异议的，经法庭允许，亦可参加庭审，宣读诉讼主张、提交证据并发表意见。

（二）建构罪犯履行能力的审查认定规则

现行法律对于如何审查认定罪犯履行能力以及如何实行地区、部门联动等事项未予明确，但是办案人员显然不能仅凭罪犯原户籍所在地派出所或者村（居）民委员会等有关单位出具的证明即简单认定罪犯履行能力，而是应当全面审查罪犯所犯罪行的性质和获利情况，退赃退赔情况、赃款赃物去向，罪犯原职业收入情况、家庭财产状况、狱内消费情况等因素，综合作出认定。一般来说，审查内容包括：罪犯亲属会见时的花费情况、汇款情况以及罪犯在监所的平均消费水平；监狱证明，罪犯入监填写的家庭经济状况；罪犯暂缓执行财产刑的申请报告；附带民事诉讼原告证明；其他与罪犯财产性判项履行相关的材料。

1. 建立罪犯财产状况调查制度

财产性判项没有得到履行或者仅得到部分履行的，此时罪犯履行能力的有无就会影响对罪犯改造表现的认定，对罪犯履行能力的审查认定属于假释案件审查范畴，因此该事项的认定主体是法院，应当由假释案件办理法院综合考察罪犯的实际资产状况、经济收入、债权债务、刑罚执行期间消费情况等因素作出认定。即便如此，这并不意味着对罪犯履行能力的全部证明工作均由法院承担。根据诉讼阶段的不同，罪犯财产状况的调查主体亦当有所区别。

首先，刑事裁判作出前，罪犯财产状况的调查职责由侦查机关承担。侦查机关在调查定罪量刑事实时，既要承担对涉案财物的来源、性质和权属的调查义务，也要一并查清罪犯财产状况。侦查机关应当对刑事涉案财物和罪犯财产进行分类并列出清单，列明被查封、扣押、冻结的涉案财物的种类和性质，明确采取查封、扣押、冻结等处置措施的原因是作为实物证据还是作为违法所得、犯罪工具、违禁品抑或系属于合法财产，并将所掌握的财产状况和线索以及其他需要说明的情况形成书面材料随案移送。公安机关、纪委监委侦查终结的案件，应当做到犯罪事实清楚，证据确实、充分，涉案财物的来源、性质、权属以及被告人的财产状况明晰，写出起诉意见书，连同案卷材料、涉案财物清单、被告人的财产清单一并移送同级人民检察院审查决定；同时将案件移送情况告知被告人及其辩护律师。原判法院在全面掌握涉案财物以及被告人财产状况的基础上，通过裁判文书明确财产性判项的范围和内容。

其次，刑事裁判作出后，罪犯财产状况的调查职责由法院承担，刑罚执行机关予以配合。法院设有专门的执行机构，具有查明罪犯财产状况的基础条件，“由法院作为罪犯财产刑履行能力的证明主体更具权威性、稳定性，能有效避免罪犯履行能力认定中常见的多方证明、协调不足、操作性不强等问题”①。根据假释案件办理需要，法院可以协调刑罚执行机关、社区矫正机构协助调查罪犯财产状况。

2. 建构罪犯履行能力的证据规则

罪犯履行能力的证明责任如何分配、证据标准如何确定等证据规则问题，至今仍是法律规范的缺失地带，导致司法实践出现乱象。证据出具主体不一且真假难辨，如贫困证明主要由罪犯亲属提供，既有分别由村（社区）、镇（乡或街道）、县（区）盖章确认的，也有三级单位共同盖章确认的。证明标准呈现多种样态，部分案件将罪犯是否系“三无人员”作为证明标准，部分案件将罪犯家庭是否系贫困户、低保户或者当地扶贫对象作为证明标准，部分案件将财产性判项是否被法院裁定为无可供执行的财产而终结执行作为证明标准。财产性判项履行与假释关联的程序规制，关键是要构建罪犯履行能力的证据规则。

（1）证明路径。有关罪犯履行情况的证明材料，这主要包括：公安机关、纪检监察机关、检察机关、法院等出具的财产处置相关票据、凭证，被害人、附带民事诉讼原告人出具的收条、收据等证明材料；执行裁定书、结

① 张迪、杨晓东：《减刑、假释案件中财产性判项的执行须规范》，载《人民检察》2020年第10期。

案通知书等法律文书；刑罚执行机关提讯罪犯的相关提讯笔录；其他证明罪犯履行情况的材料。财产性判项未履行完毕罪犯的大账收入及消费情况证明材料，这主要包含：考核期内消费总额、罪犯月平均消费情况；该犯处遇标准；当前大账余额及收入明细。罪犯在考核期内的收入、消费明细记载应当连续、完整、准确，并加盖制作机关印章。根据假释案件办理需要，办案人员可以要求刑罚执行机关提供具体的消费明细。罪犯履行能力的证明材料，这主要包含：罪犯本人填写的罪犯入监财产申报表；县级以上民政部门出具的低保证明；罪犯财产性判项立案执行且已出具法律文书的，应当提供加盖法院印章的相应法律文书；其他证明罪犯履行能力的材料。

（2）举证责任分配。对于罪犯履行财产性判项能力的证明责任主体，目前主要有两种观点：一种观点认为，刑罚执行机关只承担罪犯在监所改造表现的证明责任，罪犯履行财产性判项能力的证明责任应当由罪犯本人承担；另一种观点则认为，提请假释理由（包括财产性判项履行能力）的全部证明责任均应当由提请假释的刑罚执行机关承担。两种观点皆有一定的合理性，但不足之处亦显而易见，科学合理的举证责任分配方案应当是根据罪犯本人和刑罚执行机关各自的职责定位，合理确定二者的责任分担范围与方式。一是罪犯本人的举证责任。罪犯自称已履行财产性判项的，应当如实说明履行情况并提供相关书面证明（收据、缴款凭证等）。罪犯自称无履行能力的，可以自行提供或者申请调取相关材料，如罪犯户籍所在地或经常居住地乡（镇）级以上民政部门出具的罪犯在被判刑前系最低生活保障对象或者符合最低生活保障条件的证明，法院出具的终止执行的证明材料，等等。二是刑罚执行机关的举证责任。根据法律规定，原判法院将罪犯交付刑罚执行时，生效裁判涉及财产性判项的，应当将财产性判项履行情况的相关材料一并随案移送刑罚执行机关。因此，对于财产性判项的履行情况，刑罚执行机关负有不可推卸的证明责任。提请假释时，刑罚执行机关应当将罪犯履行情况相关材料提交给假释案件办理法院。对尚未全部履行财产性判项的罪犯提请假释时，刑罚执行机关应当根据案件情况提供以下相关材料：执行法院出具的延期缴纳、减少或者免除罚金，中止执行、终结执行等裁定；罪犯在监所的消费情况及其个人账户余额；罪犯对赃款赃物去向的具体解释说明，说明内容包括但不限于处理赃款赃物的时间、地点、去向、金额、见证人、支付转移方式等；罪犯对刑罚执行前后本人及家庭经济情况的具体说明，重点说明本人及家庭的财产状况、收入和支出情况等；省级监狱管理局关于罪犯狱内消费的限额规定；其他与罪犯履行能力相关的材料。

（3）证明标准。诉讼任务、诉讼主体和诉讼行为的不同决定了证明标准的差异。假释案件的特殊性决定了对于罪犯履行财产性判项能力的证明标准无须达到“排除合理怀疑”这一有罪判决的证明标准，而是采用“合理证明标准”即可，意即罪犯履行能力的事实基本清楚，证据具有相当的合理性。罪犯本人系“三无人员”或者罪犯家庭属于贫困户、低保户或者当地扶贫对象等情形的，可以直接适用司法推定原则，认定罪犯没有履行能力。如果罪犯不属于前述情形，根据财产性判项的数额大小，可以作区别化处理。财产性判项数额较小的，当地县级以上民政部门证明罪犯个人财产及其他生活来源对履行财产性判项确有困难，且罪犯承诺假释后继续履行财产性判项的，不影响对罪犯的假释。财产性判项数额较大的，严格审查罪犯的履行能力，综合罪犯个人财产、家庭共有财产以及其他财产的情况，结合罪犯自述，确认罪犯是否具有履行能力。

三、财产性判项履行与假释适用的关联关系

【案例】

◎ 单位犯罪的财产性判项履行情况不作为限制对罪犯个人适用假释的考量因素

山东某实业有限公司等三公司因犯骗取贷款、票据承兑罪，被判处罚金人民币110,000元，并追缴三公司违法所得。罪犯刘某某作为单位直接负责的主管人员，被判处有期徒刑4年1个月，并处罚金人民币60,000元，刑期至2022年2月26日止。2020年9月9日检察机关收到罪犯刘某某妻子的

信访材料，请求检察机关监督刑罚执行机关为刘某某提请假释。检察机关经调查核实，刑罚执行机关和法院均以刘某某实控企业的财产性判项未全部履行为由，认为对刘某某适用假释可能存在风险。刘某某实控企业在涉案前经营状况良好，涉罪单位的相关资产已被法院依法查控以履行相应财产性判项，但因无法立即变现，尚未完全履行财产性判项。刘某某案发后，其妻积极提交公司资产状况的材料，偿还部分利息；银行出具谅解书，希望刘某某尽快假释出狱经营公司；刘某某本人表示出狱后会尽心经营公司，尽快偿还所骗贷款。刘某某有自首情节，已向法庭提供了大于逾期贷款数额的资产评估报告，取得涉案银行的谅解；在监狱服刑期间认罪悔罪，遵守法律法规和监规纪律，接受教育改造，没有被处罚记录，3 次获得表扬奖励，执行期间足额履行财产刑；社区矫正机构出具的社会调查评估认定其不具有社会危险性，对所居住社区未发现有不良影响。检察机关认为，对刘某某适用假释能够促进企业恢复生产经营，更好帮助企业履行财产性判项。2020 年 12 月 15 日，检察机关向刑罚执行机关提出对罪犯刘某某依法提请假释的检察意见。刑罚执行机关采纳检察意见，向法院提请对罪犯刘某某予以假释。法院依法对罪犯刘某某裁定假释。①

该案的指导性意义在于明确了对于涉及单位犯罪罪犯的假释案件，应当分别审查罪犯个人和涉罪单位的财产性判项履行情况。罪犯个人的财产性判项全部履行，涉罪单位的财产性判项虽未履行或未全部履行，但不能归责于罪犯个人原因的，一般不影响对罪犯的假释。如确有证据证明该罪犯滥用对公司的支配地位或者公司法人独立地位，隐藏、转移、故意毁损财产或者无偿转让财产、以明显不合理的低价转让财产等，妨害单位履行财产性判项的，不应认定该罪犯确有悔改表现，不得适用假释。

---

① 该案系最高人民检察院发布的第四十九批指导性案例之一（检例第 197 号）。

（一）探索建立财产性判项履行与假释之间的梯次关联机制

从纵向看，罪犯履行财产性判项的时间跨度与诉讼资源的浪费程度呈动态关联，罪犯确有履行能力而迟延履行、部分履行，不仅造成司法资源的愈加浪费，还从另一侧面反映出罪犯的认罪悔罪态度。据此，应当探索建立财产性判项履行与假释之间的正向梯次关联机制，即根据财产性判项在不同时间跨度的履行情况，建构财产性判项履行与假释适用之间的差异化关联关系。罪犯确有履行能力而迟延履行、部分履行的，在假释后的余刑设置上予以不同程度的扣减，罪犯因此不得不承担更多的不利法律后果，除非罪犯能够提供充分且合理的理由，证明其迟延履行、部分履行的正当性。该机制的建立可以有效地推动罪犯及时全部履行财产性义务，亦能防止司法资源的浪费。

事实上，财产性判项履行与假释之间的梯次关联机制，在现行法律规范中已有前例可循。以认罪认罚从宽制度为例，《2021年刑诉法解释》第355条第2款规定，“对认罪认罚案件，应当根据被告人认罪认罚的阶段早晚以及认罪认罚的主动性、稳定性、彻底性等，在从宽幅度上体现差异”；第357条规定，“对被告人在第一审程序中未认罪认罚，在第二审程序中认罪认罚的案件，应当根据其认罪认罚的具体情况决定是否从宽，并依法作出裁判。确定从宽幅度时应当与第一审程序认罪认罚有所区别”。上述法律规定体现的是同样的法律原理。因此，为了更好地发挥关联机制在激励罪犯履行财产性判项上的效能作用，可以采用“定性+定量”相结合的模式，建构财产性判项履行与假释适用之间的动态关联，“罪犯的原犯罪情况、服刑表现、财产性判项履行情况等因素同时是定性因素和定量因素”[①]，在办理具体案件时，严格区分履行和不履行、全部履行和部分履行、及时履行和迟延

---

① 蒋晓燕、王正阳：《财产性判项与减刑、假释关联机制运行的困境检视与裁判规则》，载《中国监狱学刊》2023年第4期。

履行，全面客观评价罪犯履行财产性判项的情况，合理界定财产性判项与假释适用的关联关系，避免“一刀切”。

（二）财产性判项履行对假释结果的影响程度

从横向看，财产性判项的不同履行情况对假释适用自应产生不同的法律影响，罪犯确有履行能力却选择部分履行甚至拒不履行的，即应对其行为作出否定性评价。对于挥霍犯罪所得或将犯罪所得用作高风险投资、违法犯罪活动，导致国家、他人经济利益遭受巨大损失，因而不能履行财产性判项的罪犯，严格控制适用假释。罪犯拒不交代赃款去向，隐匿、转移财产，有可供履行的财产拒不履行，无特殊原因狱内消费大幅高于正常消费水平，均可认定其不具有悔改表现。职务犯罪、金融犯罪、涉黑犯罪等“三类”罪犯不积极履行财产刑的，一律从严把握；确无履行能力而未履行的，不影响假释的适用。单位犯罪生效裁判中有财产性判项未履行或者未全部履行的，非因归责于罪犯个人的事由，一般不影响对罪犯适用假释。

同案犯的责任分担方式不能机械适用共同侵权责任。如果二人以上共同承担责任，罪犯已经履行个人对应的比例义务，视为该罪犯已经全部履行财产性判项。其中一名或者数名罪犯已经履行全部财产性判项，视为共同犯罪的罪犯均已履行全部财产性判项。生效裁判没有明确罪犯个人承担份额的，应当结合各自在共同犯罪中的地位和作用予以确定。生效裁判区分主从犯的，主犯承担全部责任，从犯对自己所涉及的犯罪承担相应责任。侵财型、贪利型等共同犯罪罪犯，生效裁判未区分主从犯的，可以根据分赃情况确定追缴和退赔责任。无法确定罪犯个人承担份额的，则平均承担。部分罪犯全额履行应当共同承担的财产性判项，视为其他共同犯罪罪犯均已履行财产性判项，但在共同承担的财产性判项全部履行前确有履行能力而拒不履行或者明确反对其他同案犯履行的，假释时从严掌握。部分罪犯已经全部或者部分履行应当共同承担的财产性判项，假释时应当比照未履行财产刑判项的罪犯从宽掌握。

第二节　假释案件办理程序与社区矫正的双向衔接

在假释案件办理程序中，法院与社区矫正机构应当互相配合，综合衡量罪犯假释对所居住社区的影响程度，全面评估罪犯是否符合假释条件，有效落实监管措施，共同做好假释犯的监督管理工作。“无缝对接是形塑监狱矫正与社区矫正互动机制的基础。”① 法院和社区矫正机构的全面有效对接，可以最大限度地降低假释犯的再犯可能性。

一、规范社会调查评估的内容和方式

社区矫正机构对拟假释犯的矫正环境等因素进行调查后出具的评估意见，是判定罪犯再犯罪危险以及能否对罪犯予以假释的重要依据，直接影响甚至在很大程度上决定了社区矫正的成功与否。只有经过规范科学的调查评估，办案人员才能有效进行风险识别并据以作出正确的裁决。“如果调查评估机构不认真履职，或者调查评估依据的标准不科学，那么得出的评估结论就不准确，势必影响社区矫正的决定和执行。”② 规范社会调查评估的方式和内容，是增强假释适用的科学性和准确性的重要路径。针对假释工作涉及面广、办案难度大、各地政策不一的现实状况，应当逐步探索出台全省乃至全国性的社会调查评估指导意见，统一执法司法标准。

首先，规范社会调查的方式和内容。针对不同的案件类型，结合个案具体情况，应当展开有针对性的社会调查。社区矫正机构在接受调查评估的委托后，应当组建专门的调查小组，制订细致而周全的调查方案，明确调查对

---

① 张凯：《论我国监狱矫正与社区矫正互动机制之形塑——以功能主义为分析视角》，载《东岳论丛》2016 年第 8 期。

② 邓中文：《社区矫正理论与实务研究》，中国政法大学出版社 2019 年版，第 211 页。

象、调查时间、调查内容和调查方式等事项。调查内容既包括针对罪犯本人信息的收集调查，也包括对罪犯的矫正环境以及所居住社区情况的调查。针对司法实践中社会调查内容不一甚至关键内容存在欠缺等问题，应当采用统一的调查样本格式，包括但不限于以下内容：社区对于将拟假释犯纳入社区矫正体系的态度和社区矫正的能力；拟假释犯的直系亲属以及主要家庭成员的住址、社会经历、受教育状况、职业等基本情况，以及他们对拟假释犯转入社区矫正的态度和管束帮教能力。调查方式包括查阅调取相关资料、走访有关单位和个人、召开座谈会或者个别约谈、调查问卷等多种形式。期间，为了防止出现权钱交易等非正常现象，在整个调查过程中，应当始终坚持双人办案，严格落实法定的回避制度。

其次，建立健全评估指标体系和规范评估流程。科学合理的评估指标体系和严密规范的评估流程，不仅能够提高评估效率，更是评估质量的有效保证。针对司法实践中评估指标体系不够科学合理、评估流程不够严密规范的突出问题，第一，应当建立健全可以量化的评估指标体系，科学客观地认定罪犯假释对所居住社区的影响。评估标准应当细化为原犯罪刑基本情况、罪犯主体情况、假释后的生活及监管情况等具体指标内容，通过“定性＋定量”的评估方式，参考量化的分值，并形成最终意见，以此增强评估意见的客观性、科学性。第二，要规范评估流程，评估小组应当始终秉持客观公正的基本立场，全面收集并细致分析调查过程中形成的各种材料，采用规范统一的评估量表并逐项附随完整的证明材料，经过严密规范的评估流程，最终形成关于拟假释犯所面临社区矫正环境的评估意见。

二、建立健全调查评估人员出庭说明情况程序

社区矫正机构提交的调查评估意见是法院据以形成对罪犯再犯罪危险的重要判断依据，但“古今中外的实践一再证明，集权容易导致握有权力的人们随心所欲，再加上缺乏应有的监督和制约的话，这种权力的行使出现错误

甚至走向腐败就有其必然性”[①]。如果没有诉讼各方主体的参与和监督，任由社区矫正机构独享此项权力甚至对案件处理结果“一票否决”，难以避免权力寻租。为了避免调查评估工作受到权钱交易或者其他非正当因素的干扰，确保假释的正确适用，办案人员对调查评估意见应当严格依法进行审查，若对调查评估意见存有疑问，可以要求社区矫正机构进行复核，必要时可以要求调查评估人员出庭说明情况，通过庭审组织诉讼各方主体（包括刑罚执行机关、检察机关、罪犯本人、被害人等）对调查评估的内容和结果进行质证。不同的利益和立场可以激发诉讼各方主体充分发表意见，在此情况下，社区矫正机构必然高度关注调查评估能否得到诉讼各方主体的认同。通过当庭质证和法庭辩论，诉讼各方主体可以各抒己见，法官则可以“兼听则明”，作出的假释裁决更具公信力，也更容易为诉讼各方主体所接受。

至于如何规范调查评估人员出庭说明情况的运行程序，可以从以下几个方面着手：一是限制案件范围。并非所有案件的调查评估人员均要出庭说明情况，只有社区矫正机构建议对罪犯不予假释的案件、诉讼各方主体对调查评估意见存有异议并申请调查评估人员出庭说明情况的案件以及法院认为需要调查评估人员出庭说明情况的重大敏感案件，调查评估人员才需要出庭说明情况。二是规范工作流程。确需调查评估人员出庭说明情况的，法院应当在开庭3日前向社区矫正机构送达出庭通知书。社区矫正机构接到通知后应当派员参加，当庭宣读对拟假释犯社区矫正环境的调查评估过程和意见。对居住地系省外的拟假释犯，社区矫正机构可以委托审理假释案件法院所在地的社区矫正机构派员参加。法庭审理主要围绕罪犯的再犯罪危险、所居住社区的矫正环境和对罪犯的监督管理计划等内容进行陈述、申辩、核实与质证，在此基础上，决定是否对罪犯予以假释。三是明晰法律后果。法官应当认真审查认定调查评估意见的证据效力。经法院通知，社区矫正机构未派员参加庭审，或者虽派员参加但是调查评估意见被认为缺乏科学性、合理

---

① 游劝荣：《法治成本分析》，法律出版社2005年版，第131页。

性的，不得作为裁判的依据。此种情况下，法院如果认为有必要，可以另行委托社会专业机构重新开展调查评估。如果法院作出与社区矫正机构出具的调查评估意见相悖的裁决，应当在裁决文书中说明不予采纳的理由和依据。

三、完善假释犯的交付执行程序

罪犯的交付执行是假释的必经环节。交付执行的内容，既包括物的交付即法律文书和相关材料的交付，也包括人的交付即假释犯的报到。根据生效的假释裁定，法院、监所和社区矫正机构需要相互配合、共同协作，遵循严格的程序步骤和时限要求，共同完成假释犯的交接工作。

假释裁定无论是当庭宣告还是择期宣告，法院均应当在法定期限内将假释裁定书送达刑罚执行机关、检察机关、社区矫正机构、原审法院和罪犯本人。法院在向罪犯送达准予假释裁定时，应当一并送达《出监（所）要求告知书》，告知罪犯出监所后应当按时向居住地的乡镇（街道）司法所报到，遵守法律法规，接受社区矫正，并由罪犯本人在告知书上签字确认。监狱、看守所应当在罪犯出监所前告知其到社区报到的事宜，同时责令其作出书面保证，并在法定期限内将假释裁定书、刑事判决书、出监（所）鉴定表以及接受社区矫正保证书等相关材料寄送罪犯居住地的县（市、区）司法局，并将假释裁定书抄送罪犯居住地的县级人民检察院。县（市、区）司法局收到监所的相关材料并确认罪犯报到之后，应当将回执寄回监所。假释犯在法定期限内未到居住地的乡镇（街道）司法所报到的，社区矫正机构应当及时通告作出假释裁定的法院。在条件允许的情况下，可以推动建立假释数字化协同办理机制，打通法院的假释“智审”系统、检察机关的刑罚执行一体化监督系统、监狱的综合执法办案平台以及司法局的“智慧矫正”综合管理平台等系统，实现假释案件办理的“智能提请”“智能监督”“智能审案”和假释犯的“智慧矫正”。

四、强化假释犯的监督管理

检察机关应当加强对假释案件提请、审理、裁定、执行活动的全过程监督，实现监狱刑罚执行和社区矫正法律监督工作的无缝衔接。检察机关对假释执行活动的监督，应当强化对社区矫正活动的监督，除督促和支持社区矫正机构落实好对假释罪犯的日常监督管理措施，矫正其犯罪心理和行为恶习之外，还应当对社区矫正对象接受矫正和回归社会进行必要的法律帮扶。假释罪犯在社区矫正期间开展创业经营活动的，检察机关可以立足检察职能，精准把脉施策，创造有利条件，引导、监督其守法经营，积极回报社会，实现假释案件办理“三个效果”的统一。

一是以数字化手段提升监管质效。全面、准确地掌握社区矫正对象信息动态是社区矫正工作有效开展的前提，也是防范脱漏管的第一道“关口”。研发监督模型，开发、设计社区矫正大数据分析软件，通过数据分析比对，快速核查发现纠正社区矫正对象脱管、漏管。建构跨区域协作机制，打破地域壁垒，实现异地交付执行、外出管理和收监执行监督跨区域一体化协作，共同推进解决边界社区矫正对象跨省外出监管难问题。根据当地生产、生活习惯以及本人工作规律等，适当调整扩大社区矫正对象的活动范围，对于过失犯罪、生产经营工作事项确需本人外出的、普通管理类别且月度考核合格等社区矫正对象可以快速审批。对于外出期间违反监督管理规定的，根据有利于查清事实的原则，可以开展调查核实协作。

二是落实社区矫正成员单位职责。充分发挥行政主管部门、行业协会等优势，全面落实社区矫正对象的差别化管理、社会化矫正，支持引导各方积极参与社区矫正，创新思路方法，协同互动共治共管共参与，着力消除假释犯因法律意识淡薄、心理障碍以及就业等问题而带来的脱漏管隐患，逐步形成社区矫正机构监管为主、检察机关有力监督、社会力量积极参与的立体化监管帮扶网络，助力假释犯顺利融入社会，降低脱、漏、管和再犯罪风险。对于无业的假释犯，及时组织开展技能培训，帮助解决就业问题；对于生活困难的假释犯，及时对接办理社会保障等。

第三节　假释撤回和假释撤销的制度设计

假释撤回和假释撤销的制度设置，补足和完善了假释案件办理程序，对于确保假释适用的权威公正、提高司法效率、节约司法资源具有极为重要的意义，亦能对促进罪犯改造、维护监管秩序发挥积极的作用。但是，无论是假释的撤回还是假释的撤销，罪犯均需承担现实不利后果，对罪犯的利益影响巨大。因此，重置假释撤回和假释撤销的实体条件，将程序运行纳入制度化、规范化的轨道，尤为重要。

一、实体条件的重置

根据现行法律规定，假释撤销的条件包括罪犯又犯新罪、被发现漏罪以及有严重不良行为。鉴于假释撤回和假释撤销的法律效果基本相当，因此撤回假释建议的条件可以参照假释撤销的条件。“各国对假释的撤销设置了不同的条件。通常撤销假释基于两种情形：一是犯有新罪，二是技术违规。”①“大多数撤销假释的原因是假释人员因犯罪的指控被逮捕或假释工作人员无法对其妥善安置。”② 但是“将假释考验期内的一切罪均作为撤销假释的理由，打击面过宽”③。只要发现假释犯尚有漏罪即撤销假释同样不合理，“有些学者认为，罪犯在审判及服刑期间隐瞒自己的前罪，表明其没有真正悔改

---

① 刘强编著：《美国社区矫正的理论与实务》，中国人民公安大学出版社 2003 年版，第 107 页。

② 刘强编著：《美国社区矫正的理论与实务》，中国人民公安大学出版社 2003 年版，第 107 页。

③ 林玉红：《假释撤销制度探微》，载《中国律师》2012 年第 2 期。

及接受教育改造，进而推出罪犯人身危险性没有消除，应取消假释”①。姑且不论这种观点能否成立，趋利避害的本能是否等同于罪犯的再犯罪危险，仅就漏罪的原因而论，漏罪的发生并非仅有罪犯隐瞒自己的前罪，司法实践中罪犯本人如实供述前罪，司法机关怠于审查等原因导致发生漏罪的情况不在少数，此种情况下，将漏罪归因于罪犯进而撤销假释的做法，显然有失公平。

无论是假释撤回还是假释撤销，其实质要件均应当是新发生或者新发现的事实足以影响假释的适用，该事实导致罪犯不再符合假释的条件。如果罪犯只有一般性的违规行为，不足以影响假释的，不必撤回或者撤销假释。其基本类型可以分为发生型假释撤回撤销与发现型假释撤回撤销。发生型假释撤回撤销是指罪犯在被假释期间再犯新罪或者严重违反监督管理规定（如违反职业禁止规定），均能触发假释撤回撤销程序的启动。发现型假释撤回撤销主要是指罪犯在被假释期间因有漏罪而触发假释撤回撤销程序的启动。在具体制度设计上，首先需要区分故意犯罪和过失犯罪，主要包括：（1）罪犯故意犯新罪；（2）罪犯故意隐瞒漏罪；（3）罪犯违反法律法规或者监督管理规定，情节严重，但尚未构成犯罪。假释裁定作出后，如果发现原判确有错误需要改判，或者相关人员违法出具假释材料经法院审理确认的情形，虽需撤销假释，但是此种情形应当通过审判监督程序进行纠错，而非通过假释撤销程序予以处理。

二、运行程序的设计

现行法律规范关于“撤回”的制度设计，除了刑罚执行机关的假释撤回，还有检察机关的撤回起诉。《2021 年刑诉法解释》第 296 条规定：“在开庭后、宣告判决前，人民检察院要求撤回起诉的，人民法院应当审查撤回起诉的理由，作出是否准许的裁定。”《人民检察院刑事诉讼规则》第 424

---

① 林玉红：《假释撤销制度探微》，载《中国律师》2012 年第 2 期。

条第 1 款规定："人民法院宣告判决前，人民检察院发现具有下列情形之一的，经检察长批准，可以撤回起诉：（一）不存在犯罪事实的；（二）犯罪事实并非被告人所为的；（三）情节显著轻微、危害不大，不认为是犯罪的；（四）证据不足或证据发生变化，不符合起诉条件的；（五）被告人因未达到法定刑事责任年龄，不负刑事责任的；（六）法律、司法解释发生变化导致不应当追究被告人刑事责任的；（七）其他不应当追究被告人刑事责任的。"

假释建议的撤回与普通刑事案件的撤回起诉有着重大区别。普通刑事案件的撤回起诉，从程序运行结果来看，一般是对被告人有利，意味着被检察机关作不起诉处理，不再追究刑事责任。假释建议的撤回却对罪犯产生实质性重大不良影响，意味着罪犯丧失了一次被假释的机会；假释的撤销更是直接意味着罪犯的人身自由被剥夺，将被收监执行尚未执行完毕的刑罚。然而，相对于假释撤回和假释撤销对罪犯权益的重大影响，我国相关制度规范显得粗疏而又单薄，假释建议的撤回权和假释的撤销权均存在滥用风险。法院在准许刑罚执行机关撤回假释建议前，甚至不需要告知罪犯，不需要听取罪犯的申辩意见，这显然不符合现代法治意义上的司法救济要求。

基于正当程序的基本要求，在将提请机关的意见转变成法院裁决结果的过程中，不能任由提请机关"一言堂"，而是应当增加听取罪犯申辩意见这一必经程序，赋予并保障罪犯可以行使陈述申辩权、获得法律帮助权、提出证据权、申请回避权等诉讼权利，使其有机会充分地阐明自己的观点和理由，增强法院裁决的公正性和可接受性。

假释撤回和假释撤销的提请主体不同，假释撤回的提请主体是刑罚执行机关，假释撤销的提请主体是社区矫正机构，但是二者在运行程序上具有一致性，因而具有共同适用的程序规则，在对二者的运行程序进行制度设计时，均可从不同诉讼主体的角度出发提出程序规制路径。

首先，改进提请机关的权力运行方式。一是限定提请的方式和阶段。提请机关的建议书应当以书面形式正式提出，无论是刑罚执行机关制作的《提请撤回假释建议书》还是社区矫正机构制作的《提请撤销假释建议书》，均应详细说明提请的具体理由，并附罪犯确有不符合假释条件的事实证明材料以及其他相关证据。一般情况下，刑罚执行机关撤回假释建议的阶段应当尽量提前，至迟在法院作出假释裁定前提出，由法院审核是否准许撤回假释建议。对于被撤回假释建议的罪犯，如果没有新的事实或者新的证据，刑罚执行机关不得再行提请假释。二是限定提请的理由依据。提请机关是否需要提请撤回假释建议或者撤销假释，关键在于罪犯是否符合假释的条件，罪犯的行为是否属于情节严重并足以影响假释适用。罪犯即便实施了违反法律法规或者监督管理规定的行为，如果情节并不严重，不足以导致罪犯不符合假释的条件，则无须提请撤回假释建议或者撤销假释。

其次，强化检察机关的监督职能作用。作为法律监督机关，检察机关对假释案件的办理过程和裁决结果进行全方位的法律监督。开庭审理前，应当对提请材料所涉相关事实的真实性进行核查，特别是要注意听取罪犯本人的意见，记录在案并附卷，针对提请材料提及的相关事实是否达到法定的标准向法庭发表意见。对于法院作出的裁决结果，有权提出书面纠正意见或者提出抗诉。

最后，强化对审判权的程序制约。一是保障罪犯的申辩权。法庭应当在开庭审理前将提请建议书送达罪犯。同时，鉴于律师有效辩护对于假释案件实质化办理具有重要作用，要充分保障罪犯的获得法律帮助权，罪犯既可以自行辩护，也可以委托律师参与诉讼。罪犯没有委托律师的，经申请，法院应当通知值班律师向其提供法律帮助，以保障罪犯的正当诉讼权利。法院对于提请机关的意见和罪犯本人的意见应当予以平等对待，保证罪犯本人、提请机关（刑罚执行机关或者社区矫正机构）和检察机关等诉讼各方主体享有陈述事实、展示证据、发表意见的平等机会。二是明确法院对提请意见进行审查的时限和标准。法庭审理的重点是提请理由是否充分，罪犯是否存在违纪违法等具体事实，以及该事实是否导致罪犯不符合假释条件。法院经审查，应当在法定期限内作出是否准许的裁定。如果提请意见所反映的情况不属实，或者罪犯虽有违反监规纪律等行为，但是不属于情节严重，不足以影响假释的，可以决定不予准许。罪犯不符合假释条件的，裁定准许撤回假释建议或者撤销假释裁定。对于是否采纳的意见以及具体事实和理由，均在裁判文书中予以明确阐述。裁定作出后，应当及时送达提请机关、检察机关和罪犯本人。

至于罪犯的权利救济途径，“域外无论是大陆法系还是英美法系，大多数国家和地区均赋予罪犯上诉权或申请复查权作为权利救济”①。由于此类案件的处理结果涉及罪犯的重大利益，罪犯的诉讼地位相当于有独立请求权的第三人，因此法院裁定准予撤回假释建议或者撤销假释后，罪犯有权提出上诉或者申请复查。法院作出裁判的同时，亦应告知罪犯上述权利并记录在案。

第四节　容错免责为主基调下的监督纠错机制

如果没有建立对办案人员的容错免责机制，只要罪犯假释后再次实施违法犯罪行为甚至仅仅违反假释监督管理规定，就实行案件倒查、责任倒追，那么出于风险责任的顾虑，无论是假释的提请、假释的监督还是假释的裁决，都必将面临重重阻碍。当然，不可否认的是，确实存在部分办案人员违规违法假释，甚至有法官因收受贿赂、徇私舞弊、枉法裁判等严重违纪违法行为而受到法律的制裁，但“如果法官的一般性过失或者法官因为法律事实与客观真实存在的隔阂等问题都需要追责，可能导致责任太宽太泛”②。这一点同样适用于其他办案人员。因此，对于过错责任应当进行严格区分，建

---

① 茅仲华等：《减刑、假释案件审理程序规范化研究》，中国法制出版社2017年版，第114页。

② 蔡富强、田坤：《论错案责任追究模式的拓维性建构》，载《湘潭大学学报（哲学社会科学版）》2020年第3期。

构办案人员失范行为的责任承担框架，确立容错免责为主基调下的监督纠错机制，只要办案人员依法履职，不存在以权谋私、徇私舞弊、滥用职权或者严重不负责任等行为，不能仅因假释犯的违法犯罪等行为即追究办案人员的责任。

一、建构假释案件办理效果评估机制

“一个法律制度是否发挥功能，不仅在于制度本身所蕴含的价值，而且在于它的实现程度，亦即实施效果。”① 责任追究的前提是对假释案件办理效果进行全面客观的考察评价。假释案件办理效果既包括个案办理效果，即对假释个案办理情况进行考察评价所呈现的效果，也包括整体办理效果，即对一定区域、一个时期的假释案件办理情况进行综合考察评价所呈现的效果。假释案件办理效果评估是对假释案件办理效果的状态和程度进行评价与测量，这种评估结论具有鲜明的科学性特征，因而区别于传统的经验式评价。“刑事司法体系的链接互动不应局限于办案机关以及主要诉讼参与人，还应当关注办案机关在履行法定职责、追究并惩罚刑事犯罪、保障人权、维护社会稳定方面的社会影响，特别是普通民众的认知和信任程度。”②

对假释案件办理效果，应当通过多维视角进行评定：一是法律效果，立足于法律视角，考察假释案件办理效果是否符合制度目的；二是社会效果，立足于法律之外，考察假释案件办理能否促进社会和谐稳定、维护社会公平正义，关键是社会舆论对假释案件办理的基本评价；三是经济效果，从成本与收益的角度出发，考察假释案件办理是否符合经济性要求。法律效果是根本但不是唯一的评价依据，作为一个具有较强功利性的法律制度，假释的社会效果和经济效果亦不容忽视。

---

① 冯全：《中国缓刑制度研究》，中国政法大学出版社2009年版，第127页。

② 周新：《我国刑事诉讼程序类型体系化探究——以认罪认罚从宽制度的改革为切入点》，载《法商研究》2018年第1期。

（一）假释撤销率和重新犯罪率的整体变化情况

假释撤销率是指一个时期被撤销假释的人数与同期处于假释考验期的罪犯人数比值，是评价假释质量的重要数据。假释撤销率越高，说明假释条件把握过宽，对罪犯的人身危险性把握不够准确。重新犯罪率是指一定时期内重新犯罪的假释犯（包括假释期限已满和假释期限未满）的人数与一个时期内被裁定假释的人数比值，是评价假释质量和效果的重要数据。重新犯罪率越高，说明假释的效果越差。统计数据显示，我国假释犯的重新犯罪率极低，制度优势明显。例如，S 省 2014 年至 2016 年办理的约 1200 名假释犯中，考验期内重新犯罪的只有 4 名，重新犯罪率仅为 0.33%①。

（二）假释个案办理的法律效果

假释案件办理效果的评价维度虽有多元特性，但法律效果始终是根本评价依据。对假释案件办理效果的评定，需要立足于法律视角，考察案件办理的实体结果是否契合公正价值，是否符合人道主义价值取向。一是公正价值。假释适用的不均衡，同案不同罚、不同时期不同罚、不同地区不同罚的现象有违公正，影响人们对假释制度法律属性稳定性、统一性、普遍性的认知和评价。应当通过规范的程序运作保障实体结果的公正。二是人道价值。假释的适用应当充分体现刑罚人道性要求，彰显司法的人文关怀，不仅关注假释犯的人身自由，更关注假释犯的心理健康；不仅关心假释犯的现实表现，更关心假释犯的未来出路。三是程序价值。程序运行是否规范统一，司法的随意性是否得到有效控制，是评价假释个案办理法律效果的重要因素。

---

① 熊焱主编：《减刑、假释制度改革实证研究》，法律出版社 2020 年版，第 205 页。

（三）假释个案办理的社会效果

考察假释案件的办理效果，还应当立足于法律之外，考察案件办理能否促进社会和谐稳定、维护社会公平正义，关键是社会舆论对假释案件办理的基本评价。假释案件办理效果的社会认同度是指从社会公众的角度出发，假释的适用是否公正，不公正的主要表现是什么；考察监管是否严格，有无脱漏管现象，主要原因是什么；对假释犯的矫正有无实效；假释犯在社区矫正是否影响群众的安全感，不安全的理由是什么；对假释案件办理效果的总体评价如何。诉讼参与主体包括罪犯本人、刑罚执行机关代表、检察人员、社区代表等，由于直接参与假释案件办理程序，因此对假释个案办理效果最有发言权。假释是将罪犯置于社区进行矫正，社区居民直接参与并见证假释犯的矫正过程，对假释效果的感受最为直接，因此要通过社区居民来测量确定假释案件办理效果。此外，评价假释案件办理效果还要充分考虑对被害人及其家属的情绪测评。为了避免被害人及其家属的情绪过于主观化而影响测评的客观性，应当对影响被害人及其家属情绪的信息（包括赔偿谅解情况、假释适用是否征求被害人意见等）进行统计，综合检验假释对被害人及其家属的情绪安抚程度和缓解社会矛盾的实际效果。

（四）假释个案办理的经济效果

假释比监禁刑更为经济，假释适用的目的在于促进行刑资源整体合理配置，使行刑资源集中于重犯、累犯等严重危害社会的罪犯的监管改造，提高总体行刑效果。从成本与收益的角度考察，案件办理是否符合经济性要求，是假释案件办理效果的重要评价指标。“通过诉讼渠道解决法律纠纷意味着司法资源的投入，如何以较少的投入取得最大的收益，是立法、司法机关和诉讼参与人乃至一般民众都关心的问题。”[①] 对诉讼效率的日益关注以及对

① 张建伟：《刑事司法：多元价值与制度配置》，人民法院出版社2003年版，第8页。

实质化办理的终极追求，催生了普通程序之外的简易程序、司法确认程序等速决程序。如果可以投入较少司法资源即能实现司法公正，自当优先适用该种程序。当然，“司法程序的建构应当有利于发现案件的实质真实，并为实体法律正确应用于具体案件创造条件”①，因此只有在实体公正得到有效保障的条件下才能进行此类选择，而且在程序运作过程中必须充分保障罪犯的程序选择权。

二、从“结果导向”到“程序控制”的监督纠错进路

在自由心证制度下，办案人员可以自由地判断证据的价值并按照其良心和理性对案件作出裁决。鉴于“多数案件能够通过正当程序达到实质事实发现的目的，从而实现正当程序与实质事实发现的统一”②，在突出质效考核导向，完善办案流程监控机制，加强办案风险防控，建立健全错案反向审视以及典型错案分析、评估、通报机制的同时，还应当着力建构严密细致、层次分明的责任追究体系以及答辩、举证质证、申诉等必要的程序救济体系。

（一）错案的认定标准

错案追究与责任倒查之所以产生争议与实践偏差，关键原因在于“错案”这一概念本身界定不清。因此，更需关注的是，如何界定错案。“错案的认定应当将视角从实体结果错误转换到裁判过程中法官不当行为上，形成有行为才有责任的基本理念。”③

司法错误的证明标准是至关重要的问题。“如何正确择取法官的主观状态、事实认定错误、裁判结果错误等要素作为错案责任的构成，对建构一个

---

① 张建伟：《刑事司法：多元价值与制度配置》，人民法院出版社2003年版，第6页。

② 张建伟：《刑事司法：多元价值与制度配置》，人民法院出版社2003年版，第23页。

③ 蔡富强、田坤：《论错案责任追究模式的拓维性建构》，载《湘潭大学学报（哲学社会科学版）》2020年第3期。

新的错案标准具有重要意义。”[①] 就假释的适用而言，关键之处在于明确司法责任界定标准，准确把握违法办案和办案质量瑕疵的界限。对于错案的认定应当坚持主客观相一致原则，不能仅依据客观结果进行归责，而是应当在错案认定标准中引入主观因素的考量，办案人员承担错案责任只能是基于自身行为，而不应该根据罪犯的行为表现来决定办案人员是否应当承担责任以及承担何种责任，如此方能实现从“实体问责”转向“程序之治”。

在案证据引发案件事实的不确定或者导致办案人员对法律理解不同作出的裁决均不属于错案的范围。“真正应当追究的只是程序上可见、可控的错误行为或事实。”[②] 如果办案人员本着客观理性的态度，严格依照法定正当程序办理案件，全面审查、综合判断各种因素，正确行使裁量权，依法公正作出裁决，不存在故意或者重大过失，不存在以权谋私、徇私舞弊，没有办人情案、关系案、金钱案，没有出现违法或者严重规避程序事由等行为，即便事后罪犯因办案人员无法预知的情况而再犯罪，也不应认定为错案，更不应当追究办案人员的责任。“我们连一个正常人，一个从未服刑的人，都无法保证其不再犯罪，又怎能保证一个服刑人员在出狱后不再犯罪。”[③] 否则，只要罪犯被假释后出现再犯罪的情形，就反向推定罪犯被假释时不符合假释条件进而倒查追究办案人员的责任，假释制度将永远不能发挥其应有功能。[④] 同时，完善追责机制，领导干部和司法机关工作人员干预执法司法活动、插手具体案件办理的，严格执行记录、通报和责任追究制度，对办理假释案件中以权谋私、徇私舞弊，办理人情案、关系案、金钱案等违纪违法行为，一

---

① 蔡富强、田坤：《论错案责任追究模式的拓维性建构》，载《湘潭大学学报（哲学社会科学版）》2020 年第 3 期。

② 周赟：《错案责任追究机制之反思——兼议我国司法责任制度的完善进路》，载《法商研究》2017 年第 3 期。

③ 董邦俊、赵聪：《假释的实质条件及其评估保障机制研究》，载《政法论丛》2019 年第 5 期。

④ 参见宫鸣、黄永维主编：《最高人民法院关于减刑、假释司法解释理解与适用》，人民法院出版社 2014 年版，第 180 页。

律严肃查处，依法追责，绝不姑息迁就。

（二）依法纠错、分类处置的基本原则

错案责任追究应当坚持主客观相一致原则，严格限制责任范围。办案人员故意违法办案或者因重大过失而导致案件办理出现错误并造成严重后果的，应当承担错案责任。有无责任、责任大小应当与办案人员主观上有无过错、过错的类型（故意、重大过失还是一般过失）、主观过错与错案结果的关联程度等相对应，不能简单根据案件办理结果认定错案责任。错案责任的认定应当充分考虑历史背景、法治环境、刑事政策、权力配置和运行机制、刑事科学技术发展水平等时代因素，结合案件办理时的法定程序和证据要求，准确认定办案人员责任。

对各个时期相关法律法规、司法解释和政策规定等进行梳理，确保纠错工作于法有据、程序合规。对于假释案件办理过程中可能出现的违规违法甚至犯罪的风险，注重程序把关而非“秋后算账”。即使倒查亦应明确责任，重点审查办案人员是否存在弄虚作假或者徇私舞弊、收受贿赂等情况。实事求是、客观看待以往办案中存在的各种问题，结合案件当时的时代背景、环境条件，依法区分不规范案件和违规违法案件，根据不同性质及具体情况予以分类处置。对排查发现的问题线索，逐条逐项分析研判，深挖彻查问题背后可能隐藏的权力寻租、司法腐败等问题。对明显违规违法、裁判处理确有错误的案件，依法予以纠正，这包括：办案人员存在权钱交易、徇私舞弊、滥用职权、严重渎职等行为，导致案件处理违规违法的；存在捏造事实或者出具虚假的重大立功、生活不能自理鉴别结论、财产性判项履行能力和履行情况等证明材料的；在事实认定或者法律适用方面确有错误，具备纠正条件且有纠正必要的，或者程序严重违法，影响案件公正处理的。

（三）容错免责的机制建构

错案标准的建构完善可以保障办案人员仅对其故意或者重大过失造成的

错案承担责任，克服片面客观追责的问题，容错免责的机制建构则从另一个层面明晰办案人员依法履职的风险防范和不应由办案人员承担的责任，二者共同保障公权力的正当行使。

容错免责机制的构建前提是明晰司法办案权责配置，完善职权清单，合理确定办案权责。司法工作的复杂性要求赋予办案人员一定的豁免权，非故意或者重大过失导致错案，即可免于承担法律责任。“大多数国家采用了与我国相同的方式——赋予法官一定的豁免权。例如美国认为除了法官具有严重的恶意行为外，其余行为都可以被豁免；德国作为典型的大陆法系国家始终坚持法官出于正当职务行为所造成的错误应该受到豁免。”①

容错免责的具体情形可以结合办案人员自身因素和社会外部因素进行。就办案人员自身因素而言，可能由于认识能力的局限性而导致案件事实认知不够准确，或因专业知识欠缺而导致对法律的理解适用存在一定的瑕疵。就社会外在因素而言，可能因法律法规的变化或者新技术手段的出现而给案件带来不一样的处理结果。上述情况均属于容错豁免的情形。办案人员如果已经尽其所能地准确认定案件事实并依法作出处理，即便处理结果与客观真实不一致，理应得到包容。

在程序运行上，应当建立健全办案人员答辩、举证质证、申诉等必要的程序救济体系。针对办案人员是否存在故意违法办案或者因重大过失而导致案件处理错误并造成严重后果，办案人员是否应当承担责任以及承担何种责任等事项，办案人员有权进行举证、质证，也有权进行答辩。办案人员对处理决定不服的，有权提出申诉。

---

① 陈敏、张晓玲：《刑事错案语境下我国法官责任追究制度探究》，载《法律适用》2020年第15期。

结 论

法律的生命在于实施，裁判的价值在于执行。执行好刑罚，把好假释关，清除公平正义“最后一公里”上的障碍，才能真正让人民群众在每一起司法案件中感受到公平正义。假释制度自产生以来一直备受关注，过于形式化的假释案件办理程序更是饱受争议。作为一项刑罚执行变更制度，假释在坚持打击罪犯的前提下，追求社会秩序的稳定与和谐，其正当性自是不言而喻。建构和完善实质化办理假释案件的程序保障，既是保障人权和维护程序正当性的需要，也是有效发挥其价值功能的保障。但是，从程序运行现状来看，假释一直被作为维持良好监狱秩序的“奖励”而存在，呈现出强烈的功利性特征。相关立法和司法运行均暴露出明显的不足，假释适用呈现出标准条件不一、地区发展失衡、减刑过频过快而假释适用明显偏低等现象。

假释案件办理程序的实质化是有效发挥假释价值功能的保障。因此，在坚持打击惩罚犯罪和教育改造罪犯相结合的刑罚目的背景下，准确把握我国假释案件办理程序的运行现状，深刻反思程序运行存在的问题，合理借鉴国外有益经验，切实规范我国假释案件办理程序，促进假释制度多项价值功能的平衡发挥，乃应然选择。在具体措施方面，可以在阶层化重构假释条件的基础上，着力打造“假释为主、减刑为辅”的格局；全力构建假释提请权由刑罚执行机关和罪犯共同享有、检察机关依法进行法律监督、法院公开规范行使裁决权、罪犯作为诉讼主体全面享有诉讼权利、被害人作为无独立请求权的第三人参与审理程序的立体化权能体系；积极推进假释案件办理程序的多元分流与衔接，建构符合假释案件特点的证据规则体系，打造实质化的假释案件办理模式；依托财产判项联动的新构造、假释案件办理效果评估体系和错案责任追究等配套制度的构建，实现配套程序与审理程序的有效衔接。

当然，由于审理活动具有现实性、复杂性、多变性等特点，我们无法设计出一劳永逸的运行机制，只能不断地探索和总结成熟经验。在此过程中，我们应当根据司法现实，逐步建立和完善与客观现实相适应的程序保障机制，助推我国的法治现代化进程。假释制度的未来发展走向，随着社会的不断进步、观念的不断更新、法律体系的不断完善和刑罚执行的环境优化，在时机成熟时，应当通过更加科学完备的刑罚执行法律体系实现立法与司法并重，构建更加开放文明的假释制度，全面提升假释工作水平，切实提高刑罚执行效果，以满足人民群众日益增长的对公平正义的需求，切实推进假释工作规范有序、健康发展，确保阳光透明、公正高效。

参考文献

一、中文著作

［1］陈光中、［加拿大］丹尼尔·普瑞方廷主编：《联合国刑事司法准则与中国刑事法制》，法律出版社 1998 年版。

［2］赵秉志主编：《中国内地与澳门刑法之比较研究》，中国方正出版社 2000 年版。

［3］郑成良：《法律之内的正义：一个关于司法公正的法律实证主义解读》，法律出版社 2002 年版。

［4］游劝荣：《法治成本分析》，法律出版社 2005 年版。

［5］屈学武主编：《刑法改革的进路》，中国政法大学出版社 2012 年版。

［6］周光权主编：《刑法历次修正案权威解读》，中国人民大学出版社 2011 年版。

［7］陈兴良：《刑法适用总论》，中国人民大学出版社 2006 年版。

［8］邱兴隆等：《刑罚学》，中国政法大学出版社 1999 年版。

［9］茅仲华：《刑罚代价论》，法律出版社 2013 年版。

［10］陈瑞华：《刑事审判原理论》，北京大学出版社 1997 年版。

［11］季卫东：《法律程序的意义》（增订版），中国法制出版社 2012 年版。

［12］陈瑞华：《刑事证据法学》（第 2 版），北京大学出版社 2014 年版。

［13］何家弘：《司法证明方法与推定规则》，法律出版社 2018 年版。

［14］叶青：《刑事审前程序诉讼化问题研究》，法律出版社 2017 年版。

［15］《隋书·刑法志》，中华书局 1973 年版。

［16］（清）沈家本撰：《历代刑法考》，中华书局 1985 年版。

[17] 冯全：《中国缓刑制度研究》，中国政法大学出版社 2009 年版。
[18] 狄小华、李志刚编著：《刑事司法前沿问题：恢复性司法研究》，群众出版社 2005 年版。
[19] 陈伟：《人身危险性研究》，法律出版社 2010 年版。
[20] 梁云宝：《我国犯罪论体系的阶层化改造》，法律出版社 2020 年版。
[21] 刘品新主编：《刑事错案的原因与对策》，中国法制出版社 2009 年版。
[22] 高憬宏主编：《减刑、假释的法律适用与司法实践》，人民法院出版社 2005 年版。
[23] 柳忠卫：《假释制度比较研究》，山东大学出版社 2005 年版。
[24] 徐静村主编：《减刑、假释制度改革研究》，中国检察出版社 2011 年版。
[25] 孙琳：《减刑假释程序研究》，中国人民公安大学出版社 2011 年版。
[26] 黄永维：《中国减刑、假释制度的改革与发展》，法律出版社 2012 年版。
[27] 茅仲华等：《减刑、假释案件审理程序规范化研究》，中国法制出版社 2017 年版。
[28] 缪伟君等：《减刑、假释制度改革研究》，中国检察出版社 2017 年版。
[29] 熊焱主编：《减刑、假释制度改革实证研究》，法律出版社 2020 年版。
[30] 鲍圣庆编著：《减刑、假释的理论与实践》，吉林人民出版社 1992 年版。
[31] 董文辉：《中国减刑、假释制度改革研究》，法律出版社 2016 年版。
[32] 翟中东：《减刑、假释制度适用》，中国人民公安大学出版社 2012 年版。
[33] 宫鸣、黄永维主编：《最高人民法院关于减刑、假释司法解释理解与适用》，人民法院出版社 2014 年版。
[34] 最高人民法院修改后民事诉讼法贯彻实施工作领导小组编著：《最高人民法院民事诉讼法司法解释理解与适用》（上），人民法院出版社

2015 年版。

[35] 程龙：《行政证据在刑事诉讼中使用问题研究》，法律出版社 2018 年版。

[36] 张建伟：《刑事司法：多元价值与制度配置》，人民法院出版社 2003 年版。

[37] 张建伟：《刑事司法体制原理》，中国人民公安大学出版社 2002 年版。

[38] 涂龙科、吴波：《刑法制度比较研究》，法律出版社 2013 年版。

[39] 汤道刚：《社区矫正制度分析》，中国社会出版社 2010 年版。

[40] 邓中文、肖乾利主编：《社区矫正理论与实务研究》（第 2 卷），中国政法大学出版社 2019 年版。

[41] 刘强编著：《美国社区矫正的理论与实务》，中国人民公安大学出版社 2003 年版。

[42] 卞建林、韩旭主编：《刑事庭审实质化和有效性问题：第九届中韩刑事司法学术研讨会论文集》，法律出版社 2018 年版。

[43] 陈光中主编：《〈中华人民共和国刑事诉讼〉修改条文释义与点评》，人民法院出版社 2012 年版。

[44] 李少平主编：《最高人民法院关于适用〈中华人民共和国刑事诉讼法〉的解释理解与适用》，人民法院出版社 2021 年版。

二、中文译著

[1] [美] E. 博登海默：《法理学：法律哲学与法律方法》，邓正来译，中国政法大学出版社 1999 年版。

[2] [日] 大谷实：《刑事政策学》，黎宏译，中国人民大学出版社 2009 年版。

[3] [日] 西原春夫：《刑法的根基与哲学》，顾肖荣等译，中国法制出版社 2017 年版。

[4] [意] 切萨雷·龙勃罗梭：《犯罪人论》，黄风译，中国法制出版社

2000 年版。
[5]［美］约翰·罗尔斯：《正义论》，何怀宏、何包钢、廖申白译，中国社会科学出版社 2001 年版。
[6]［德］柯武刚、［德］史漫飞：《制度经济学：社会秩序与公共政策》，韩朝华译，商务印书馆 2000 年版。
[7]［美］安东尼·刘易斯：《言论的边界：美国宪法第一修正案简史》，徐爽译，法律出版社 2010 年版。
[8]［德］卡尔·拉伦茨：《法学方法论》，陈爱娥译，商务印书馆 2003 年版。
[9]［法］卡斯东·斯特法尼等：《法国刑事诉讼法经义》，罗结珍译，中国政法大学出版社 1999 年版。
[10]《西班牙刑法典》，潘灯译，中国政法大学出版社 2004 年版。
[11]［韩］金日秀、［韩］徐辅鹤：《韩国刑法总论》，郑军男译，武汉大学出版社 2008 年版。
[12] 俄罗斯联邦总检察院编：《俄罗斯联邦刑法典释义》（上册），黄道秀译，中国政法大学出版社 2000 年版。
[13] 美国法学会编：《美国模范刑法典及其评注》，刘仁文等译，法律出版社 2005 年版。

三、学术论文

[1] 张洁：《唐至明清时期移乡避仇制度的演变》，载《理论界》2011 年第 7 期。
[2] 张亚平：《法国减刑、假释程序司法化之演进及其启示》，载《法商研究》2014 年第 5 期。
[3] 吴志梅、罗开卷：《假释法律性质论》，载《上海政法学院学报（法治论丛）》2011 年第 5 期。
[4] 左卫民：《改革开放与中国刑事诉讼制度的立法变革》，载《西南民族

大学学报（人文社会科学版）》2019 年第 4 期。
[5] 王平：《减刑、假释适用比例失衡的成因与立法应对》，载《北京联合大学学报（人文社会科学版）》2020 年第 4 期。
[6] 陈永生：《论减刑、假释裁决权之归属》，载《中国刑事法杂志》2007 年第 4 期。
[7] 董邦俊、赵聪：《假释的实质条件及其评估保障机制研究》，载《政法论丛》2019 年第 5 期。
[8] 陈雷：《对浙江省 H 市三类罪犯减刑、假释问题的调查报告》，载《中国刑事法杂志》2014 年第 6 期。
[9] 刘天响：《减刑、假释开庭审理形式化之检讨》，载《中国刑事法杂志》2011 年第 11 期。
[10] 张传伟：《论减刑假释暂予监外执行备案审查程序的构建》，载《政法论丛》2014 年第 6 期。
[11] 程绍燕：《我国减刑、假释听证制度研究》，载《政法论坛》2016 年第 4 期。
[12] 刘崇亮：《罪犯风险等级评估量表的构建》，载《刑法论丛》2020 年第 3 期。
[13] 吴之欧、方翌：《基于数据挖掘技术的社区矫正人员再犯风险评估》，载《贵州社会科学》2016 年第 7 期。
[14] 李川：《修复、矫治与分控：社区矫正机能三重性辩证及其展开》，载《中国法学》2015 年第 5 期。
[15] 陈瑞华：《司法过程中的对抗与合作——一种新的刑事诉讼模式理论》，载《法学研究》2007 第 3 期。
[16] 严本道、张俊：《合作司法：司法公信力的社会治理谱系——基于福柯权力谱系学的展开》，载《山东警察学院学报》2014 年第 4 期。
[17] 纵博：《刑事证据规则的漏洞填补研究》，载《国家检察官学院学报》2021 年第 3 期。

[18] 劳佳琦：《财产性判项与减刑假释的联动机制》，载《中外法学》2018 年第 3 期。
[19] 陈治军、陈梦琪：《关于依法逐步提高假释比例的理性思考》，载《中国司法》2018 年第 9 期。
[20] 刘政：《刑罚公平正义视域下的假释程序规范化探索》，载《法学杂志》2015 年第 10 期。
[21] 周新：《我国刑事诉讼程序类型体系化探究——以认罪认罚从宽制度的改革为切入点》，载《法商研究》2018 年第 1 期。
[22] 刘加良：《司法确认程序的功能诠释》，载《政法论丛》2018 年第 4 期。
[23] 刘敏：《论优化司法确认程序》，载《当代法学》2021 年第 4 期。
[24] 黄素萍：《司法现代化背景下的中国假释制度改革之路经》，载《社会科学辑刊》2009 年第 1 期。
[25] 李勤：《减刑假释制度的适用：积分制的缺陷及其完善》，载《政法论坛》2017 年第 2 期。
[26] 应培礼：《提高我国假释率的必然性分析》，载《社会科学家》2008 年第 12 期。
[27] 曹建明：《最高人民检察院关于刑罚执行监督工作情况的报告——2015 年 11 月 2 日在第十二届全国人民代表大会常务委员会第十七次会议上》，载《中华人民共和国最高人民检察院公报》2016 年第 1 期。
[28] 牛正良：《纠正罪犯徐法根被违法假释案》，载《中国法律年鉴》1997 年第 1 期。
[29] 张凯：《论我国监狱矫正与社区矫正互动机制之形塑——以功能主义为分析视角》，载《东岳论丛》2016 年第 8 期。
[30] 曾娇艳：《减刑、假释腐败风险的制度防范》，载《山东警察学院学报》2019 年第 5 期。
[31] 张迪、杨晓东：《减刑、假释案件中财产性判项的执行须规范》，载

《人民检察》2020 年第 10 期。

[32] 林玉红：《假释撤销制度探微》，载《中国律师》2012 年第 2 期。

[33] 周赟：《错案责任追究机制之反思——兼议我国司法责任制度的完善进路》，载《法商研究》2017 年第 3 期。

[34] 胡学军：《中国式举证责任制度的内在逻辑——以最高人民法院指导案例为中心的分析》，载《法学家》2018 年第 5 期。

[35] 秦宗文：《认罪案件证明标准层次化研究——基于证明标准结构理论的分析》，载《当代法学》2019 年第 4 期。

[36] 陈敏、张晓玲：《刑事错案语境下我国法官责任追究制度探究》，载《法律适用》2020 年第 15 期。

[37] 王星译：《刑事证明标准的规范功能与实践归宿》，载《环球法律评论》2021 年第 3 期。

[38] 张建伟：《审判中心主义的实质内涵与实现途径》，载《中外法学》2015 年第 4 期。

[39] 宋久华：《被害人参与减刑假释程序问题探讨——以减刑假释案件实质化审理为背景》，载《广西警察学院学报》2023 年第 4 期。